KB068377

우리는 어떻게 창의적이 되는가

YOUR CREATIVE BRAIN

우리는 어떻게
창의적이 되는가
Your Creative Brain

셸리 카슨 지음 | **이영아** 옮김

알에이치코리아

당신의 가장 최근 창작물은 무엇인가? 작가나 화가, 또는 발명가와 같이 뭔가 새로운 것을 만드는 일을 하고 있지 않기 때문에 '창작'이라고는 학창 시절 백일장에서 쓴 시 몇 편이 전부이고, 사생 대회 때 마지못해 붓질 몇 번 한 게 다라고 말하는 사람도 있을 것이다. 하지만 우리는 매일 뭔가 새로운 것을 만든다. 기획안이나 업무 보고서 등을 만드는 직장인, 상품이나 서비스를 판매하기 위해 고객을 만나며 무슨 말을 어떻게 할 것인가를 고민하는 세일즈맨, 가게의 물건들이 고객의 눈길을 끌 수 있도록 정돈하고 꾸며 놓는 상점 점원, 가족을 위해 맛있는 한 끼 식사를 만드는 가정주부까지 우리의 삶은 그 자체가 창작의 연속이다. 휴대폰 배경 화면을 매일 새로운 연예인 사진으로 꾸미는 우리 딸이나, 페이스북에 자신의 이야기를 올리는 우리 아들의 일상들도 모두 하나의 '창작'이다. 이제 다시 한 번 대답해보자. 당신의 가장 최근 창작물은 무엇인가?

새로운 것을 만드는 창조나 창작과 가장 관련이 깊은 우리 몸의 신체 부위는 뇌다. 보이는 것들을 조합하여 새로운 것을 만드는 아이디어는 뇌의 한 영역에서 그 작용이 이루어진다. 전체를 꿰뚫는 통찰력도, 그리고 감각적인 느낌이나 뜨거운 감정을 느끼는 것도 모두 뇌에서 이루어진다. 상대성이론을 만든 아인슈타인, 다섯 살부터 작곡을 시작해 35년이라는 짧은 생애 동안 600여 곡을 남긴 모차르트, 예술과 과학을 넘나들며 화가, 건축가, 기술사로 천재성을 보여준 레오나르도 다빈치와 같은 천재들의 뇌는 평범한 우리의 뇌와 무엇이 어떻게 다를까?

이 위대한 천재들의 성과들을 보면 감히 비교한다는 것 자체가 말도 안 되는 일 같다. 그런데 『우리는 어떻게 창의적이 되는가*Your Creative Brain*』의 저자에 따르면 그들의 창의적인 뇌가 우리의 평범한 뇌와 똑같다고 한다. 기계로 비유하면 그들의 뇌와 우리의 뇌는 하드웨어적으로는 같다는 것이다. 다만 이 구조들을 어떻게 활성화하고 어떻게 연결 짓느냐 하는 소프트웨어의 차이가 있을 뿐이라는 게 저자의 주장이다. 최근의 뇌 과학 연구 결과, 훈련을 통해 뇌 활성화 패턴을 조종하고 뇌 내부에 새로운 연결을 만들 수 있다는 것이 밝혀졌다고 한다. 우리의 평범한 뇌도 소프트웨어만 잘 설치하면 창의성을 멋지게 발휘할 수 있다는 것이다!

그렇다면 그 소프트웨어는 어떤 것일까? 저자는 창의적인 사람들의 뇌 활성화 패턴을 7가지로 나누어 설명한다. 연결(Connect), 이성(Reason), 상상(Envision), 흡수(Absorb), 변형(Transform), 평가(Evaluate), 흐름(Stream)의 각 머리글자를 딴 '창조하다'라는 의미의 CREATES 브레인세트, 이것이 바로 소프트웨어다. 7가지의 브레인세트는 우리의 뇌라는 하드웨어를 움직이게 만드는 소프트웨어의 구성요소로서,

우리의 평범한 뇌도 이들 중 몇 개는 자주 이용하지만 아주 가끔 이용하거나 전혀 사용하지 않는 브레인세트도 있다. 각각의 소프트웨어를 활성화시키고 최적화시킨다면 우리는 모두 위대한 창조자가 될 수 있다.

사용하던 휴대폰에 문제가 있어서 서비스 센터에 가면 휴대폰의 부품이나 어떤 하드웨어를 교체하는 것이 아니라 소프트웨어를 다시 설치하거나 새로운 버전을 설치해주는 것처럼, 우리의 뇌도 마찬가지다. 지금 우리 뇌는 창의적인 천재들과 같은 하드웨어다. 여기에 소프트웨어만 새로 깔아주면 된다. 어쩌면 대단하고 특별한 소프트웨어를 깔아줄 필요도 없다. 이 책에서 이야기하는 7가지 브레인세트의 내용을 이해하고, 각각의 훈련을 어렵지 않게 따라 해본다면 어제와 다른 오늘을 창조하는 우리들이 될 것이다.

나는 앞에서 "당신의 가장 최근 창작물은 무엇인가?"라는 질문을 했다. 우리 중에 누구는 대단히 많은 사람들에게 영향을 미치고, 또는 후대에까지 전해지는 생명력 강한 창조를 하는 사람도 있을 것이다. 꼭 그런 것이 아니어도, 우리는 모두 자신의 일상에서 아주 사소하게라도 새로운 것을 창조하고 창작하며 살아간다. 그런 창조를 의도적으로 많이 경험하고 즐기는 것이 더 멋진 창조를 가능하게 하는 것일 거다. 나의 가장 최근 창작물은 바로 '이 글'이다.

박종하

(창의력컨설턴트, 창의력연구소 소장)

서문

이 책은 윌리엄 제임스 홀의 작은 실험실에서 시작된다. 늦가을, 그림자가 점점 길어지는 어느 오후에, 빌 밀버그 교수가 포르말린으로 가득 찬 플라스틱 용기에서 표본 하나를 꺼낸다. 항상 그렇듯 몹시 탐나는 이 표본은 여전히 비밀에 싸여 있고, 박사 과정의 학생들 사이에서는 밀버그 교수가 그것을 어떻게 손에 넣었을까에 대한 추측이 분분하다. 교수가 그 표본을 장갑 낀 내 손 안에 내려놓자 나는 갑자기 얼어붙는다. 신비롭기까지 하다. 내가 들고 있는 이것은 한 개인의 우주다. 어떤 이의 지식, 꿈, 좋아하는 노래, 추억, 이 모든 것의 집합체. 내가 들고 있는 것은 바로 인간의 뇌다.

이것이 지닌 힘의 거대함에 나는 주눅이 든다.(아니면 순전히 포르말린의 톡 쏘는 냄새 때문일까?) 마천루, 고속도로, 오케스트라 교향곡, 위대한 문학과 미술, 우주 로켓, 그리고 탐욕스럽고 잔인한 행동들까지, 이 모든 것이 1,360그램의 우주를 닮은 물체에서 시작됐다니! 인간의 뇌는 얼마나 대담하고, 얼마나 창조적인가! 오므린 내 두 손 안에 들어올 만큼 작은 뇌가 이 모든 경이로움을 상상하고 명백히 보여줄 수 있다니. 불현듯 나는 이 질문에 답하려는 시도가 내 일생일대의 큰 도전이 될 수 있음을 깨닫는다.

2010년으로 돌아와 보자. 이제 나는 수백 개의 창의적인 뇌를 만날 수 있는 특권을 누리게 되었다. 내 연구에 참여하고, 내 창의성 강의에 등록하고, 내게 창의적 조언을 구했던 특별한 사람들의 두개골 속에 자리한 뇌들이다. 그들 중 많은 이들이 내게 이 책을 쓰도록 권유했다. 그 창의적인 사람들 중 세 명을 간단히 소개해보겠다.

코리는 몇 년 전에 내 창의성 강의를 들었던 학생이다. 수업 중에 창의성 검사를 할 시간이 되자 그는 검사를 거부했다. 화가인 애인을 더 잘 이해하고 싶어 강의를 듣고 있을 뿐 자기 자신은 창의적인 사람이 아니라고 했다.(코리, 애인을 이해하고자 하는 마음은 가상하다만 그래도 시험은 봐야죠!) 결국 코리 또한 창의적인 사람이라는 사실이 밝혀졌다. 다만, 혁신적인 성과를 이루는 방식이 애인과 달랐기 때문에 자신만의 길을 찾아야 했다.

제나는 새로운 아이디어를 내지 못해 사랑하는 직업을 거의 잃을 뻔한 인테리어 디자이너다. 새로운 디자인 아이디어가 떠오를 때마다, 몇십 년 전 디자인 학교에서 배웠던 구식 기준에 맞지 않는다는 이유로 폐기해버렸다. 그녀는 '확실히 믿을 수 있는' 것이 아닌 혁신적인 생각이 두려워 내게 도움을 청했다. 새로운 아이디어들을 만들어내는 타고난 능력을 제대로 발휘할 수 있으려면 우선 '평가' 모드에서 벗어나야 했다.

독립영화 제작자이자 감독인 리처드는 정반대의 문제로 고생하고 있었다. 제나와 달리 혁신적인 생각을 멈추지 못했고, 그 결과 최근에 만들고 있는 영화가 난관에 봉착하고 말았다. 매일 밤 플롯, 인물, 촬영 세트 디자인, 깊은 주제를 묘사하는 방식을 바꿀 독창적인 아이디어들이 끊임없이 떠올랐고, 그다음 날에는 촬영을 중단하고 배우들과 제작진에게 흥미진진한 수정 사항들을 알려주었다. 결국 대부분의 배우들은 끊임없는 변화와 촬영 지연에 지쳐 영화에서 발을 뺐고, 리처드에게 남은 거라곤 머릿속에 들끓는 근사한 장면들밖에 없었다. 리처드는 아이디어 내는 것을 멈추고 아이디어 실행에 집중하는 법을 배워야 했다.

코리처럼 창의적인 사람들과 창의적이지 못한 사람들이 나뉘어 있고 자신은 후자에 속한다고 생각하는 사람들이 많을 것이다. 제나처럼 창의적인 생각들을 감지하면서도 '확실히 믿을 수 있는' 경계 속의 '안전한' 정신 공간을 떠나기가 두려운 사람도 있다. 혹은 리처드처럼 창의적인 생각들이 넘쳐나지만 그걸 멈추지 못해 아무런 결실을 맺지 못하는 사람들도 있다. 당신이 이들 중 한 경우에 속한다면 이 책은 바로 당신을 위한 책이다!

빌 밀버그 교수의 수업에서 인간의 뇌와 처음 만난 후로 오랜 세월 연구와 실험을 거치며 내가 배운 한 가지가 있다. 아주 창의적인 성취자들의 뇌와 평범한 우리의 뇌가 크게 다르지 않다는 것이다. 창의력에 영향을 미치는 유전적 차이는 분명 있으며, 남들보다 더 창의적인 사람들도 물론 있다. 그러나 창의적인 뇌를 연구하면서 내가 발견한 사실은 우리 모두 '창의적인 뇌'를 가지고 있다는 것이다. 심각한 뇌 손상만 없다면 우리 모두 기본적으로 똑같은 뇌 구조를 갖추고 있다. 우리가 이 구조들을 어떻게 활성화하느냐(뇌 활성화 패턴),

어떻게 연결 짓느냐가 창의적인 사고 능력에 영향을 미친다. 훈련을 통해 뇌 활성화 패턴을 조종하고 뇌 내부에 새로운 연결을 만들어 낼 수 있다는 새로운 사실이 발견되었다. 간단히 말해, 아주 창의적인 사람들의 뇌와 비슷한 패턴으로 우리의 뇌를 활성화하는 법을 배울 수 있다는 것이다.

이 책에서 나는 7가지 뇌 활성화 패턴을 설명하는 모델, 즉 CREATES 브레인세트(brainset) 모델을 제시할 것이다. 인간 창의성의 가장 현저한 정신적 측면인 신경 활성화의 상관성에 기초한 모델이다. 여기에는 개방성과 인지적 유연성, 심상, 확산적인 혹은 연상적인 사고, 수렴적인 혹은 의도적인 사고, 비판주의, 자기표현, 즉흥성혹은 유창성 등이 포함된다. 내 모델에서 창의성의 이러한 측면들은 '특성들'보다는 '상태들'(혹은 일시적인 정신 활성화 패턴들)로 나타난다. 이들 중 어떤 상태는 창의적인 아이디어들의 발상을 활성화하고, 어떤 상태는 아이디어들의 실행을 활성화한다. 문제는 이 두 가지를 구분하고, 전자에서 후자로 넘어가는 법을 아는 것이다.

분명 창의성의 이 모든 상태들은 나름대로의 근원적인 뇌 메커니즘을 가지고 있다. 바로 이런 이유 때문에, 인간의 뇌에서 창의성이 실제로 발휘되는 방식에 대해 연구서들 사이에 혼동이 생긴다. 나의 논점은 창의적인 성과를 다음과 같은 방법으로 높일 수 있다는 것이다. (1) 창의성과 관련된 여러 상태들 중 자신이 선호하는 상태, 즉 '정신 안락 지대(mental comfort zone)'를 파악한다. (2) 뇌 활성화 상태를 수정하는 법을 배움으로써 서서히 안락 지대에서 빠져나가 창의성의 다른 상태들을 탐구한다.

CREATES 모델은 증명된 과학적 사실이 아니라 그저 한 모델에 불과하지만 창의적 사고 분야의 연구와 최신 신경과학에 기초하고 있으며, 훈련 내용은 확증을 거친 심리학적 행동 변화 요법에 근거하고 있다. CREATES 모델의 7가지 뇌 상태마다 그 상태로 들어가는 데 도움이 되는 훈련법이 있다. 대부분의 그런 훈련들과 마찬가지로, 효력이 엄격히 검증되지는 않았지만 나와 함께 작업했던 코리나제나, 리처드 같은 사람들에게 긍정적인 결과를 냈다. 다양한 훈련을 시도해보고 자신에게 가장 효과적인 것을 택하면 된다.

독자 여러분 안에 내재되어 있는 창의성을 한 단계 끌어올리는 데 이 책이 도움과 영감을 주었으면 하는 것이 내 바람이다. 그리고 그 결과를 알고 싶다. http://ShelleyCarson.com에 접속하면 나와 연락할 수 있고 당신만을 위한 추가적인 내용과 쌍방향적인 도구들도 볼 수 있다. 이 책을 읽어나가면서 자신의 창의적인 뇌 속에 깃들어 있는 독특하고 귀중한 자원들을 발견하고, 실행하고, 산출하고, 창안하고, 표현하기를, 한마디로 그 혜택을 마음껏 누리기를 바란다.

차례

내 인생의 창의적인 지원군들인
스티비와 네이시를 위하여

Your
Creative
Brain

제 1부

자신의 창의적인 뇌와 만나라

나의 창의적인 뇌를 찾습니다

우리는 우리의 인생뿐만 아니라 세계까지 바꿀 수 있는 무한한 잠재력을 지닌, 세상에서 가장 강력한 슈퍼컴퓨터를 한 대 가지고 있다. 이 슈퍼컴퓨터는 계속해서 변화하는 환경에 적응하고, 미묘한 패턴을 이해하고, 겉으로 보기엔 무관한 것들을 서로 연결 짓는 능력을 지니고 있다. 또한, 마천루를 설계하고, 생명을 위협하는 병을 치료하고, 우주여행을 가능케 한다.

우리에게 성공과 부, 행복과 충만감을 안겨주는 그것은 바로 우리의 두개골 안에 있다.

내가 얘기하고 있는 슈퍼컴퓨터는 바로 우리의 뇌. 아침에 양치질하는 것에서부터 오후에 상사에게 복잡한 서류를 결재받는 것까지 모든 일을 가능케 하는 기적과도 같은 기계다.

한번 생각해보라. 뇌는 우리의 정말 놀라운 진화적 발전을 이끌었다. 지난 1만 년 동안 우리는 바퀴를 발명하고, 이집트의 피라미드를 세우고, 페니실린을 발견하고, 인터넷을 개발하고, 우리가 직접 만든 장치들을 태양계 밖으로 보냈다.

더 넓게 보자. 거의 2억 2천만 년 동안 존재해온 거북이는 여태껏 똑같은 방식으로 살고 있다.

우리가 거북이와 다른 점은 무엇일까? 그 답은 우리의 창의적인 뇌다. 뇌 덕분에 우리는 감정을 느끼고, 사랑하고, 생각하고, 존재하며, 가장 중요하게는 창조를 한다.

창의성은 아인슈타인, 모차르트, 셰익스피어 같은 특정 부류의 사람들만이 소유하고 있는 것처럼 보일지도 모른다. 그러나 최근의 신경과학 연구에 따르면, 의식적인 노력과 많은 훈련을 통해 특정한 뇌 활성화 패턴을 확대하면 창의성을 마음껏 발휘할 수 있다. 이는 누구나 습득할 수 있는 기술이다. 뇌의 특정 부분의 활동을 높이거나 낮추는 방법과 그 적절한 시기를 배움으로써 창의적인 잠재력을 키우고 더 큰 성공과 충만한 삶을 성취할 수 있다.

앞으로 우리는 7가지 뇌 활성화 패턴, 즉 CREATES 브레인세트에 대해 배울 것이다. 각각의 브레인세트가 우리의 세상 체험에 영향을 미치고 창의적인 문제 해결 과정에 기여하는 방식을 보게 될 것이다. 또한, 이 브레인세트들을 이용하여 창의적인 잠재력의 이점을 취하고 자신과 주변 사람들의 삶을 풍요롭게 하는 흥미로운 훈련도 할 것이다.

그러나 창의성을 높이는 목적이 오로지 부자가 되기 위해서만은 아니다. 고속으로 변하는 21세기에 창의성은 도전이나 위험, 기회 등에 대처하는 데 꼭 필요한 중요한 자원이다.

정보와 기술의 급증, 사이버 커뮤니케이션, 세계화로 인해 우리가 배우고 일하고 인간관계를 형성하는 방식이 변화하고 있다. 직장 생활에서부터 개인 생활, 연애, 심지어는 육아까지 인간의 생활과 상호 작용의 거의 모든 측면을 위한 규칙서가 다시 쓰이고 있다. 옛 방식이 모두 무용지물이라면 우린 어떻게 살아남아 번영할 수 있을까? 빠르게 변화하는 이 세상을 헤쳐나가는 데 가장 중요한 자산은 바로 우리의 창의적인 뇌다.

창의적인 뇌는 우리가 새롭고 보다 좋은 방식으로 일할 수 있는 길을 찾아준다. 자신만의 독특한 인생 경험을 표현하여 다른 사람들에게 격려와 가르침을 줄 수 있게 해준다. 창의적인 뇌를 사용하면 과거의 좋은 전통들을 미래에 적용하고 주위 환경을 아름답게 만들 수 있다. 또, 은퇴 후의 생활도 새롭게 설계하여 앞으로 몇십 년 동안 계속 나아가며 성장할 수 있다. 창의적인 뇌의 잠재력에는 한계가 없다.

앞으로의 사명이 뭐든 간에 창의력을 키우는 것은 중요한 일이다. 창의적인 뇌를 개발함으로써, 변화하는 세상에 적응할 수 있을 뿐만 아니라 그 변화에 기여할 수도 있다. 또한 21세기의 황금시대를 이루기 위한 발견과 혁신, 그리고 창의적인 기여를 할 수도 있다.

우선, '창의성'이라는 애매모호한 용어부터 확실히 정의하고 넘어가자. 철학자들과 작가들이 '창의성'에 대한 여러 정의들을 내놓았지만, 거의 모든 창의성 연구자들이 동의하는 두 가지 요소가 있다. 첫째, 창의적인 생각이나 산물은 참신하거나 독창적이어야 하며, 둘째, 일부 사람들에게라도 유용하거나 적합해야 한다. 예를 들어, 크레용 잡는 법을 방금 배운 걸음마 아기가 그린 낙서는 참신하긴 하지만 유용하거나 적합하지는 않다.

참신함/독창성과 유용함/적합성의 요소들을 인생의 모든 측면에 적용하면 생산성과 행복을 끌어올릴 수 있다. 또한 공동체의 발전과 사회의 개선에도 그 요소들을 적용할 수 있다. 창의적인 뇌를 좀 더 효율적으로 사용하는 법을 배우면 혁신적인 생각과 산물들, 새로운 작업 방식을 아무런 한계 없이 탐구할 수 있다.

뇌는 정보라는 유일무이한 저장물이 비축되어 있는 창고다. 지구 상의 다른 사람은 그 누구도 접근할 수 없는 자전적이고, 사실적이 며, 방법적인 지식이 담겨 있다. 이 지식의 조각들을 기발하고 독창 적으로 결합한 다음 그 결과물을 제대로 응용한다면 창의적인 뇌를 제대로 사용하고 있는 것이다.

fMRI(기능성 자기 공명 영상), PET(양전자 단층 촬영), SPECT(단일 광 자 단층 촬영) 같은 신경 촬영법 덕분에 과학자들은 창의적인 사람들 의 뇌 속을 들여다보고 그들이 창작 과정의 여러 단계에서 무의식적 으로 뇌 상태를 조종하는 방법을 알 수 있었다. 예를 들어, 아주 창 의적인 사람들은 다양한 원천으로부터 얻은 정보를 결합하여 독특 한 문제를 해결할 때와 한 가지 가사 도구의 새로운 용도를 생각할 때 서로 다른 브레인세트가 활성화되는 것처럼 보인다.[1] 이후의 장들 에서 계속 언급될 브레인세트들은 그런 연구들에서 밝혀진 바들을 반영한다. 앞으로 다음과 같은 내용들을 살펴볼 것이다.

- 창의성과 연관된 브레인세트에 들어갈 수 있는 전략
- 창의적인 과정에서 각각의 브레인세트에 들어가야 하는 시기
- 생산성을 올리고 창의성에 방해되는 '장애물'을 줄이기 위해 서로 다른 브레인세트 사이를 쉽게 오가는 방법

이러한 브레인세트들이 과연 삶에 이득이 될까 하고 확신이 안 서도 걱정할 것 없다. 다른 사람들도 마찬가지다. 세미나에서 내가 가장 흔하게 듣는 두 가지 질문이 있다. "창의성은 화가나 작가, 음악가들한테나 필요한 거 아닌가요?", "내가 창의적인 사람이 아니라면 어쩌죠?" 이제 이 질문들을 함께 생각해보자.

"창의성은 화가나 작가, 음악가들한테나 필요한 거 아닌가요?"

창의적인 사람이라 하면 우리는 대개 예술가나 과학자를 떠올린다. 「시스티나 성당」을 그리고, 『햄릿』의 대사들을 통해 인간의 본성을 폭로하고, 「환희의 찬가」로 우리에게 희열을 안겨주고, 전깃불로 우리의 밤을 밝혀줌으로써 삶을 풍요롭게 해준 이들을 생각한다. 사실, 그동안 창의적인 사람들에 대한 대부분의 정식 연구는 창의적인 성과들을 쉽게 인지할 수 있는 예술과 과학 분야에 집중되어 있었다. 비즈니스, 스포츠, 외교, 현실적인 문제 해결의 창의적인 성과들은 인지하거나 양을 측정하기가 더 힘들지만, 그 중요성은 결코 떨어지지 않는다.

창의성이 화가와 과학자에게나 필요한 거라고 생각한다면, 다음과 같은 사실들을 고민해보자.

- 『포춘』 선정 500대 기업 대부분과 많은 정부 기관들이 작년에 창의성 자문을 고용했다. 창의성은 사업의 생존에 중요한 요인이 되었다.
- 창의성에 대한 강의를 교육 과정에 포함시킨 경영 대학원의 수가 5년 사이에 두 배로 늘어났다.
- 전 영국 총리인 고든 브라운은 영국 경제의 미래에 창의성과 혁신이 꼭 필요하다고 말했다.
- 43권의 책과 407,000개의 웹사이트가 창의적인 육아를 다루고 있다.
- 스포츠계에는 창의성의 중요함을 논하는 많은 저서들이 있으며, 대학 스포츠 유럽 네트워크(ENAS)의 2009년 세계 회의의 주제는 '대학 스포츠의 창의성과 혁신'이었다.
- 마이클 조던, 로저 배니스터, 빌 러셀, 타이거 우즈 같은 창의적인 운동선수들은 예술과 과학 분야의 창의적인 인물들에게서 발견되는 특성들을 지니고 있는 경우가 많다.

예술, 음악, 과학과 아무런 관계도 없는 삶의 영역에서 창의성이 도움이 되는 두 가지 사례를 생각해보자.

첫째, 비즈니스계에서 지난 수년간의 불황은 중소기업, 대기업, 개인 청부업자들에게 큰 타격을 주었다. 이런 상황에서 힘겨운 생존

전쟁을 치러야 한다면, 다른 경쟁자들과 똑같이 옛 제품을 그대로 내놓기보다는 질을 유지하면서도 비용을 절감하고 혁신적인 제품이나 서비스를 제공할 수 있는 창의적인 방법을 찾고 시장 점유율을 창출하거나 유지하는 방법을 고안해내는 것이 좋다.

사업이 이미 타격을 입었다면 직업적 삶을 창의적으로 개혁할 필요가 있다. 이미 지니고 있는 기술을 이용하여 자기 자신을 시장에 내놓거나, 아니면 새로운 기술을 개발하여 완전히 새로운 사업이나 직업을 개척하는 것이다. 직업적 삶의 개혁에는 창의성과 용기가 필요하지만 인생에서 가장 보람 있는 모험이 될 수 있다.

둘째, 가정에서 부모들은 힘든 삶을 살고 있는 요즘 아이들에게 어떻게 가족의 가치를 전해줄까 하는 딜레마에 빠져 있다. 아이팟, 페이스북, 인스턴트 메시지, 스마트폰을 하루 종일 끼고 사는 아이와 어떻게 교류해야 할까? 빼빼 마른 몸매를 종용하고 슈퍼 히어로가 난립하는 선정적인 미디어의 폭격을 끊임없이 받고 있는 아이에게 균형 감각을 어떻게 가르쳐줘야 할까? 전자 기기들이나 선정적인 미디어와 경쟁하여 아이의 관심을 붙잡고 그 결과로서 행복을 쟁취하려면 창의성을 최대한 그러모아야 한다.

균형 감각에 대한 얘기가 나온 김에, 개인적인 시간과 노력을 빼앗기는 일이 많을 때 어떻게 하면 균형을 유지할 수 있을까? 힘과 멀쩡한 정신을 잃지 않으려면 창의적인 시간 관리법을 찾아서, 매일 매 시간을 풍요롭고 의미 있게 보내면서도 현대 사회에서 생존하기 위해 필요한 요건들을 갖추어야 한다.

요컨대 창의성은 화가, 작가, 음악가, 발명가에게도 중요하지만 사회, 비즈니스, 그리고 빠르게 변화하는 문화의 요구에 부응해야 하는 개인에게도 중요하다. 삶의 질 향상뿐만 아니라 생존을 위해서도 창의성은 필요하다.

"내가 창의적인 사람이 아니라면 어쩌죠?"

우리 모두 창의적이다. 우리가 지금껏 생존할 수 있는 것은 창의성이라는 인간 고유의 능력 덕분이다. 우리의 뇌는 창의적으로 설계되어 있는데, 생득권인 창의성을 드러내지 못하는 것은 자신이 창의적이지 못하다는 믿음 때문이다.

당신이 나누었던 마지막 대화를 떠올려보라. 당신은 무슨 말을 했는가? 상대에게 의미를 전달하기 위해 기억 저장소에서 특정 사물, 상황 혹은 행동을 표현하는 단어들을 선택하여 전에 없던 참신한 순서로 조합했을 것이다. 지금껏 살면서 계속 말을 했다면 자신의 창의성을 거듭해서 증명해 보인 셈이다. 우리는 말을 할 때마다 목적에 맞게 새롭고 독창적인 방식으로 단어들을 조합한다. 이야말로 창의성의 본질이다!

물론 우리는 말만 하지는 않는다. 창의적인 문제를 해결하기도 한다. 설명서 없이 사소한 문제를 해결했던 적이 있는가? 오늘 하루만 해도 벌써 한두 번은 창의적인 문제를 해결했을 것이다. 가정용품을 본래 용도 이외의 다른 목적으로 사용한 적은? 이를테면, 가구나 상자로 문을 받쳐놓는다든가, 소나기가 쏟아질 때 신문으로 머리를 가린다든가, 혹은 빈 깡통을 이용하여 꽃에 물을 줄 수도 있다. 사물의 대안적인 용도를 찾는 것은 참으로 창의적인 행위다.

정원에 나무를 심고, 거실이나 사무실의 가구를 배치하고, 색다른 조리법으로 요리하고, 안 가본 길로 백화점에 가고, 혹은 우는 아이를 달래는 법을 알아냈다면 자신의 창의성을 증명해 보인 것이다. 사실 우리는 매일 수백 개의 창의적인 행동을 한다. 어제 한 일을 되짚어보고, 즉흥적으로 한 일들과 우연히 부닥쳐서 해결한 문제들(옷 고르기, 점심 메뉴 고르기, 직장이나 가정에서 생긴 문제 처리하기)을 떠올려보자. 남들과 비교할 것 없이 자신의 창의적인 행동들을 생각하고, 자신의 창의적인 뇌가 이루어내는 경이로움을 만끽하면 된다.

창의성은 엘리트만의 전유물이 아니다. 그리고 일반적으로 알려져 있는 창의적인 직업이나 활동에 끌리지 않는다 해도 문제 될 것은 없다. 무슨 일에든 창의성을 발휘하여 좀 더 성공적으로 해낼 수 있다. 우리는 창의적이다!

창의적인 뇌를 훈련시켜야 하는 동기가 또 한 가지 있다. 창의적인 사람은 이성에게 더 매력을 풍길 수 있다. 거짓말이 아니다.

진화심리학자 제프리 밀러에 따르면, 창의적인 재능을 사용하여 적응에 도움이 되는 새로운 방식으로 일을 처리하는 사람은 생존 가능성이 더 높다. 이렇듯 창의성은 '적응도 지표'이기 때문에 잠재적인 성적 상대에게는 매력적으로 보일 것이다. 밀러는 작곡, 그림, 유머 같은 인간 특유의 창의적인 행위들이 잠재적인 배우자에게 창의적인 적응도를 선전하기 위한 목적으로 서서히 발전했을지도 모른다고 말한다. 공작들은 화려한 꼬리를 진화시켰고, 명금류는 화려한 색의 둥지를 친다.[2]

우리는 노래하고, 소설이나 시를 쓰고, 그림을 그리고, 새로운 것을 발명하는 사람들에게 직관적으로 성적 매력을 느끼는 것 같다. 몇몇 경험적 증거가 이러한 직관을 뒷받침해준다. 진화심리학자 데이비드 버스와 마이클 반스는 부부들과 미혼 대학생들을 대상으로 짝 선택 선호도를 연구했다.[3] 부부들의 경우, 장기간의 짝을 찾을 때 상냥함과 사교성에 이어 세 번째로 예술성-지성을 중요시했다. 남녀 대학생들의 경우, 장기간의 짝을 찾을 때 중요시하는 10개 항목 중에 창의성이 포함되어 있다.(외적인 매력보다는 덜 중요하지만 안정적인 수입보다는 상위였다.)

지금까지의 얘기를 요약해보면 이렇다.

- 빠르게 변화하는 21세기에 적응하려면 창의적인 뇌를 써야 한다.
- 창의성은 화가, 시인, 음악가에게만 필요한 것이 아니다.
- 우리는 창의적이다.
- 창의적인 행동은 섹시하다.

다음 장에서 CREATES 브레인세트의 개념을 파악하고 재미있는 퀴즈를 통해 자신의 정신 안락 지대를 알아보자. 우리의 창의적인 뇌는 우리를 성공으로 이끌어줄 능력을 지니고 있다. 앞으로의 장들에 소개될 브레인세트를 사용하면 그 능력을 최대한으로 활용할 수 있다.

정신 안락 지대

연습 문제

지역 사회 조직을 위한 자금 모금 행사의 테마를 정하는 일을 맡았다고 가정해보자. 적절하면서도 매력적이고 참신한 테마를 선택하려면 다음 중 어떤 전략을 써야 할까?

㉮ 신문과 잡지들을 조사하여 다른 기관들이 사용한 테마들을 알아본다.

㉯ 조직의 성질과 특성을 생각해본 다음, 각각의 특징들에 차례로 초점을 맞추어 테마에 사용될 수 있을지 검토한다.

㉰ 고장의 행사들에 대한 정보를 모으고, 파티 전문 가게에 가서 둘러보고, 조직의 역사적인 문서들을 훑어본 다음, 저녁

메뉴를 생각하는 와중에도 그 모든 정보를 뇌 속에 고이 간직해둔다.

㉣ 동료들에게 아이디어를 요청하는 메시지를 보낸 다음 그들이 보내준 아이디어들을 평가한다.

㉤ 평범한 테마를 하나 고른 다음 머릿속으로 그 아이디어를 이리저리 굴리면서 더 발전시키고 수정하고 윤색할 방법을 모색한다.

당신이 선택한 전략은?

㉮   ㉯   ㉰   ㉣   ㉤

사실 어떤 방법을 선택하든 효과는 있을 것이다. 하지만 이 모든 전략들을 효과적으로, 그리고 적절한 순서로 사용할 수만 있다면 근사한 테마로 독특한 행사를 기획할 수 있는 확률은 급격히 올라갈 것이다!

창의적인 뇌를 사용하면 직업, 사교 생활, 개인 활동, 가정, 예술 활동 등 삶의 모든 영역에서 창의적인 발상을 얻고 실행에 옮길 수 있다. 교향곡을 쓰거나, 회사의 새 고객을 유치하거나, 거실의 가구를 재배치하거나, 무슨 일을 하든 그 과제를 위한 최선의 '뇌 상태'를 이용하면 더 좋은 결과를 얻을 것이다.

그러한 뇌 상태를 파악하기 위해 나는 신경 촬영법 연구, 뇌 손상 사례, 신경심리학 연구, 수백 명의 창의적인 성취자들과의 인터뷰, 하버드대학교에서 수백 명을 대상으로 실시한 광범위한 검사, 세계 유수의 창의적인 선각자들의 전기 등에서 얻은 정보들을 결합시켰다. 그 결과로 나온 것이 바로 CREATES 브레인세트 모델, 즉 창의적인 과정과 관련된 7가지 뇌 활성화 상태다. '브레인세트'라는 이름을 붙인 것은 이들 뇌 활성화 패턴이 '마인드세트(mindset, 마음가짐)'의 생물학적 버전이기 때문이다. 마인드세트가 사건들에 대한 정신적 자세와 해석을 결정하듯이, 브레인세트는 우리가 생각하고 문제에 접근하고 세상을 인식하는 방식에 영향을 미친다.

창의성과 생산성의 향상을 위한 CREATES 모델은 확실한 과학적 증거를 가진 3가지 연구 결과에 근거하고 있다.

- 첫째, 창의적인 생산성이 높은 사람들은 다른 사람들이 어렵거나 불편하게 여기는 특정 뇌 상태에 들어갈 수 있다.(뇌 상태에 들어가는 능력은 유전적이거나 환경적인 요인들 혹은 둘 모두의 결합에 기인할 수도 있다.)
- 둘째, 창의적인 생산성이 높은 사람들은 당면 과제에 맞추어 브레인세트를 전환할 줄 안다.
- 셋째, 타고나지 못했더라도 훈련하면 창의적인 브레인세트들에 들어가고 그들 사이를 유연하게 오갈 수 있다.[1]

CREATES 모델의 브레인세트들에 대해 읽다 보면 브레인세트들 사이에 뇌 활성화와 뇌 기능이 일정량 겹치는 부분이 있다는 사실을 알게 될 것이다. 각각의 브레인세트는 완전히 분리된 별개의 상태가 아니다. 뇌의 대부분 영역들은 어떤 다른 영역들이 동시에 활성화되느냐, 비활성화되느냐에 따라 여러 가지 다른 기능들을 수행한다. 뇌 구조 사이의 상호 작용과 상호 연결은 대단히 복잡하다.(CERN 입자 가속기에서부터 〈아메리칸 아이돌〉 같은 리얼리티 쇼까지 다양한 개념들을 착상한 기관이니 그럴 만도 하다.) 우리는 이제 막 이 복잡성을 이해하기 시작했다.

CREATES 모델 혹은 이 책에 제시된 신경과학 연구가 창의적인 뇌를 설명해주는 최종적인 답이라고 생각해서는 곤란하다. CREATES 브레인세트는 인간 심리학과 뇌의 작용 원리에 대한 현재의 지식에 근거한 가설적인 개념이다. 경이로운 인간 뇌에 대한 지식이 넓어질수록 CREATES 모델에 대한 이해도 높아질 것이다. 현재의 이 뇌 활성화 패턴은 분명 수정될 것이고, 우리의 창의적 노력에 도움이 되는 브레인세트가 추가될 것이다. 이들 브레인세트로 들어갈 수 있는 좀 더 효과적인 방법들도 발견될 것이다.

CREATES 모델의 7가지 브레인세트

- 연결(**C**onnect)
- 이성(**R**eason)
- 상상(**E**nvision)
- 흡수(**A**bsorb)
- 변형(**T**ransform)
- 평가(**E**valuate)
- 흐름(**S**tream)

연결 브레인세트

연결 브레인세트에 들어가면, 집중력의 초점이 흐려져 본질적으로 아주 다른 사물이나 개념들 간의 연결 가능성이 보인다. 주어진 문제에 대해 단 하나의 답에 집중하기보다는 다양한 해결책을 생각해낼 수 있다. 다양한 해결책을 생각해내는 능력은, 창의적인 프로젝트에 흥미를 잃지 않도록 동기와 자극을 공급해주는 긍정적인 감정의 상승과 결합된다. 연결 브레인세트의 근간을 이루는 것은 확산적 사고(divergent thinking)라 불리는 인지 유형에 대한 연구, 정신적 연상 작용 원리에 대한 연구, 그리고 공감각이라 알려진 상태 등이다. 7장에서 확산적 사고, 공감각, 그리고 연결 브레인세트에 대해 알아볼 것이다.

이성 브레인세트

이성 브레인세트에 들어가면, 우리는 문제를 해결하기 위해 작업 기억 안에서 정보를 의식적으로 처리한다. 일상에서 의식적인 정신 활동을 할 때처럼 고의적으로 계획을 세우는 상태다. 무언가에 대해 '생각하고' 있다고 말하면, 보통 이 브레인세트를 이야기하는 것이다. 이성 브레인세트는 목표 설정, 추상 추론, 의사 결정 등 의식적으로 유도된 인지의 측면들을 고찰한 신경 촬영법 연구에서 비롯된 것이다. 8장에서 '실행 기능'으로 불리기도 하는 인지적 측면들, 그리고 이성 브레인세트에 대해 검토할 것이다.

상상 브레인세트

상상 브레인세트에 들어가면 언어적인 사고보다는 시각적인 사고를 하게 된다. 마음의 눈으로 사물을 보고 조종할 수 있다. 패턴들이 떠오른다. 이 브레인세트에서는 본질적으로 다른 개념들 간의 유사성이 '보이면' 은유적으로 생각하는 경향이 있다. 상상 브레인세트는 주로 심상과 상상력에 대한 연구에 기초해 있다. 6장에서 심상, 시각화, 상상력, 그리고 상상 브레인세트에 대해 검토할 것이다.

흡수 브레인세트

흡수 브레인세트에 들어가면, 새로운 경험과 생각에 마음을 열게 된다. 아무런 비판 없이 세상을 바라보고 지식을 받아들인다. 모든 것에 매력과 흥미를 느낀다. 이 상태는 창작 과정에서 지식을 수집하고 심사숙고하는 단계에 도움이 된다.(창의적인 과정에 대해서는 4장에서 더 배우게 될 것이다.) 흡수 브레인세트는 어떤 일에 전념하고 새로운 경험을 꺼리지 않는 성격을 고찰하고 색다르거나 신기한 사건에 반응하는 방식을 조사하는 연구에 주로 근거하고 있다. 개방성, 참신함, 그리고 흡수 브레인세트에 대해서는 5장에서 알아볼 것이다.

변형 브레인세트

변형 브레인세트에 들어가면, 자의식적이고 불만스러운 혹은 괴로운 정신 상태에 있게 된다. 이 상태를 이용하여 부정적인 에너지를 예술 작품과 훌륭한 작업 수행으로 변형시킬 수 있다. 이 상태에서는 힘들 정도로 연약해진다. 그러나 우리 모두 인간적인 경험으로서 공유하는 고통, 불안감, 희망을 (창의적인 형태로) 표현하고픈 자극을 받기도 한다. 변형 브레인세트는 기분과 창의성 간의 관계를 고찰하는 연구에 기초해 있다. 역사가들, 전기 작가들, 과학자들은 오래전부터 우울증 같은 특정 유형의 정신 질병과 창의성 간의 관련성을 알아차렸다. 과연 그런 관련성은 존재할까? 이 관계와 변형 브레인세트에 대해서는 10장에서 알아볼 것이다.

평가 브레인세트

평가 브레인세트에 들어가면, 생각, 개념, 산물, 행동 혹은 개인의 가치를 의식적으로 판단한다. 이는 정신 활동에 대한 '비판적 눈'이다. 이 브레인세트는 창의적인 생각과 산물을 평가하여 유용성과 적합성의 기준에 부합하는지 확인해준다. 평가 브레인세트의 구조는 선택안들을 판단하고 제거하는 방법에 대한 연구에서 비롯된다. 빠르고 빈틈없는 판단을 할 수 있게 해주는 신경 구조는 특정 뇌 부분의 활성화 및 다른 부분들의 비활성화에 의존하는 것처럼 보인다. 판단과 평가 브레인세트에 대해서는 9장에서 배우게 될 것이다.

흐름 브레인세트

흐름 브레인세트에 들어가면, 생각과 행동이 마치 외부의 힘들에 의해 연주되는 것처럼 안정적이고 조화롭게 흐르기 시작한다. 흐름 브레인세트는 재즈 즉흥 연주, 소설 집필, 조각이나 그림, 단계적인 과학적 발견 같은 창작 활동과 연관된다. 이 상태는 창작 과정의 정교화 단계에서 중요하다. 흐름 브레인세트는 음악, 연극, 담화의 즉흥성에 대한 연구와 심리학자 미하이 칙센트미하이가 '플로(flow)'라고 설명한 정신 상태에 대한 연구에서 비롯된다. 즉 흥성, 플로, 그리고 흐름 브레인세트에 대해서는 11장에서 알아보자.

어떤 브레인세트를 선호하는가?

사람들마다 더 편하게 느껴지는 브레인세트가 있을 것이다. 이런 브레인세트들이 정신 안락 지대를 구성하며, 그것들을 제대로 파악해야 창의적 범위를 넓힐 수 있다. 다음에 이어지는 질문과 연습 문제를 통해 자신의 정신 안락 지대를 알아낼 수 있다. 과학적으로 증명된 검사가 아니니, 정답과 오답이 따로 없다. 그보다는 개인적인 선호를 알 수 있는 문제들이다.

A군 문제는 선다형이다. 2~3분 만에 문제를 풀어 자신이 선호하는 브레인세트를 알아낼 수 있다. B군 문제는 직접 풀어보는 연습 문제들이다. 시간은 더 오래 걸리겠지만 자신의 정신 안락 지대에 대해 더 깊이 이해할 수 있다. 역시 과학적으로 증명된 검사는 아니다. 그러나 각각의 질문과 연습 문제는 7가지 브레인세트의 토대를 형성하는 연구 결과에 근거한다. 나와 같이 작업하는 학생들과 창의적인 사람들은 이 평가가 흥미롭고 유익하다고 말한다. 자신의 정신 안락 지대를 알면 제2부의 내용을 좀 더 의미 있게 읽을 수 있다. A군 질문을 지금 풀고 B군은 나중으로 미루거나, 아니면 동시에 둘 모두를 풀어도 좋다.

A군 질문

자신에게 해당되는 답에 동그라미를 쳐라. 오답은 없다.

1. 신문 기사를 읽을 때 대충 훑어보면서 주요점을 파악하는 편인
   가? 아니면 처음부터 끝까지 다 읽어보는 편인가?
      ㉮ 대충 훑어본다.   ㉯ 다 읽어본다.

2. 누군가가 새 프로젝트를 제안하면, 문제가 생길 부분이 즉시 보
   이는가?
      ㉮ 그렇다.   ㉯ 아니다.

3. 한꺼번에 여러 가지 일을 하는 편인가, 아니면 한 번에 한 가지
   일만 하는가?
      ㉮ 여러 가지 일.   ㉯ 한 번에 한 가지 일.

4. 시간 감각이 좋은가, 아니면 자주 시간을 놓치는가?
      ㉮ 시간 감각이 좋다.   ㉯ 시간을 자주 놓친다.

5. 새로운 아이디어를 쉽게 생각해내는가?
      ㉮ 그렇다.   ㉯ 아니다.

6. 맞춤법에 능통한가?
      ㉮ 그렇다.   ㉯ 아니다.

7. 영화나 소설의 내용에 몰입하기가 힘든가?

    ㉮ 그렇다.   ㉯ 아니다.

8. 생생한 꿈을 자주 꾸는가?

    ㉮ 그렇다.   ㉯ 아니다.

9. 십자말풀이를 잘하는가?

    ㉮ 그렇다.   ㉯ 아니다.

10. 다음 말은 진실일까, 거짓일까? '모든 것은 서로 연결되어 있다.'

    ㉮ 진실이다.   ㉯ 거짓이다.

11. 휴가를 갈 때 일정을 짜는 편인가, 아니면 자유로운 휴가가 더
    좋은가?

    ㉮ 일정을 짠다.   ㉯ 자유로운 휴가.

12. 매일 저녁 같은 시간에 식사를 하는가, 아니면 배가 고플 때
    먹는가?

    ㉮ 같은 시간에.   ㉯ 배가 고플 때.

13. A 지점에서 B 지점으로 갈 때 설명서가 편한가, 아니면 지도를
    보는 편이 편한가?

    ㉮ 설명서   ㉯ 지도

14. 당신에게 초자연적인 힘이 있을 수도 있다고 믿는가?

    ㉮ 그렇다.   ㉯ 아니다.

15. 그림으로 생각하는 편인가, 아니면 글로 생각하는 편인가?

    ㉮ 그림   ㉯ 글

16. A점은 출발점이고 B점은 목적지다. 두 길 중 어느 쪽을 택하겠는가?

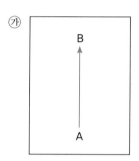 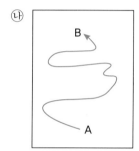

17. 당신이 훌륭한 영화 평론가가 될 수 있다고 생각하는가?

    ㉮ 그렇다.   ㉯ 아니다.

18. 당신의 생각이 남에게 비판받으면 보통 어떻게 반응하는가?

    ㉮ 도움이 될 만한 건설적인 내용을 찾으려고 노력한다.

    ㉯ 화가 난다.

    ㉰ 민망하고 창피하다.

19. 몽상에 잠기는 시간이 많은가?

　　㉮ 그렇다.　　　　　㉯ 아니다.

20. 방에 들어가면 제자리에 있지 않은 물건을 바로 알아챌 수 있
　　는가?

　　㉮ 그렇다.　　　　　㉯ 아니다.

21. 세차가 즐거운가, 아니면 따분한 일로 느껴지는가?

　　㉮ 즐겁다.　　　　　㉯ 따분하다.

22. 다른 사람들이 충분히 빨리 움직이지 않는 것처럼 느껴지는가?

　　㉮ 그렇다.　　　　　㉯ 아니다.


```
      P              P
      P              P
      P              P
      P              P
      PPPPPPPPPP
      P              P
      P              P
      P              P
      P              P
```


23. 위 그림을 볼 때 어떤 글자가 먼저 눈에 들어오는가?

　　㉮ P　　　　　　　　㉯ H

24. 지역의 자선 행사를 당신의 집에서 열기로 했다. 이 행사에서
　　어떤 임무를 맡고 싶은가?

　　㉮ 행사의 주제에 대한 구상을 가지고 있기 때문에, 내 구상을

알려주고 세부 사항은 다른 사람들에게 맡기고 싶다.

㉯ 메뉴, 장식, 여흥, 홍보 등을 계획하는 잔일들에 직접 참여
하고 싶다.

㉰ 세부적인 일에는 가능한 한 참여하고 싶지 않다. 그냥 파티
에 참석만 하고 싶다.

㉱ 지역 사회를 위해 한 일이 없다는 죄책감 때문에 우리 집에
서 행사를 열자고 했을 뿐이다.

25. 침대에서 나가고 싶지 않은 날이 있는가?

　㉮ 있다.　　　　　　㉯ 별로 없다.

26. 새 프로젝트를 시작할 때는 신나게 하지만 마무리는 서툰가?

　㉮ 그렇다.　　　　　　㉯ 아니다.

27. 산만한 소음을 걸러내는 것이 힘든가?

　㉮ 그렇다.　　　　　　㉯ 아니다.

28. 다른 사람들이 당신을 '수완가'라고 부르는가?

　㉮ 그렇다.　　　　　　㉯ 아니다.

29. 머릿속에서 아이디어들이 계속 떠올라 따라잡기 힘들 때가 자
주 있는가?

　㉮ 가끔.　　　　　㉯ 자주.　　　　　㉰ 없다.

30. 자주 흥청망청 돈을 쓰는가?

    ㉮ 가끔.   ㉯ 자주.   ㉰ 없다.

31. 친구와 함께 저녁을 보낼 때 둘 중 더 하고 싶은 일은?

    ㉮ 영화를 보고 식사를 한다.

    ㉯ 조용한 곳으로 가서 고민거리를 얘기한다.

32. 다른 사람들은 당신을 유쾌한 사람으로 생각할까, 지루한 사람으로 생각할까?

    ㉮ 유쾌한 사람.   ㉯ 지루한 사람.

A군 질문들의 채점표는 부록 I에 실려 있다. 지금 채점표를 작성하든가 아니면 다음 페이지로 넘겨 B군 연습 문제를 시작하라.

B군 연습 문제

A군 질문들은 '자기 보고' 형식의 평가다. 즉, 응답자가 적절하다고 생각하는 답이 곧 응답이 된다. 하지만 정직하게 하려고 노력한다 해도 자기 보고 형식의 질문들에 대한 답에는 편견이 들어갈 수 있다. 이를테면, 사회적으로 가장 바람직한 답을 무의식적으로 선택할 수도 있다. 혹은 평가가 마음에 들지 않으면, 무의식적으로 결과를 망치려 할 수도 있다.

그래서 연구자들은 가능하면 개인적인 견해보다는 행동을 측정하는 평가를 추가하려고 애쓴다. 그래서 B군 문제가 포함되는데, 푸는 재미도 있다! B군 연습 문제들은 전체적으로는 경험적인 검증이 이루어지지 않았지만, 개별적으로는 7가지 브레인세트와 연관된 심리학적 측면이나 뇌의 기능적 측면을 평가하는 데 사용되어 왔다. A군 질문과 B군 연습 문제의 결과들을 결합해보면 자신의 정신 안락 지대를 알 수 있다.

문제를 풀려면 스톱워치나 타이머, 백지 여러 장, 필기도구, 미터자, 그리고 아무런 방해도 받지 않는 25분 정도가 필요하다. 시작하기 전에 백지 한 장을 이 페이지 크기로 자른다. 시작할 준비가 되기 전까지는 문제를 보면 안 된다.

타이머를 2분에 맞춰놓는다. 다음 페이지의 글에 있는 단어들에서 받침 'ㄹ'이 몇 번 나오는지 세어본다. 타이머가 꺼지면 읽기를 멈추고 받침 ㄹ이 들어간 글자의 개수를 기록한다.

뇌가 하는 일 대부분은 우리의 의식적인 자각 수준 아래에서 이루어진다. 우리는 그런 일이 벌어지고 있는지도 모른다……. 참으로 놀라운 기관이다. 신경과학자들은 이 무의식적인 뇌 작용을 암묵적 처리라고 부른다. 창의적인 과정 대부분이 암묵적이기 때문에 거기서 일어나고 있는 일을 알고 믿는 것이 중요하다.

암묵적인 과정을 아주 단순화해서 살펴보자. 예를 들어, 친숙한 얼굴을 알아볼 때 어떤 과정이 일어날까? 먼저, 눈을 통해 정보를 받아들인다. 이제 당신의 눈은 얼굴을 '인지하는' 것이 아니다. 그저 주변에서 들어오는 색깔, 형태, 움직임의 정보를 넘겨줄 뿐이다. 색깔, 형태, 움직임에 대한 정보는 뇌의 뒷부분(후두엽)에 있는 시각 시스템의 다른 영역들을 통해 처리된다. 처리된 정보들은 후두엽의 연합령에 집합한다. 집합된 그림이 얼굴처럼 보인다면, 이 정보는 측두엽 깊숙이 있는 방추상회라는 뇌 구조로 전달되고, 그곳에서 친숙한 얼굴들의 패턴과 비교 점검된다. 동시에, 이 얼굴이 친구인지 적인지, 즉 그 얼굴로 다가갈 것인지 아니면 달아나야 하는지를 판단하는 대뇌변연계의 다른 영역들(측두엽 깊숙한 곳의 피질하 구조에 주로 위치해 있다.)로 정보가 보내진다. 그리고 뇌의 나머지 영역들은 이 얼굴을 시각 정보와 음성 정보(그 사람이 걷는 자세나 목소리), 그리고 이 사람에 대한 다른 정보와 연관 짓는다. 이제야 머릿속에서 전구가 번쩍 켜지고 당신은 깨닫는다. 아, 복도에 있는 저 사람은 내 고등학교 은사님이잖아!

1. 받침 ㄹ은 총 _____번 나온다.

2. 할당된 시간 안에 전문을 다 읽었는가?
　㉮ 그렇다.　　　　㉯ 아니다.

3. 글을 읽을 때 내용에 정신이 팔렸는가, 아니면 받침 ㄹ을 찾는 데 집중했는가?
　㉮ 내용을 읽었다.　㉯ 글자에 집중했다.

4. 글을 다시 보지 말고 답하라. 친숙한 얼굴을 인식하는 뇌 영역은?
　㉮ 편도체　　　　㉯ 해마　　　　㉰ 방추상회

연습 문제 2-1

　타이머를 30초로 맞춘다. 그런 다음, 타이머가 끝날 때까지 다음 페이지에 있는 점을 주의 깊게 본다. 타이머가 끝나면 그다음 페이지로 넘겨 연습 문제 3으로 넘어간다.

●

타이머를 3분에 맞춘다.

친구 론이 옆 책상에 앉아 있다. 그가 툭하면 당신에게 말을 걸어서 전화 영업을 방해하는 통에 업무를 마무리 못 할 때가 많다.

이 문제를 해결할 수 있는 방법들을 최대한 많이 생각해내서 종이에 써본다. 타이머가 꺼지면 멈춘다.

다음 문제를 머릿속으로 푸는 데 걸리는 시간을 재본다.(종이에는 아무것도 쓰지 말 것.) 시간제한은 없다.

다음의 조건을 갖춘 세 글자짜리 영어 단어를 찾아보자.

- L-O-G 에는 그 단어와 공통적인 글자가 하나도 없다.
- T-O-G 에는 공통적인 글자가 하나 있으며, 위치는 다르다.
- S-I-T 에는 공통적인 글자가 하나 있으며, 위치도 똑같다.
- G-O-B 에는 공통적인 글자가 하나 있으며, 위치는 다르다.
- A-I-L 에는 공통적인 글자가 하나 있으며, 위치는 다르다.

1. 세 글자짜리 단어는 ___ ___ ___ 이다.
2. 이 문제를 푸는 데 걸린 시간은?

아래의 심적 회전 퍼즐을 푸는 데 걸리는 시간을 재본다. 왼쪽의
보기와 똑같은 모양을 골라라. 시간제한은 없다.

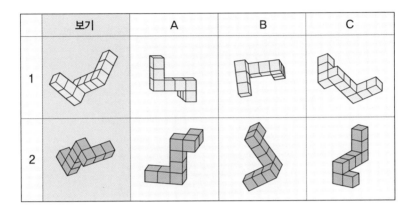

두 문제를 푸는 데 걸린 시간은?

타이머를 5분에 맞춘다. 이 이야기의 뒤에 이어질 내용을 완성한
다. 타이머가 꺼지면 멈춘다.

폭풍우가 휘몰아치는 어두운 밤이었다. 고속도로를 달리고 있는
데 계기판의 불빛이 희미해지고 차의 속도가 떨어지기 시작했다. 갓
길에 차를 대자마자 엔진이 완전히 멈춰버렸다. 나는 비상등을 켜고
휴대 전화를 꺼냈다. 나오기 전에 전화기 배터리 충전하는 걸 왜 잊
어버렸을까? 한 통화라도 할 수 있기를 간절히 빈다. 바로 그때 머리
를 스치고 가는 생각이 있었으니…….

다음 그림에서 보이는 것을 종이에 써본다. 제일 처음 눈에 띄는 모습을 묘사한다. 그런 다음 다시 보고 뭔가 다른 것이 보이면 그것을 묘사한다.

타이머를 2분에 맞춘다. 다음 글에서 오탈자를 찾아 그 수를 세어본다. 타이머가 꺼지면 멈춘다.

다음 장의 뇌 구조 공부를 그냥 넘어가고 싶은 유혹이 들어도 그래서는 않 된다. 나중에 브레인세트를 훈련할 때 뇌의 어떤 영역이 활발해지는지 혹은 그렇지 않은지를 알 필요가 있다. 뇌를 시각화함로써, 각각의 브레인세트에 더 잘 들어갈 수 있다.

많은 예술가들과 작가들은 영감 혹은 깨달음이라 알려진 신비로운 과정이 부서질까 두려워 뇌에서 벌어지고 있는 일을 알고 싶어

하지 않는다. 영감이란, 완전해 보이는 아이디어가 난데없이 불쑥 떠오르는 마법 같은 순간이다. 어떤 연구자는 창작 과정의 신비로운 분위기을 없애려고 시도했지만, 그것은 이 책의 목적이 아니다. 사실, 뇌가 어떻게 주변의 지각 정보를 받아드려 혁신적인 아이디어로 변형시키는지 알면 알수록, 창의적 영감을 경외하게 될 것이다. 인간이 달에 착륙하여 월석을 가저왔다고 해서 달의 신비가 망가지는 건 아니듯이, 살아 있는 인간의 뇌를 들여다본다고 해서 불가사의한 과정의 신비가 흩터지지는 않는다.

1. 몇 개의 오탈자를 찾았는가?

2. 글의 내용에 정신이 팔렸는가, 아니면 오탈자를 찾는 일에 집중했는가?
   ㉮ 내용에 정신이 팔렸다.
   ㉯ 오탈자를 찾는 일에 집중했다.

연습 문제 9

타이머를 5분에 맞춘다. 자신에게 즐거움을 주는 소소한 것들을 모두 적는다. 집 안에서 혼자 할 수 있는 활동들이 포함되어야 한다. 예를 들면 다음과 같다.

- 좋아하는 음악을 듣는다.
- 뜨거운 물로 샤워한다.

- 차가운 물 한 잔을 마신다.
- 좋아하는 뜨거운 음료(커피나 허브티 같은)를 마신다.
- 좋아하는 사진을 본다.
- 좋아하는 시를 읽는다.
- 행복했던 일을 떠올린다.

목록을 작성할 때는 추억이나 좋아하는 음악을 구체적으로 묘사한다. 타이머가 꺼질 때까지 계속 작성한다.(이 '소소한 즐거움들' 목록은 나중에 또 사용될 테니 깨끗한 종이에 옮겨 적어두는 것이 좋다.)

연습 문제 10

타이머를 5분에 맞춘다. 제시된 세 단어를 보고 연관된 네 번째 단어를 찾는다.

예) 손목   탑   벽   _____
답) 시계(손목시계, 시계탑, 벽시계)

다음의 단어 조합을 완성하고 타이머가 꺼지면 멈춘다.

막대	수수	알	_____
마당	화장	연기	_____
꽂이	코	구멍	_____
연휴	열애	산	_____
사람	들이	빵	_____

아까 이 페이지 크기로 자른 종이를 꺼내서, 앞으로 넘기지 말고 연습 문제 2-1에서 봤던 점을 정확히 똑같은 위치에 그려본다.

그런 다음 그 페이지로 돌아가 페이지 위에 종이를 대본다. 원래 점에서 세로, 가로로 얼마나 떨어져 있는지 측정한다. 세로의 차이와 가로의 차이를 더한다.

㉮ 차이가 3cm보다 작다.
㉯ 차이가 3cm 이상이다.

이제 연습 문제들을 채점하고 부록 I의 지침을 이용하여 그 결과를 해석하면 된다.

자신이 선호하는 브레인세트를 알았으니, 이젠 정신 안락 지대를 떠날 생각을 해야 할 때다. 운동선수가 실력을 향상하거나 남을 능가하기 위해 타고나지 않은 기술을 연마하듯, 창의적인 사고 기술을 키우려면 정신 안락 지대의 역학을 넓혀야 한다. 자신의 뇌에 생소하거나 경험해본 적이 없는 정신 영역으로 들어가야 한다는 뜻이다. 하지만 걱정할 필요는 없다. 그 노력에 걸맞은 보상을 받게 될 것이다.

그러나 뇌 훈련을 시작하기 전에 그 방법을 우선 알아야 한다. 다음 장에서 창의적인 뇌라는 광활하고도 비옥한 영역으로의 여정을 시작할 것이다. 그 여정을 통해 매일 마주치는 자극을 감지하고, 처리하고, 체계화하고, 창의적으로 사용할 준비를 갖추게 될 것이다.

창의적인 뇌 들여다보기

우리의 뇌는 새로운 것을 찾는 기계다. 그 안의 메커니즘은 주변 환경의 탐구, 새로운 정보의 학습, 독창적인 아이디어의 발상을 돕고 격려한다. 분명하다. 우리의 뇌는 창의성을 발휘하기 위해 존재한다.

물론 그것만이 전부는 아니다. 우리의 뇌는 창의적인 아이디어를 생산해내는 공장일 뿐만 아니라, 우리의 생존 같은 다른 과제도 짊어지고 있다. 위험의 징후를 파악하기 위해 외부 환경(세상)과 내부 환경(몸) 모두를 감시하고, 위험이 감지되면 적절하게 대응해야 한다. 다른 사람들의 의도를 파악하고, 과거의 일을 떠올려 다음에 벌어질 상황을 예측하고, 쓰레기봉투를 왜 제시간에 내놓지 않았는지 아내에게 댈 핑곗거리를 찾는 일 등이 거기에 포함된다.(이렇듯 생존을 위한 일에도 역시 창의성이 필요하다는 사실을 잊지 말자.)

생존에 큰 문제가 없을 때 뇌는 창의력을 발휘하는 데 더 많은 힘을 쏟을 수 있다. 뇌 자체의 연결 방식이 창의성에 결정적인 요인으로 작용한다. 서로 동떨어지거나 전혀 관계없어 보이는 아이디어나 개념을 서로 연결 지음으로써 창의적인 아이디어가 나온다는 사실은 몇십 년 전부터 알려져 있다. 좀 더 최근의 연구는 서로 다른 뇌 영역들 사이의 연결 역시 창의적 사고와 연관되어 있음을 암시한다.[1] 창의성의 관건은 연관성을 만들어내는 것이다. 그런데 뇌는 어떻게 그 연관성을 만들까? 이를 이해하기 위해서는 먼저 뇌의 영역들이 서로 소통하는 방식을 알아야 한다.

뇌는 어떻게 스스로 소통하는가

뇌에는 뉴런이라고 불리는 약 100억 개의 신경 세포가 있는데, 한 개의 뉴런은 1만 개의 다른 뉴런과 접속할 수 있기 때문에 총 100조 개의 접속이 이루어진다.(뉴런의 수에 대해서는 100억 개부터 1조 개까지 의견이 다양한데, 이는 후두엽 바로 밑의 소뇌에 있는 뉴런의 수를 정확히 알 수 없기 때문이다. 그러나 많은 연구자들이 뉴런의 수를 통상 100억 개로 정해놓고 있다.) 그것이 바로 뇌의 저장 용량이며, 그야말로 엄청나다. 창의성을 높이는 방법을 완전히 이해하기 위해, 뇌를 구성하고 있는 뉴런과 그 외의 요소들을 더 자세히 살펴보자.

각각의 뉴런은 세포체, 다른 뉴런들로부터 정보를 받는 수상돌기들, 그리고 정보를 다른 뉴런들로 보내는 축색으로 이루어져 있다.(다음 페이지 그림 참고.) 축색은 미엘린이라는 지방질 피막에 싸여

있다. 이 피막은 전선의 플라스틱 피복과 마찬가지로 절연체 역할을
한다. 그리고 여느 전기 절연체와 마찬가지로, 미엘린은 뇌 속에서
전기 신호가 더 빨리, 축색을 따라 정확히 전달되도록 돕는다.

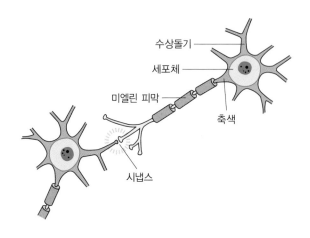

뉴런들은 전달 뉴런의 축색과 수용 뉴런의 수상돌기 사이에 있는
시냅스라는 작은 공간을 통해 화학적으로 서로 소통한다. 전달 뉴런
이 활성화되면, 즉 '켜지면' 그 축색 끝에 있는 작은 소낭에서 신경
전달물질이라는 화학물질이 분비된다. 이 화학물질은 시냅스로 들어
간 다음, 자물쇠에 열쇠가 끼워지듯이 수용 뉴런의 수상돌기에 있는
수용기라는 구멍에 달라붙는다. 충분한 수용기들에 화학물질이 채
워지면 수용 뉴런이 발화하고, 이어서 도미노 효과로 뉴런들이 차례
로 발화한다. 이런 식으로 뇌는 스스로 소통한다! 어느 뉴런망이 불
타고 있느냐에 따라, 팔에 전화기를 들라는 신호를 보내는 것일 수
도 있고, 아침에 갓 내린 커피의 향을 더욱 짙게 하라는 신호나, 아
름다운 달밤의 추억을 떠올리라는 신호를 보내는 것일 수도 있다.

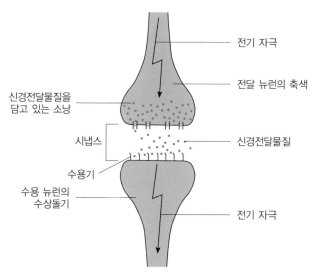

신경전달물질을
담고 있는 소낭

시냅스

수용기

수용 뉴런의
수상돌기

전기 자극

전달 뉴런의 축색

신경전달물질

전기 자극

뉴런들 사이의 시냅스에서 세포 간의 소통이 일어난다.

　새로운 것을 배우거나 새로운 기억을 형성할 때, 뉴런들 사이에 새로운 접속이 이루어진다. 학습 행위는 실제로 새로운 수상돌기와 새로운 접속을 만들어낸다. 말 그대로 학습이 뇌를 변화시키는 것이다! 더 많이 배울수록 '신경의 숲'은 더욱 울창해지고 짙어진다. 그 기억들이나 배움의 조각들을 다시 떠올리면 접속의 속도와 힘은 더욱 높아질 것이다. 도시들을 이어주는 도로를 닦는 것과 마찬가지다.

　뉴욕에서 보스턴으로 가는 사람들이 많을수록 도로는 더 많이 닦이고 더욱 넓어질 것이다. 뇌도 마찬가지다. 우리가 두 조각의 정보를 연결시키면 뉴런들이 도로를 하나 닦는다. 우리가 그 도로를 자주 이용하면 뇌는 그 도로를 고속도로로 바꾸어놓는다. 머릿속의 이 도로는 학습과 기억을 도와줄 뿐만 아니라, 우리의 궁극적인 목표인 창의적 사고 과정에도 큰 도움을 준다. 뇌를 구성하는 요소들을 알았으니, 이제 새롭고 창의적인 사고와 행동에 가장 중요한 역할을 하는 뇌의 영역들을 살펴보자.

✱ 기억은 어디에 저장될까?

한 기억이 뇌의 한 특정 장소에 저장되는 것은 아니다. 기억의 각 부분들은 서로 다른 위치에 저장된다. 예를 들어, 어린 시절의 어느 여름밤을 기억하고 있다면, 갓 베어낸 풀 냄새, 풀의 감촉, 반딧불의 광경, 기쁨의 기억 등은 저마다 다른 곳에 저장되어 있는 것이다. 기억의 이 모든 조각들은 뉴런망에 의해 연결되기 때문에, 기억의 한 조각이 상기되면 연결되어 있는 모든 기억이 발화되어 전체적 형태로서의 기억을 경험하게 된다.[2]

뇌의 지형도

기본적인 뇌의 지형도를 간단하게나마 살펴보면 우리의 뇌에 익숙해질 것이다. 여러 뇌반구와 뇌엽을 검토하는 것으로 뇌를 이해하기 위한 여정을 시작해보자.

좌뇌와 우뇌

뇌는 두 반구로 나뉘어 있다. 좌뇌와 우뇌는 두 반구의 소통을 가능케 하는 뇌량이라는 큰 뉴런 다발로 연결된다. 신경학자들은 오래전부터 각 반구가 몸의 반대편을 통제한다는 사실을 알았다.(그래서 오른손을 들고 싶다면 그 명령을 전달하는 것은 좌뇌다.) 그러나 지난 세기 중반에 이르러 각각의 반구들이 자신만의 성격, 호불호, 기술을 가진 하나의 완전한 뇌라는 사실이 밝혀졌다.

1960년대, 노벨상 수상자인 로저 스페리와 그의 동료인 마이클 가자니가는 분리 뇌 환자 여러 명을 대상으로 일련의 실험을 실시했다. 피실험자들은 생명을 위협하는 간질 발작을 억제하기 위해 뇌량을 절단하는 수술을 받았다. 그래서 서로 모순된 생각을 하는 두 개의 뇌를 갖게 되었다. 예를 들어, 폴이라는 환자의 좌뇌는 제도공이 되기를 원했지만 우뇌는 카레이서가 되기를 원했다. 또 다른 환자는 아내에게 화가 나서 (좌뇌의 통제를 받는) 오른손으로 아내를 때리려 했지만 왼손은 아내를 보호하려 했다.[3]

좌뇌	우뇌
글자, 말, 언어	기하학적 패턴
언어적 기억	얼굴 인식
말하기, 읽기, 쓰기	환경음
산술	선율, 화음
객관적 정보 처리	비언어적 기억
체계적인 문제 해결	방향 감각
추상적인 사고	형태의 심적 회전
순차적 처리	회피 감정
분석	구체적 사고
논리적인 문제 해결	병렬 처리
접근 감정	세부 사항보다는 전체 그림

이들 분리 뇌 환자들은 그저 호기심의 대상만은 아니었다. 그들은 각 뇌의 특색에 대한 방대한 정보를 제공했다. 우뇌가 창의성을 담당한다는 얘기는 누구나 들어봤을 것이다. 하지만 그것이 꼭 맞는 얘기는 아니다. 진정한 창작에는 좌뇌와 우뇌 모두 꼭 필요하다. 분리 뇌 환자들을 연구한 스페리 박사와 가자니가 박사 같은 이들 덕분에, 우리는 각 뇌가 창작 과정에 기여하는 바를 더 많이 알게 되었다. 좌뇌와 우뇌에 대해서는 이후에 더 얘기해보자.

대뇌 피질의 뇌엽들

뇌의 좌우 반구는 뉴런 세포체들의 얇은 막(동전 3개를 쌓은 정도의 두께)으로 덮여 있다. 이 얇은 막을 피질이라고 한다. 인간 뇌의 피질은 표면적을 넓히기 위해 주름져 있다. 주름에서 불룩 솟아 있는 부분은 '뇌회'라고 하고, 접혀 들어간 부분은 '뇌구'라고 한다. 놀랍게도 우리 대부분은 기본적으로 뇌의 똑같은 위치에 주름이 져 있다. 사실, 큰 주름들은 예측 가능하기 때문에 과학자들은 거기에 이름을 붙이고 뇌의 이정표로 삼았다.

대뇌 피질은 4개의 '엽'으로 나누어져 있다. 뇌의 뒤쪽에 있는 엽들(측두엽, 두정엽, 후두엽)은 주로 우리의 오감으로부터 들어오는 감각 정보를 처리하고 장기 기억들을 저장한다. 전두엽은 기능적으로 두 부분으로 나뉜다. 한 부분은 운동을 관장하고, 다른 한 부분인 전전두엽 피질은 의식적인 의사 결정, 미래 계획, 자기 인식 같은 고등 사고 과정의 중추다.

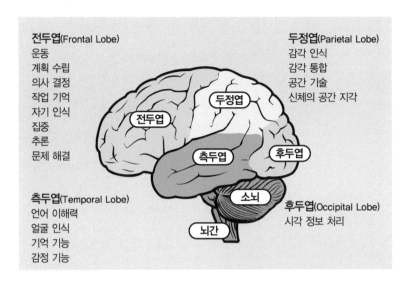

전두엽(Frontal Lobe)
운동
계획 수립
의사 결정
작업 기억
자기 인식
집중
추론
문제 해결

두정엽(Parietal Lobe)
감각 인식
감각 통합
공간 기술
신체의 공간 지각

측두엽(Temporal Lobe)
언어 이해력
얼굴 인식
기억 기능
감정 기능

후두엽(Occipital Lobe)
시각 정보 처리

두정엽
전두엽
측두엽
후두엽
소뇌
뇌간

피질의 뉴런 세포체들은 회색빛 도는 외관을 지니고 있다. 애거사 크리스티의 명탐정인 에르퀼 푸아로 덕분에 '회색 뇌세포'로 널리 알려져 있다. 얇은 피질층 밑에는 뉴런들을 서로 연결시켜주는 축색들이 있다. 축색은 지방질의 수초에 덮여 있기 때문에 더 연한 색을 띠고 있다.(그래서 '백질'이라고 불린다.) 뇌 깊숙한 곳의 백질 안에는 뉴런 세포체들이 조금 더 모여 있다. 이 무리들은 '피질하 구조'라고 일컬어지며, 감각 정보와 감정을 처리하고 기억을 형성하는 데 중요한 역할을 한다.

이제 좀 더 구체적으로 들어가 창의적인 사고와 행동에 중요한 몇몇 영역들을 살펴보자. 물론, 뇌에 '창의성' 중추는 없다. 창의적 인지는 뇌 전체에 넓게 퍼져 있는 회로를 활용해야 하는 복잡한 정신 현상이기 때문이다. 사실, 복잡한 정신 기능들은 대개 특정한 한 곳에 존재하기보다는, 뇌 전역에 걸쳐 풍요롭게 연결되어 있는 뉴런들 사이에 퍼져 있다. 이 뉴런망과 그것들이 책임지는 정신 작용에 대해서는 지금도 연구가 계속 진행되고 있는 중이지만, 창의적 사고에 중요한 다수의 뇌 영역들은 어느 정도 확실히 파악할 수 있다. 창의적인 사고와 관련된 뇌 네트워크의 중요한 이정표들을 살펴보자. 단, 뇌의 모든 영역은 단독으로 활동하는 것이 아니라 연결되어 있는 다른 영역들에 의존한다는 사실을 잊으면 안 된다.

실행 중추

우리 여행의 첫 정거장은 내측 전전두엽 피질에서 서로 긴밀하게 연결되어 있는 몇몇 구역들(안와 전두 피질, 전측 대상 피질을 포함)과 전전두엽 피질의 전면 및 측면 구역들로 이루어져 있는 실행 중추다. 뇌의 이 실행 영역은 계획, 추상적 추론, 의식적인 의사 결정을 담당한다. 기업 조직으로 치자면 뇌의 '보스' 격이다. 다른 영역들은 직접적으로든 간접적으로든 실행 중추로 보고를 올린다. 그러나 모든 바쁜 운영진들이 그렇듯, '날것'의 정보보다는 요약된 정보를 받는다. 실행 중추까지 올라오는 내용의 대부분은 '중간 관리' 영역들에서 이미 검토되고 편집된 것들이다. 많은 정보들이 아랫선에서 제거되고 간부의 책상 위에는 올라가지 못한다. 따라서 실행 중추가 최종적인 결정 권한을 가지고 있다 해도, 이 결정은 불완전하거나 잘못된 혹은 편견 어린 정보에 근거해 있을 수 있다.

작업 기억은 실행 중추에 의해 제어된다. 가끔 단기 기억이라고도 불리는 작업 기억이란, 제한된 시간 동안 여러 조각들의 정보(방금 찾아본 전화번호 혹은 직장에서 집으로 갈 때 들러야 할 곳 등)를 머릿속에 간직하고 있다가 문제를 해결하기 위해 그 정보를 조종하는 능력이다.

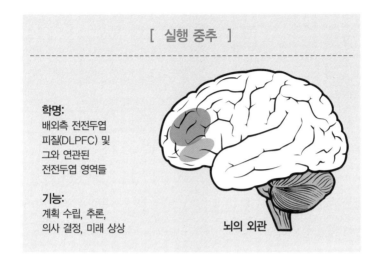

[실행 중추]

학명:
배외측 전전두엽
피질(DLPFC) 및
그와 연관된
전전두엽 영역들

기능:
계획 수립, 추론,
의사 결정, 미래 상상

뇌의 외관

실행 중추는 창의성의 거의 모든 측면에 중요한 역할을 한다.

• 변화의 여지가 있는 새로운 영역을 결정하는 '문제 발견'에 대단
  히 중요하다.
• 적절한 해결책을 생각해내기 위한 '철저한 사고'에 꼭 필요하다.
• 고정 관념에서 벗어나 여러 관점에서 문제를 볼 줄 아는 능력에
  도 결정적인 역할을 한다. 다른 관점을 취하는 능력은 창의적
  사고를 위한 가장 중요한 기술 중 하나다.
• 우리의 창의적 성장에 정말 중요한 실행 중추의 마지막 역할은
  뇌의 하위 영역들이 생각을 제시할 수 있도록 한 발 물러날 때
  를 결정하는 것이다. 실행 중추가 뇌의 나머지 영역들을 깐깐하
  게 통제한다면, 우리의 창의적인 사고 능력은 위태로워진다. 유

능한 간부는 부하들의 아이디어를 거부하지 않는다. 마찬가지로, 유능한 실행 중추는 뇌의 다른 영역들을 신뢰하고 일을 맡긴다.

'나' 중추

'나' 중추 역시 전전두엽 피질에 주로 존재하며, 전전두엽 피질과 두정엽 피질의 중간선을 따라 있는 뇌 구조로 이루어져 있다. 뇌의 이 부분은 자기 인식, 감정, 타인들의 감정 인식을 담당한다.[4] 남들의 관점에서 보고 그들이 나를 어떻게 볼지 짐작할 줄 아는 능력이 이 영역에서 발휘된다. 이 영역은 의도적인 사고에 몰두해 있지 않을 때 (즉, 정신이 '휴식 중'일 때) 활기를 띠는 경향이 있다. '나' 중추는 자신과 사회적 환경에 대한 정보를 실행 중추로 보내는 '중간 관리' 중추들 중 하나다.

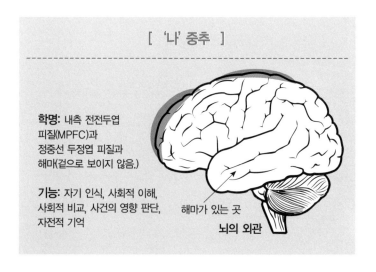

['나' 중추]

학명: 내측 전전두엽 피질(MPFC)과 정중선 두정엽 피질과 해마(겉으로 보이지 않음.)

기능: 자기 인식, 사회적 이해, 사회적 비교, 사건의 영향 판단, 자전적 기억

해마가 있는 곳

뇌의 외관

'나' 중추는 다음과 같은 방식으로 창의성에 중요한 역할을 한다.

- 우리의 자기표현을 중간에서 전달해준다.
- 다른 사람의 관점을 취할 수 있게 해준다. 이는 저술, 예술, 대인 관계, 비즈니스 등과 관련된 창작에 중요한 역할을 한다.
- 몽상이나 공상에 빠져 있을 때 활발히 활동한다. 몽상과 공상 모두 창의성에 도움이 된다.

그러나 자기 인식은 창의성의 다른 측면들에 방해가 되기도 한다. 따라서 '나' 중추의 활동을 줄여야 할 때도 있다.

판단 중추

전두엽의 마지막 종착역은 판단 중추다. 판단 중추는 전전두엽 피질의 여러 구조들(안와 전두 피질, 전측 대상 피질 등)과 실행 중추 사이에 있는 회로다. 뇌의 이 영역은 우리의 행동을 내재화된 행동 기준에 비교하여, 우리가 선을 벗어나면 경고 메시지를 보낸다. 과학자들은 뉴햄프셔의 철로 노동자인 피니어스 게이지의 기묘한 사례를 통해 이 영역의 기능을 처음 깨달았다. 1848년의 어느 날, 게이지는 커다란 쇠막대로 다이너마이트를 구멍 속에 눌러 담고 있었다. 그때, 다이너마이트가 터지면서 쇠막대에 얼굴 옆을 맞는 바람에 전두엽 영역이 파괴되어버렸다. 게이지는 이 사고에서 살아남아 놀라운 회복력을 보였고 그 후 13년을 더 살았다. 그러나 성격이 심하게 변해서, 불경스런 행동을 잘하고 '동물적인 성향'을 제대로 통제하지 못했다. 즉, 적절한 판단을 내리는 능력이 손상된 것이다. 그 후 과학자들은 안와 전두 피질(눈 바로 위에 있는 부분)의 손상과 연관된 '탈억제' 증후군을 확인했다. 서투른 판단, 부적절한 말과 감정, 성적 유혹 등이 여기에 포함된다.[5]

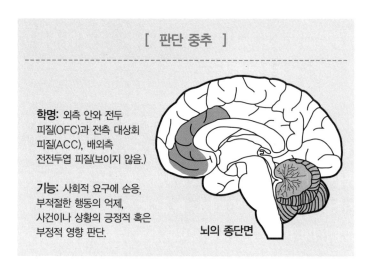

[판단 중추]

학명: 외측 안와 전두 피질(OFC)과 전측 대상회 피질(ACC), 배외측 전전두엽 피질(보이지 않음.)

기능: 사회적 요구에 순응, 부적절한 행동의 억제, 사건이나 상황의 긍정적 혹은 부정적 영향 판단.

뇌의 종단면

판단 중추는 어떤 사건이나 상황이 긍정적인 영향을 미칠지 부정적인 영향을 미칠지 결정하는 데도 중요하다. 적절성에 대한 여과된 정보를 실행 중추로 보내는 중간 관리자 역할을 한다.

판단 중추는 창의성의 평가적인 측면들에 중요하다. 창의적인 아이디어를 찾아내면, 그것이 적합한지 결정을 내려야 한다. 창의적인 아이디어를 실행에 옮길 때는 현재 기준에 따라 창의적인 계획을 평가해야 한다. 그러나 판단 중추는 여과기 역할을 하기 때문에 어떤 단계에서는 그 활동을 줄이고, 더 많은 아이디어들(나중에 안 좋은 아이디어로 판결나더라도)이 의식적인 자각으로 흘러 들어갈 수 있게 해야 한다.

보상 중추

뇌의 보상 중추는 측중격핵이라 불리는 피질하 뉴런들의 작은 무리를 포함한다.[6] 이 중추가 활동하면, 우리는 자신감이 치솟고 도취감을 느낀다. 쥐를 대상으로 한 연구에서 쥐는 보상 중추 자극과 먹이 중 보상 중추 자극을 택했다.(이 자극을 얻기 위해서라면 굶어 죽는 것도 불사할 것이다.)

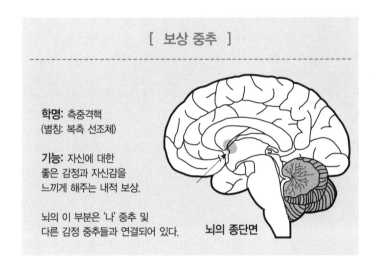

[보상 중추]

학명: 측중격핵
(별칭: 복측 선조체)

기능: 자신에 대한
좋은 감정과 자신감을
느끼게 해주는 내적 보상.

뇌의 이 부분은 '나' 중추 및
다른 감정 중추들과 연결되어 있다.

뇌의 종단면

보상 중추는 창의적 동기 부여에 중요하다. 동기 부여에 대한 연구에 따르면, 외부적 보상보다 내면적인('내재적인') 보상에 동기를 부여받은 창작의 질이 더 높다. 보상 회로는 신경전달물질인 도파민에 의해 조정되는데, 내재적인 보상이 따르는 일을 하면 뇌의 보상 중추에서 도파민이 분비되어 쾌감을 일으키고 그 행위를 반복하고자 하는 동기를 높여준다. 또한 보상 중추는 뇌의 여과 메커니즘에 영향을 미치기도 한다. 이 중추가 활성화되면, 뇌의 후부에 있는 연합 중추들에서 더 많은 아이디어와 정보가 흘러나온다.

공포 중추

공포가 작용하는 기본 원리는 이렇다. 먼저 우리의 감각들이 주변의 정보를 받아들인다. 이 정보는 편도체(amygdala: 아몬드라는 뜻의 그리스어)라고 불리는 아몬드 모양의 작은 피질하 조직으로 보내진다. 편도체는 잠재적인 위험이 있나 판단하고, 위험을 감지하면 몸으로 메시지를 보내어, 아드레날린을 분비시키고, 싸움이나 도주에 대비시키고, 위험의 정도에 따라 불안감이나 두려움을 낳는다. 똑같은 정보가 실행 중추로도 보내지는데, 위험이 가짜로 인식되면 경보가 꺼진다. 공포는 생존에 중요하다. 그래서 편도체가 활동하면 사고 처리과정이 감정에 압도되고 창의적인 사고 능력이 줄어든다.

공포와 불안감은 생존에 꼭 필요하지만 창의성에는 해롭다. 따라서 창의성의 수준을 높이려면 뇌의 공포 중추를 통제할 줄 알아야 한다.

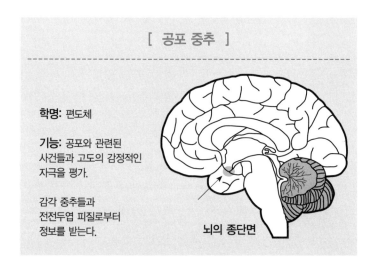

[공포 중추]

학명: 편도체

기능: 공포와 관련된 사건들과 고도의 감정적인 자극을 평가.

감각 중추들과 전전두엽 피질로부터 정보를 받는다.

뇌의 종단면

연합 중추

뇌의 뒤편에 있는 연합 중추들(측두엽, 두정엽, 후두엽)은 실행 중추가 요청한 정보나, 비계획적이고 비체계적인 생각 동안 즉흥적으로 떠오른 정보를 체계적으로 종합한다. 이 중추들은 광경, 소리, 냄새, 감촉을 통합하여 의미 있는 경험을 형성한다. 전전두엽에 있는 실행 중추와 직접적으로 연결된다.

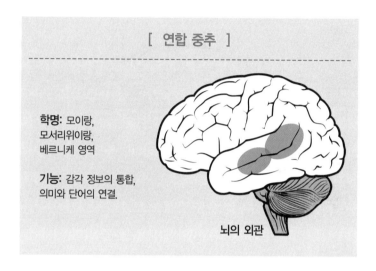

[연합 중추]

학명: 모이랑,
모서리위이랑,
베르니케 영역

기능: 감각 정보의 통합,
의미와 단어의 연결.

뇌의 외관

물론, 연상 능력은 창의성에 필수적이다. 연합 중추의 기능은 다음과 같은 방식으로 창의성에 중요한 역할을 한다.

• 서로 멀리 떨어져 있는 뇌 영역들의 정보들을 한데 통합한다.
• 한 가지 개념에 대한 지식을 취하고 그것을 다른 개념에 적용할 수 있는 능력(즉, 은유를 사용할 줄 아는 능력)과 연관된다.[7]
• 연합 중추는 저장되고 감지된 내용을 참신하게 혹은 평범하게

결합하는 연구 개발 부서 역할을 한다.

아인슈타인의 뇌(역사상 가장 창의적인 뇌 중의 하나)를 조사한 연구자들은 그의 뇌와 보통 뇌의 가장 큰 차이가 두정엽 연합 영역(연합 중추들 중의 하나)에 있다는 흥미로운 사실을 발견했다.[8]

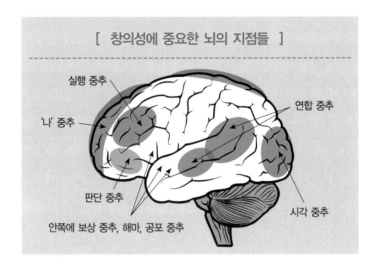

[창의성에 중요한 뇌의 지점들]

실행 중추
'나' 중추
연합 중추
판단 중추
안쪽에 보상 중추, 해마, 공포 중추
시각 중추

우리가 지금까지 논의한 뇌 중추들은 창의적 사고와 활동에 아주 중요하다. 이들 중 많은 중추들이 고도로 상호 연결되어 있다. 또한, 각각의 뇌 중추는 다수의 뇌 회로망에 관여한다. 우리가 직장의 프로젝트 팀, 자선 단체, 동네 헬스클럽의 테니스 팀 등 여러 팀에 가입하듯이, 뇌 중추들은 감정을 느끼고, 새로운 정보를 습득하고, 미래를 마음속에 그리고, 창의적인 아이디어를 생각해내는 등 서로 다른 기능을 수행하는 여러 신경망에 관여한다.

어떤 뇌 중추를 활성화하느냐에 따라 우리가 주변 정보와 개인적인 기억 정보에 접근하는 방식이 바뀐다. 예를 들어, 지금 로마의 로톤다 광장에 서 있다고 가정해보자. 우리의 공포 중추가 활성화되면 판테온은 우리를 위험으로부터 지켜줄 피난처로 보인다. 보상 중추가 활성화될 때 판테온을 보면, 그 역사에 대해 배운 모든 내용이 떠올라 경이로운 건축 유물로 보일 것이다. 뇌의 어느 부분이 활발히 움직이고 있느냐에 따라 우리의 관점은 달라진다. 마찬가지로, 뇌 활성화 패턴은 창의적인 사고의 표현과 창의적인 아이디어의 실행에 도움이 된다.

뇌에 대한 지식을 웬만큼 갖췄으니, 이제 서로 다른 뇌 활성화 패턴들, 즉 CREATES 브레인세트를 이용하여 창의적 아이디어와 생산성을 늘리는 방법을 배워보자.

브레인세트와 창작 과정

몇 년 전 하트퍼트셔대학교의 리처드 와이즈먼은 영국과학진흥협회와 공동으로 래프랩(LaughLab)이라는 실험을 실시했다. 그들은 전세계 사람들이 보내온 재미있는 농담을 평가했다. 그중 다음의 농담이 2위를 차지했다.

셜록 홈스와 왓슨 박사가 야영을 간다. 즐겁게 저녁 식사를 하고 포도주 한 병을 마신 뒤 그들은 잠자리에 든다.

몇 시간 후 잠에서 깬 홈스가 그의 충성스런 친구를 팔꿈치로 슬쩍 찌른다.

"왓슨, 하늘을 보고 뭐가 보이는지 얘기해보게."

왓슨이 답한다.

"수백만 개의 별이 보이네, 홈스."

"그럼 그 사실로부터 무엇을 추론해낼 수 있겠나?"

왓슨은 잠시 고민한다.

"음, 천문학적으로는 수백만 개의 은하계와 수십억 개의 행성이 있다는 뜻이지. 점성학적으로는 토성이 사자자리에 있군. 시계학적으로 말하면 시간이 3시 15분쯤 됐고. 기상학적으로는 내일 날씨가 아주 좋을 것 같네. 신학적으로 얘기하자면, 신은 전능하고 우린 우주의 작고 하찮은 존재일 뿐이지. 자넨 어떤가, 홈스?"

홈스는 잠깐 아무 말 없이 있다가 입을 연다.

"왓슨, 이런 어리석은 친구를 봤나. 누가 우리 텐트를 훔쳐갔잖나!"

박식한 왓슨 박사가 무슨 실수를 했을까?

그 답은 바로 '과도한 생각'이다. '뭐가 보이는지 얘기해보라'는 홈스의 질문을 받았을 때 왓슨은 적절한 답을 찾기 위해 머리를 의식적으로 굴렸다. 그래서 당면 문제와 어느 정도 관련된 그럴듯한 답들을 여러 개 내놓았지만 정작 가장 핵심적인 답은 놓치고 말았다. 이 경우에는 그 핵심적인 답이 그리 창의적이지는 않았지만, 과도한 생각 때문에 바로 눈앞에 있는 해답을 보지 못하는 사례를 보여준다. 가끔 사고 과정에 대한 실행 중추의 지나친 감독을 의식적으로 멈춰야 할 때가 있다. 가끔은 어떤 어려운 문제를 풀 때, 지나치게 답을 고심하기보다는 뇌의 뒷부분에 있는 연구 개발 팀에 그 작업을 맡겨야 한다.

'가끔'이라는 단어에 주의하자. 의식적인 숙고와 단계적인 사고를 통해 기발하고 유용한 아이디어를 얻을 수 있는 상황들도 많기 때문이다. 신경과학자인 아르네 디트리히는 이를 '의도적인' 창작 경로라고 불렀다. 이 경로를 취하면, 우리는 창의적인 해결책을 향해 한 걸음씩 의도적이고 의식적으로 걸어간다. 창의적인 통찰에 다가갈수록, 해답에 점점 가까워질수록 몸이 '더워지는' 기분을 느낀다.

그러나 창의적 사고로 가는 두 번째 길인 '즉흥적인' 창작 경로에서는 의식적인 자각 밑의 정보 처리 수준에서 창의적인 해답들이 생성된다. 어느 정도 적절한 수준에 부합해 보이는 해답들이 "아하!" 하며 의식 위로 불쑥 떠오른다. 이 길을 따라 걸으면 숲 속을 헤매는 듯한 기분이 들다가 '짠!' 하고 나무들이 쫙 갈라지며 창의적인 통찰이 아름다운 모습을 드러낸다. 갑자기 확 하고 깨닫는 순간이 오기 전까지는 '더워지는', 즉 해답에 가까워지는 느낌이 전혀 없다.

의도적인 창작 경로와 즉흥적인 창작 경로

신경과학적 관점에서 이 두 가지 경로의 주요 차이점은 의도적인 경로에서는 전전두엽 피질의 실행 중추, 특히 우세한 좌뇌의 실행 중추가 창작 과정을 처음부터 끝까지 통제한다는 점이다. 실행 중추는 우리가 창작을 하면서 떠올리는 생각과 기억을 감독한다. 한 예로, 바흐는 우아한 브란덴부르크 협주곡을 작곡할 때 수학적 구성, 기본 테마의 의도적인 전위, 주도면밀하게 계획된 대위법을 썼다.[1] 그는 뇌의 실행 중추를 사용하여 작곡 과정을 관리하고 협주곡을 단계적으로 구성해나갔다. 브란덴부르크 협주곡은 의도적인 경로를 보여주는 창의적 산물들의 집합체다.

이와 반대로 즉흥적인 경로에서 실행 중추는 의식적인 사고의 통제를 고의로 혹은 피로 때문에 어느 정도 포기한다. 이로써, 보통 때는 두드러지는 의식 때문에 막혀 있던 측두엽과 두정엽의 연합 중추들에서 더 많은 아이디어들이 나온다. 즉흥적인 창작 과정이 비우세 반구(오른손잡이들 그리고 많은 왼손잡이들의 경우에 우뇌가 될 것이다.)의 더 큰 활동을 끌어낸다는 증거도 있다. 그 결과, 전혀 기대하지 못한 상황에서 창의적인 생각이 문득 떠오른다.

모차르트는 1815년에 쓴 한 편지에서 즉흥적인 창작 경로를 설명했다.

마차 여행이나 즐거운 식사 뒤의 산책이나 잠 못 드는 밤처럼 오롯이 혼자서 기분이 좋을 때 최고의 생각들이 가장 풍부하게 흘러나온답니다. 어디서 어떻게 나오는지도 모르겠고, 억지로 끌어낼 수도 없습니다.[2]

학자들이 이 편지의 진위 여부에 대해 논쟁을 벌이고 있지만, 낭만주의 시대부터 오늘날에 이르기까지 많은 작곡가들, 시인들, 화가들의 편지와 글에는 즉흥적인 창작에 대한 비슷한 이야기들이 등장한다. 예를 들어, 줄리아드 음대 교수들이 모차르트 이후 최고의 천재라고 격찬한 음악 신동 제이 그린버그는 "음악이 어디서 오는지는 모르겠지만, 머릿속에서 오케스트라가 연주하듯 완벽하게 써진다."라고 말했다. 그는 한 곡의 모든 부분들을 동시에 듣는다. 12세에 이미 다섯 곡의 교향곡을 써서 전문 작곡가들과 지휘자들에게서 높은 평가를 받았으며, 이 교향곡들은 즉흥적인 경로를 통해 작곡되었다.

어떻게 한 음악가의 뇌 속에서 교향곡 전체가 떠오를 수 있을까? (역시 즉흥적인 방법을 사용한 듯한) 작곡가 로베르트 슈만은 자신이 작곡하고 있는 것이 아니라 베토벤과 멘델스존이 '그들의 무덤에서' 그에게 받아쓰게 하고 있는 거라고 믿었다. 창의적인 아이디어를 생각해내기 위한 작업도 하지 않았는데 이렇듯 갑작스레 창의적인 통찰을 경험하면 정신적으로는 낯설게 느껴진다. 정신병리학자들이 말하는 '사고 주입(thought insertion)'처럼 느껴질 정도다. 즉, 나 자신의 동의 없이 누군가가 혹은 무언가가 나의 뇌 속에 직접 생각들을 집어넣은 것 같은 망상이 생기는 것이다.

이에 대한 흥미로운 한 사례가 노벨상 수상자인 수학자 존 포브스 내시의 일대기를 그린 실비아 네이사의 『뷰티풀 마인드*A Beautiful Mind*』(이 책은 아카데미 4개 부문을 휩쓴 영화로도 만들어졌다.)에 설명되어 있다. 편집증적 정신분열증 진단을 받은 내시는 왜 우주의 외계인들이 세계를 구하기 위해 그를 고용했다고 믿느냐는 질문을 받자 이렇게 답했다. "수학적인 아이디어들이 내게 찾아오는 것과 똑같은 방식으로 초자연적인 존재들에 대한 생각이 내게 찾아왔으니까요. 그래서 난 그 생각들을 진지하게 받아들였습니다." 내시의 수학적인 아이디어와 그의 망상은 갑작스런 통찰로서 찾아왔다.(이는 모든 통찰이 반드시 적절한 것은 아니라는 사실을 보여준다.)

최근에 노스웨스턴대학교의 연구자들이 통찰의 순간 활발해지는 뇌 영역을 밝혀냈다.[3] 우뇌의 측두엽에 있는 이 구역은 의식 수준 아래에서 폭넓은 개념들을 종합하는 일을 담당하는 것처럼 보인다. 연구자들은 통찰의 순간에 뇌의 이 영역이 활성화될 뿐만 아니라, 감마 시그널(gamma signal)이라는 고주파의 뇌파를 일으킨다는 사실을 발견했다. 이 감마 시그널이 발생하면, 뇌는 전기가 갑자기 터지듯 확 떠오른 개념으로 주의를 돌릴 수밖에 없다.

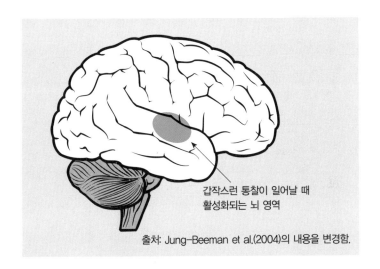

갑작스런 통찰이 일어날 때
활성화되는 뇌 영역

출처: Jung-Beeman et al.(2004)의 내용을 변경함.

뇌의 의도적·즉흥적인 네트워크들

초기의 뇌 기능 검사는 의도적인 사고 과정(고의적인 문제 해결, 정보 검색, 계획 수립 같은 고등 사고 기술들)에서 활발히 활동하는 뇌 영역들을 찾아내는 데 집중했다. 그 결과, 휴식 상태(피실험자들은 아무것도 생각하지 말라는 지시를 받았다.)에 비해 의도적인 사고를 하는 동안 활성화되는 뇌의 주요 영역이 전전두엽 피질의 측면부라는 사실이 밝혀졌다. 피실험자들이 뇌 스캐너 속에서 수행하도록 요청받은 의도적인 과제의 성질에 따라 뇌의 다른 영역들 역시 활발해졌다. 연구자들은 의도적인 사고 과정 동안 집중력이 높아진다는 사실 또한 깨달았다.

1990년대 중반에 이르러서야 연구자들은 의도적인 사고의 비교 대상으로만 여기던 '휴식 상태'에 관심을 기울이기 시작했다. 사실 이 상태에서 뇌는 그냥 쉬고 있는 것이 아니다. 실제로 뇌의 몇몇 영역들은 우리가 생각을 의도적으로 통제하고 있지 않을 때 오히려 활발해진다. 이 부분들은 즉흥적인(지시되지 않은) 사고와 관련되어 보이는 네트워크, 즉 디폴트 네트워크(default network)를 형성한다. 디폴트 네트워크는 내측 전전두엽 피질, 전두엽과 두정엽에 있는 다른 중간선 영역들, 그리고 뇌의 뒷부분에 있는 연합 영역들로 이루어져 있다. 의도적인 생각을 쉬고 있을 때(예를 들면, 몽상에 빠지거나 큰 집중이 필요 없는 기계적인 일을 하고 있을 때) 이 디폴트 네트워크가 활발해진다. 이제 디폴트 네트워크와 즉흥적인 사고는 상상력, 공상, 미래 구상에 중요한 요인으로서 그 가치를 인정받고 있다.

의도적인 창작 경로는 뇌의 앞부분과 측면 부분을, 즉흥적인 창작 경로는 뇌의 중간선과 뒷부분을 더 많이 활성화시키는 것처럼 보인다. 의도적인 경로의 이점은 투명성과 통제성이다. 아이디어를 얻어낸 단계적 과정을 알고 그 과정을 의식적으로 통제한다. 즉흥적인 경로의 이점은 더 참신하고 더 풍부한 아이디어들이 나올 가능성이 높다는 것이다. 의식적이고 의도적으로 생각하면, 한 번에 한 가지 생각만 집중해서 처리할 수 있다. 하지만 즉흥적인 생각들은 여러 정보가 동시에 처리되는 의식 밑에서 생겨난다. 즉, 더 넓은 데이터베이스를 사용하여 다양한 아이디어들을 동시에 처리할 수 있다는 뜻이다.

저마다 선호하는 브레인세트가 있듯이, 선호하는 창작 경로도 사람마다 다르다. 2장의 문제를 다 풀었다면, 자신이 선호하는 경로를 이미 알고 있을 것이다. 어느 쪽 길이 '맞다', '틀리다' 하는 건 없다. 그리고 창의적인 사람이 되려면 두 경로 모두의 장점을 취해야 할 것이다. 하지만 자연스레 이런 의문이 든다. 어떻게 그 길들을 찾지? 창의성으로 가는 길들은 어디서 시작될까?

창작이란 이전에 아무도 하지 않은 무언가를 하는 것이다. 그렇기에 규칙서나 안내서 같은 건 없다. 앞으로 서서히 나아가면서 새 길을 열고, 혼돈의 가장자리를 밟고 서서 끝없는 벼랑과 마주해야 한다.

하지만 어떻게 나아가야 하는가에 대한 지침이 전혀 없는 것은 아니다.

다행히도 창작 과정에 대한 이야기는 고대 그리스 시대부터 기록되어 왔다. 수학자 아르키메데스는 "유레카!"라고 외치며 알몸으로 시라쿠사 거리를 뛰어다녔다. 누구나 아는 얘기지만, 시라쿠사의 왕 히에로가 아르키메데스에게 복잡한 왕관에 들어 있는 금의 부피를 재라는 임무를 맡겼다. 보석 세공인이 값비싼 금 대신에 질이 떨어지는 금속을 섞었을 거라고 의심한 것이다. 얼마 동안 이 문제에 매달려 고심하던 아르키메데스는 잠깐 휴식을 취하려고 공중목욕탕에 가서 물속에 몸을 담그다가 욕조 밖으로 넘치는 물을 관찰했다. "음…… 흥미롭군. 불규칙한 형태의 물체가 물에 잠길 때 흘러넘치는 물의 양을 측정하면 물체의 부피를 계산할 수 있겠어." 아르키메데스는 당장에 이 발견 사실을 갖고 집으로 돌아가서 왕관 문제에 적용해봐야 했다. 그래서 소리를 지르며 알몸으로 거리를 뛰어갔던 것이다.

아르키메데스 이후로 수많은 창의적 인물들이 에세이, 편지, 일기, 학술지 등을 통해 자신들의 창작 과정을 설명했다.[4] 덕분에 우리는 창작 과정에 대한 훌륭한 일화들을 많이 알고 있다. 다행히도 좀 더 현대적인 이야기들에는 알몸으로 거리를 뛰어다니는 내용은 거의 없다.(나중에 흡수 브레인세트에 대한 장에서 알게 되겠지만, 사실 달리기는 창의적인 통찰에 도움이 되는 정신 상태를 유발한다.)

창의적인 사고 과정

그레이엄 월러스는 권위 있는 저서 『사고의 기술The Art of Thought』에서 예술과 과학 분야의 명사들이 쓴 글에 근거하여 창의적인 사고 과정의 모델을 제시했다. 월러스는 창의성이 다음과 같은 단계를 포함하고 있다고 설명했다. 준비 단계(배경 정보를 수집하고, 탐구하고, 해결해야 할 문제에 집중한다.), 부화 단계(문제를 내면화한 다음 그것에 대한 적극적인 생각을 멈추고 휴식을 취한다.), 깨달음 단계(문제에 대한 창의적 해답이 갑자기 떠오르는 통찰의 순간), 검증 단계(해답이나 아이디어의 적절성을 판단하고, 그것을 가다듬고, 문제에 적용한다.).

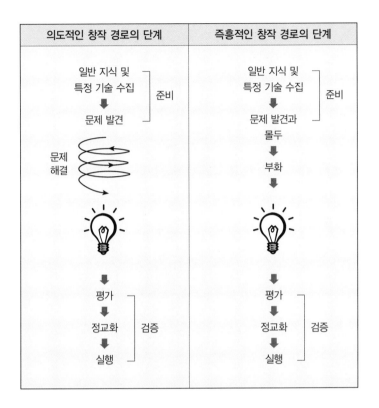

의도적인 창작 경로의 단계	즉흥적인 창작 경로의 단계
일반 지식 및 특정 기술 수집 ⎤ 준비 ↓ 문제 발견	일반 지식 및 특정 기술 수집 ⎤ 준비 ↓ 문제 발견과 몰두 ↓ 부화
문제 해결	
↓ 평가 ⎤ ↓ 검증 정교화 ↓ 실행 ⎦	↓ 평가 ⎤ ↓ 검증 정교화 ↓ 실행 ⎦

이 단계들은 예술, 과학, 음악, 비즈니스, 스포츠 분야 혹은 개인의 삶에서 창의력을 발휘하고 싶은 사람에게 지침이 될 수 있다. 각단계들을 좀 더 상세히 파헤치면서, 월러스가 제시한 모델을 조금변형시켜보자.

준비 단계

"기회는 준비된 자에게 온다."라는 루이 파스퇴르의 유명한 말은창의성을 필요로 하는 거의 모든 일에 적용된다. 창의적 사고 과정의 준비 단계에는 4가지 주요 요소들이 포함된다. (1) 일반 지식 수집 (2) 특정 기술과 정보 획득 (3) 문제 발견 (4) 문제에 몰두하기.

창의적인 아이디어란, 서로 다른 정보 조각들을 독창적이고 유용하게 조합하고 재조합하는 것이다. 따라서 뇌에 저장되어 있는 정보 조각들이 많을수록 독창적인 아이디어로 조합할 원료들이 더 많은 것은 당연한 얘기다.

준비 단계의 첫 번째 요소는 일반 지식의 수집이다. 뇌에는 의미론적 지식(학교, 책, 기타 정보원들로부터 얻은 지식), 자전적 기억(시시각각의 세상 체험), 육체적 기술(자전거 타기, 오보에 연주, 골프 치기, 전투기 조종)을 담고 있는 거대한 정보 저장소가 있다. 이렇게 수집된 정보들은 개인 고유의 것이다. 이 특별한 정신 도서관은 남들에게는 없다. 그래서 참신하고 독창적인 아이디어를 창조할 수 있는 것이다.

어떻게 보면 우리는 태어나는 순간부터 창의적인 문제 해결을 준비해왔다. 순가락질부터 복잡한 양자론에 이르기까지 우리가 배운 모든 것이 창의적인 재조합의 좋은 재료가 된다. 관심사의 폭이 넓을수록, 지식 추구의 폭이 넓을수록, 정보를 독창적이고도 유용한 창의적 방식으로 조합할 수 있는 가능성도 커진다. 지적 호기심과 지식 추구는 창의성과 혁신성을 키우기 위한 첫걸음이다.

두 번째 요소는 특정 분야의 기술과 정보 획득이다. 좀 더 창의적인 화가가 되고 싶다면, 물감과 붓의 사용법, 캔버스에 물감을 칠하는 방법, 그림자를 표현하기 위한 색채 이용 방법, 원근법을 이용하는 방법 등의 기본 원리들을 알아야 한다. 또, 미술계의 현재 동향을 알고 다른 사람들이 개발한 기법들을 사용할 줄 알아야 한다.(그래야 다른 사람들이 이미 개발한 기법을 재발견하느라 시간을 낭비하는 일이 없을 것이다.) 준비 단계의 이러한 측면을 전문가들은 '분야 학습'이라고 부른다. 창작은 이전에 없던 무언가를 생각하거나 행하는 것이기 때문에, 이미 이루어져 있는 것을 알면 다음 단계로 넘어가는 데 도움이 된다. 특정 영역의 창작에 대해 최대한 많이 학습하면, 그 분야에 흥미를 갖게 될 뿐만 아니라 준비 단계의 다음 요소인 문제 발견에도 도움이 된다.

세 번째 요소인 문제 발견은 창의적인 아이디어로 해결할 수 있는 문제나 딜레마를 탐색하고 규정짓는 것이다. 창의적인 문제나 딜레마는 변화나 개선의 여지가 있는 모든 난제를 포함한다. 문제 발견은 인생의 고달픈 측면들을 애써 찾아 나서거나 비판한다는 뜻이 아니다. 그 일은 우리의 상관들과 시어머니들이 충분히 해주고 있다. 그보다는 현 상황을 변화시킬 수 있는 새로운 방법을 탐구하는 것이다.

그래서 조르주 쇠라는 "선 대신에 작은 색점들로 그려보면 어떨까?"라는 생각을 하고, 끈이론가들로 알려진 이론물리학자들은 "양자역학과 일반상대성이론을 결합해서 더 많은 과학 데이터를 설명할 방법이 없을까?" 하고 자문하기 시작하고, 자동차 디자이너는 "이 새 모델의 선을 돋보이게 하려면 문을 어떤 모양으로 만들어야 할까?" 하고 묻는다.

물론, 문제 발견이 반드시 필요한 것은 아니다. 직업이나 취미 혹은 인생 자체가 이미 창의적인 문제를 규정지어 놓은 경우가 많다. "어떻게 직장 생활과 육아를 병행할 수 있을까?" 혹은 "어떻게 하면 암 치료에 획기적인 진전을 볼 수 있을까?"와 같은 문제들은 굳이 찾아 나설 필요가 없다. 이와 같은 많은 딜레마들은 이미 규정되어 있으며 창의적인 해결책을 기다리고 있다.

준비 단계의 마지막 요소는 창의적인 해결이 필요한 문제나 딜레마에 몰두하는 것이다. 문제를 여러 측면에서 두루 생각하고, 머릿속에서 이리저리 뒤집어보고, 잠재적인 해결책들을 생각해본다. 잠깐이지만 그 문제와 결혼하여, 일시적으로 그것에 집착하는 것이다.

부화 단계

그런 다음 손에서 놔버린다. 휴식을 취한다. 관심을 다른 곳으로 돌린다. 이 단계가 부화 단계라고 불리는 이유는 뭘까? 몇 주 동안 매일 달걀을 보면서도 그 안에서 병아리가 자라고 있는 걸 알 수 없듯이, 창의적인 딜레마를 얼마 동안 뇌의 구석으로 보내놓고는 보이지 않는 곳에서('정신' 밖에서) 자라게 내버려두는 것이다.

바로 이 지점에서 의도적인 창작 경로와 즉흥적인 창작 경로의 길이 갈라진다. 문제를 해결하기 위해 의도적으로 노력하고 있다면(왓슨 박사처럼), 부화 기간을 견디지 못하고 계속해서 의식적으로 해결책을 찾을 것이다. 해결책이나 괜찮은 아이디어가 생각날 때까지 실행 중추는 계속해서 뇌의 뒷부분에 있는 저장소로부터 정보를 불러내고, 전전두엽은 그 정보를 처리한다.

즉흥적인 길을 택했다면, 창의적인 문제에서 한 발 물러나 휴식을 취하는 동안 뇌 속에서 여러 가지 이로운 일이 벌어진다는 사실을 발견하게 될 것이다.[5]

첫째, 휴식을 취하면 정신적 피곤에서 회복할 기회가 생긴다. 창작의 준비 단계는 아주 힘든 작업이기 때문에, 억지로라도 휴식을 취하면 정신 배터리를 재충전하여 나중에 맑은 정신으로 다시 문제에 집중할 수 있다.

둘째, 특정 단어(예를 들어, 몸집 큰 인도네시아산 원숭이의 이름)를 생각해내려고 애쓰고 있는데 틀린 단어(비비)가 떠오르면 옳은 단어(오랑우탄)의 이미지를 그리기가 더욱 힘들어진다. 덩치 큰 원숭이를 생각할 때마다 비비라는 답이 계속 떠오르기 때문이다. 가능성은 있지만 도움이 되지 않는 해답이 머릿속에 생생하게 남아 있으면 다른 해답을 찾는 능력은 차단될 수밖에 없다. 그러나 부화 단계에서는 머릿속에 딱 들러붙어 있을지도 모를 부적절한 답을 잊을 수 있다.

셋째, 부화 단계에서는 의식 수준 밑에서 문제를 계속 다루는 동안에도 다른 일에 신경 쓸 수 있다. 일단 문제가 제기되고 나면, 우리의 관심이 딴 곳에 가 있을 때도 창의적인 뇌는 계속해서 해결책을 고심하고 만들어낸다.

마지막으로, 부화 단계에서는 문제와 관련되지 않은 주변 일들에 집중할 수 있다. 수백 년 전 아르키메데스가 욕조로 들어가면서 흘러넘치는 물을 알아챘듯이, 주변 환경의 무언가가 연합 중추들에 있는 정보 조각들을 연결시켜 '유레카!'의 순간을 이끌어낼지도 모른다.

깨달음 단계

문제를 즉흥적으로 해결하는 경우, 실행 중추는 그 작업을 다른 영역들에 위임할 것이고, 예상 못 한 순간 갑작스레 해답이 튀어나올 것이다. 월러스는 이를 깨달음 단계라고 불렀지만, 그보다는 '통찰'이나 '영감'(신들이 인간에게 신성한 아이디어를 불어넣는다는 그리스의 개념에서)으로 더 자주 불린다. 루디야르 키플링은 다이몬을 불러낸다는 표현을 썼고, 어떤 이들은 뮤즈와 만난다고 말한다. 이 모두는 창의적인 아이디어가 자신 밖의 어딘가에서 오는 듯한 기분을 설명하고 있다. 아이디어를 의식적으로 생각해낸 것이 아니라 아이디어가 갑자기 나타났기 때문이다.

깨달음은 창의적인 천재들의 영역이라고 믿는 사람들이 많다. 그러나 이 책이 내세우고 있는 전제들 중 하나는, 서로 다른 브레인세트들에 접근하는 법을 배움으로써 우리 모두 창의적인 깨달음을 얻을 수 있다는 것이다. 깨달음은 학습으로 터득할 수 있는 기술이다!

검증 단계

깨달음을 통해 가능성 있는 창의적인 해답을 얻고 나면 이제부터 진짜 작업이 시작된다. 검증 단계는 평가, 정교화, 실행, 이렇게 세 단계로 이루어진다.

창의적인 아이디어라고 해서 다 훌륭한 해법은 아니다. 한 아이디어가 머릿속에 떠오르면, 실행할 가치가 있는지 판단해야 한다. 아이디어의 강점과 약점을 살펴보고 적합성을 판단해야 한다. 이것이 바로 평가 단계다. 계속 간직할 가치가 있는 아이디어라는 판단이 서면 다음 단계로 넘어간다. 시간을 더 투자할 가치가 없다고 판단되면 버리고 문제에 다시 몰두하거나 다른 해결책이 떠오를 때까지 기다린다.

아이디어가 마음에 든다고 가정해보자. 다음 단계인 정교화에서는 그 아이디어를 구체화시킨다. 단편 소설을 쓰고 있으며 창의적인 플롯 아이디어를 가지고 있다면, 이 단계에서 소설의 세부 사항들을 메운다. 교향곡을 위한 악상이 있다면, 각 악기의 선율을 쓰고 여기저기 필요한 사항을 조절한다. 정교화 단계의 끝에는 완성된 결과물이 나올 것이다.

이제 마지막 단계인 실행이다. 의도한 관객에게 닿지 않으면 창작품은 아무런 쓸모도 없다. 실행 과정에서 아이디어나 결과물을 제조업자나 레코드 회사, 신문사, 혹은 사업 대출을 해줄 은행에 팔아야 할 수도 있다. 실행 단계는 창작물을 세상 밖으로 내놓는 것이다. 멋진 아이디어나 결과물이 책상 서랍 속이나 컴퓨터의 숨겨진 파일 속에서 시들어버리는 일이 없도록 거래를 마무리 지어야 한다.

우리는 숟가락을 처음 쥔 순간부터 소니와의 큰 계약 건에 서명하는 순간까지 창의적 사고 과정을 쭉 따라왔다. 물론, 이 과정이 항상 일직선으로 이루어지는 것은 아니다. 되돌아가서 여러 단계를 반복하는 일을 한 번 이상 거쳐야 과정을 완전히 마칠 수 있다.

창의적 사고 과정의 각 단계마다 창의성을 최대화하는 데 도움이 되는 특정한 브레인세트가 있다. 각 브레인세트에 대해 배울 때 창의적 사고 과정의 단계들을 다시 돌아보게 될 것이다. 의도적인 경로와 즉흥적인 경로 모두 참신하고 독창적인 개념, 아이디어, 결과물로 이어질 수 있다는 사실을 잊으면 안 된다. CREATES 브레인세트를 제대로 알고 나면, 현재 상황에서 가장 생산적인 브레인세트와 경로를 쉽게 파악할 수 있다.

적절한 단계에 특정 브레인세트를 사용하고 브레인세트를 전환하는 방법을 배우면 큰 창의적 강점을 갖게 된다. 이 기술들을 익혀두면 사업적으로 큰 이득이 될 뿐만 아니라 더 큰 자아실현, 기쁨, 그리고 더 풍요로운 내적·외적 삶을 얻을 수 있다.

우리가 이 창의성 기술들을 훈련하면서 사용할 기법들 중에 '토큰 경제(token economy)' 시스템이라는 것이 있다. 토큰 경제 시스템은 약물·알코올 중독 치료 센터들과 웨이트 워처스 인터내셔널(Weight Watchers International)을 비롯한 다양한 임상 환경에서 행동 변화를 이끌어내는 결과를 보여주었다. 이 유인책이 약물 복용 습관과 식습관까지 바꿀 만큼 강력하다면, 여러 브레인세트에 접근하는 법을 배울 때 사용해봐도 좋을 것이다.

토큰 경제 시스템의 원리는 다음과 같다. 다음에 이어지는 각 장들에는 특정 뇌 상태로 들어가는 데 도움이 되는 재미있고 흥미로운 훈련들이 소개되어 있다. 훈련을 마치면 그 난이도에 따라 1개 또는 여러 개의 토큰을 스스로에게 상으로 내린다.(http://ShelleyCarson.com에 접속하면 다양한 색깔의 토큰들을 프린트할 수 있다. 또는 이 책의 부록 II에 설명되어 있는 대로 토큰을 체크하기만 해도 상관없다.) 20개의 토큰이 채워지면, 그 토큰들을 스스로 정한 선물과 교환할 수 있다. 토큰 경제 시스템을 사용하기로 마음먹었다면 부록 II로 가서 지시 사항들을 따르면 된다.

이 책을 읽을 때 사용하면 좋을 두 번째 기법은 창의성 일지 작성이다. 앞으로 이런저런 브레인세트들로 들어가는 것에 숙련될수록 점점 더 많은 아이디어들이 나타날 것이다. 이 아이디어들은 쏜살같이 그냥 지나가 버릴 수도 있다. 창의적인 문제들(즉, 창의적으로 접근할 수 있는 모든 상황)과 창의적인 해결법을 적어두면, 창의적인 재료들이 절대 떨어지지 않을 것이다. 창의성 일지의 또 다른 이점은 창의적인 아이디어들이 떠오른 시간과 그때 자신이 무엇을 하고 있었는지, 또한 자신의 생산성이 가장 높은 때가 언제인지 기록할 수 있다는 것이다. 이는 각각의 브레인세트에 들어가는 패턴을 인지하는 데 도움이 될 것이다.

7가지 브레인세트를 상세히 파헤쳐 볼 시간이 왔다. 다행히도 우리는 이미 그 모든 브레인세트들을 어느 정도 경험해보았다. 창작의 여정을 시작하려면 그냥 페이지를 넘겨라! 셜록 홈스가 왓슨 박사에게 말하곤 했듯이, "게임은 시작됐다!"

Your
Creative
Brain

제**2**부

창의적인 뇌를
훈련시키라

흡수 브레인세트: 마음을 열라

진정한 천재란 습관에서 벗어나 사물을 파악할 줄 아는 사람이다.
- 윌리엄 제임스, 1890년[1]

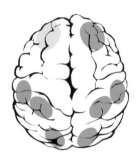

두 원시인이 산사태를 피해 안전한 곳에 숨어 그들 옆으로 굴러떨어지는 온갖 크기의 나무, 흙, 바위들을 지켜보고 있다.

원시인 1이 말한다. "우-휴!(하늘이 도운 덕에 이번에도 살아났어. 여기서 빠져나가자!)"

원시인 2가 대답한다. "우-와우!(아니, 잠깐만. 울퉁불퉁한 돌보다 둥근 돌이 더 빠르고 매끄럽게 굴러 내려가잖아. 정말 신기한데!)"

어느 원시인이 흡수 브레인세트에 다가가고 있을까?

창의적인 사고와 행동을 하기 위해 가장 중요한 첫 번째 전략은 정보를 아무런 비판 없이 흡수하는 능력을 키우는 것이다. 이 능력은 '흡수' 브레인세트로 쉽게 얻을 수 있다. 흡수 브레인세트에 들어가면 어떤 일이 벌어질까?

첫째, 새로운 것들을 의식하게 된다. 주변 세상에 큰 호기심이 생기고, 온갖 종류의 새로운 정보를 비판 없이 받아들인다. 창의성과 혁신은 새로운 아이디어들을 조합할 폭넓은 지식 기반을 필요로 하기 때문에, 흡수 모드에 있으면 훗날 어떤 문제를 해결할 때 유용하게 쓰일지도 모를 다양한 지식을 수집할 수 있다. 원시인 2는 산사태가 일어난 날 수집한 지식을 이용하여 미래에 혁신을 일으키게 된다.

둘째, 지금 풀기 위해 애쓰고 있는 문제들과 주변의 관련성이 더 잘 보인다. 창의성 연구자들은 이를 '기회주의적 연상'이라고 부른다. 게이코 보험회사의 원시인 광고 시리즈를 만들어 크게 성공한 조 로슨은 원시인 광고 아이디어가 "어느 날 문득 떠올랐다."(즉흥적인 창작 경로의 공통적인 현상)고 말한다. 그와 광고 팀은 게이코 사의 웹사이트를 수월하게 사용할 수 있다는 점을 강조하는 새로운 광고 캠페인을 생각하고 있었다. "도의만 따지는 문화적 분위기 때문에 일하기가 정말 어려워졌습니다. 그래서 우리는 그저 체제에서 벗어나기 위해 원시인들을 조롱했죠." '조롱당한 원시인들'이라는 주제를 '쉬운 웹사이트' 주제와 결합한 거라 생각하면, 이제는 유명해진 그 캠페인의 전제가 명백하게 이해된다. 과연, 원시인도 할 수 있을 만큼 쉬워 보인다. 하지만 이 아이디어를 하찮게 보고 섣불리 버리는 일을 피할 수 있는 건 흡수 브레인세트 덕분이다.

셋째, 흡수 브레인세트에 들어가면 무의식에서 생겨나는 아이디어들을 잘 받아들일 수 있다. 조 로슨의 원시인 아이디어가 '어느 날 문득 떠오른' 것처럼, 다른 혁신자들도 문제 해결을 생각하고 있지 않을 때 아이디어들이 떠오른다고 이야기한다. 이런 시간에 그들은 긴장을 풀고 머리를 쉬게 하고, 심지어는 졸기까지 한다. 모차르트는 즐거운 식사 뒤에 마차를 타고 가다가 통찰의 순간이 찾아온 이야기를 전한다. 창의성에 대한 연구 중에 내가 인터뷰했던 한 대중가요 작곡가는 창작 과정에 대한 질문을 받자 다음과 같이 설명했다.

노래를 쓰는 건 내가 아니라 천사들입니다. 가끔 내 안테나가 설 때 나는 허공에서 노래를 끌어당길 수 있죠. 그런 일이 생기면, 다른 사람이 그 노래를 끌어갈까 봐 얼른 가사와 멜로디를 적어서 내 대리인에게 보냅니다……. 안테나를 내 뜻대로 세우지는 못하는 것 같아요. 그냥 가끔씩 그런 일이 일어나는 거죠.

모차르트나 대중음악 작곡가 같은 창의적인 인물들의 회고록에는 예고도 없이 아이디어가 '갑자기 떠오르는' 일화들이 많이 등장한다. 참 쉬워 보이지 않는가? 안테나를 세우면, 얍, 혁신적인 아이디어들이 나타난다!

원시인도 할 수 있을 만큼 쉬울까? 그렇지 않을지도 모른다.

의도적인 사고를 하는 경향이 있는 사람의 경우엔 창의력이 뇌의 밀실 안에 갇혀 있을 것이다. 간섭이 심한 부모처럼 권위주의적인 전전두엽의 실행 중추와 판단 중추가 최고의 아이디어와 통찰을 막아놓고 있을지도 모른다. 두 가지 이유에서다.(이 역시 권위주의적인 부모와 마찬가지다.) 첫째, 뇌의 밀실들, 즉 의식의 곁방들을 열어두고 창의적인 아이디어들을 들인다면 여과되지 않은 온갖 생각, 인식, 기억, 상상들도 같이 밀려들 것이다. 그렇게 되면 최선의 경우엔 혼란스러움으로, 최악의 경우엔 정신적 혼돈으로 이어질 수 있다. 둘째, 실행 중추와 판단 중추는 통제력을 포기하려 하지 않는다. 많은 사람들의 경우, (특히 우세한 좌뇌의) 전전두엽의 실행 중추는 지배광이다.(그것이 내리는 결정에 따라 우리는 행동하게 된다.) 따라서 우리의 창의적 잠재력은 외출 금지를 당한 십 대 반항아처럼 구석에 처박혀 있는 것이다.

창의적인 잠재력을 해방시키려면 권위주의적인 전전두엽이 다른 일에 정신이 팔릴 때까지 기다려야 한다. 더 좋은 방법은, 전전두엽에 잠깐 휴식을 취하도록 가르친 다음 흡수 브레인세트로 들어가는 것이다. 뇌의 창의적인 힘을 풀어놓으려면 이 브레인세트에 있어야 한다.

흡수 브레인세트의 정의

기본적으로 흡수 브레인세트란, 내적 환경(정신)과 외적 환경(세상)에서 생성되는 정보를 잘 받아들이는 예민한 뇌 상태다. 최면술사들, 승려들, 요가 수련자들, 창의적인 명사들에게는 익숙한 상태다. 자기최면, 무아지경, 알파 상태, 몰두, 전념, 일차적 과정 사고, 경험에 대한 개방성, 의식 분열 등의 단어들과 연관되어 있다. 뉴 에이지의 수정 구슬이나 피라미드가 떠오르는 사람들도 있을 것이다. 결론은 이렇다. 유연한 뇌 상태의 이점들을 증명해주는 상당량의 과학적 연구가 있으며, 이 상태로 기꺼이 들어가지 않는 이상 혁신적이거나 창의적이기는 힘들 것이다. 가끔 효과적이긴 하지만 더 피로하고 더 시간이 많이 걸리는 의도적인 사고 과정을 통해 문제를 해결하느라 옴짝달싹 못 하게 될 것이다. 간단히 말하면, 창의성과 혁신으로 가는 1퍼센트 영감의 길 대신에 에디슨의 99퍼센트의 노력을 선택한 것이다.

참신함에의 이끌림, 판단 보류, 정신적 혹은 인지적 탈억제 등 3가지 주요 요인들이 흡수 브레인세트를 정의 내려준다.[2] 각각의 요인들을 차례대로 살펴보자.

참신함에의 이끌림

> 하늘을 가로지르는 모든 새들은 그대의 오감에 갇힌 거대한 희열의 세계다.
>
> – 윌리엄 블레이크[3]

예술가들, 과학자들, 그리고 모든 분야의 혁신자들은 상당한 시간을 개방적이고 수용적인 브레인세트에서 보내는 경향이 있다. 그래서 블레이크가 암시하듯이, 다른 사람들에게는 '갇혀' 있을지도 모르는 '거대한 세계'를 감지할 수 있다. 남들이 보지 못하는 것을 주변에서 인식하고 이러한 인식들을 이미 가지고 있는 지식이나 기술과 연결시키면, 예술, 과학, 비즈니스 혹은 개인적 삶에서 혁신적인 도약을 이룰 수 있다. 참신함에 이끌리는 사람은 남들이 보지 못하는 것을 볼 줄 안다. 이러한 현상에 대한 유명한 사례들이 몇 가지 있다.

아이작 뉴턴은 앉아서 명상에 잠겨 있다가 나무에서 떨어지는 사과를 보고 중력이라는 개념을 생각해냈다.

빈센트 반 고흐는 일상적인 물건들에 깃든 숭고함을 봄으로써 미술계에 혁명을 일으켰다. 그는 동생 테오에게 이렇게 썼다. "노동자의 모습, 갈아 일군 밭고랑, 모래, 바다, 하늘은 무척 까다로우면서도 동시에 무척 아름답고 엄숙한 주제이기 때문에, 그들 속에 숨어 있는 시를 표현하는 과업에 평생을 바치는 것도 정말 가치 있는 일이지."

알렉산더 플레밍은 우연히 특정 세균으로 오염된 실험실 접시의 한 구역에서 박테리아가 자라지 못하는 현상을 알아채고 페니실린을 발견했다.

몇 년 전, 화가이자 작가인 내 친구 앤젤 페르난데스가 노트르담 대학에서 오헤어 공항까지 나를 태워주겠다고 했다. 댄 라이언 고속도로에서 무서운 속도로 달리다가 브레이크를 밟더니 내게 고가도로를 보라고 했다. 보이는 거라곤 길가에 쌓여 있는 더러운 눈뿐이었다. 우리는 다음 출구로 나가서, 왔던 길을 거슬러 남쪽으로 간 다음 다시 북행 도로를 탔다. 눈에 덮인 고가도로를 보기 위해서 말이다. 이번에는 그가 천천히 운전을 했고, 나는 아치 모양의 고가도로와 눈이 이루는 장관을 감상할 수 있었다. 그래서 '내 오감에 갇혀' 비행기 시간에 늦을까 봐 화가 나 있던 나는 '거대한 희열의 세계'를 나눠 가질 수 있었다. 예사로운 일들에 정신을 빼앗겨 교통 혼란을 일으키라는 얘기가 아니다. 일상적인 사물들의 참신함에 사로잡힌 뇌가 주변을 혁신적이고 창의적인 방식으로 볼 줄 안다는 것이다.(일상적인 주변의 새로운 면을 인지하는 연습을 하려면 흡수 훈련 1을 보라.)

판단 보류

흡수 브레인세트에 있을 때는 아이디어, 사물, 상황, 다른 사람 혹은 (가장 중요한) 자기 자신을 평가하지 않는다. 사물이나 상황을 옳고 그름, 좋고 나쁨, 선과 악으로 구분할 필요가 없다. 우리 안에 있는 권위주의적인 부모가 휴가를 떠났으니 자유롭게 탐구할 수 있다. 외부 세계에 대한 인식, 기억, 아이디어들이 머릿속의 드넓은 화면에 떠다니고, 검열의 욕구 없이 강렬한 흥미를 느낀다. 정신적인 짓궂은 장난에 빠질지도 모르지만, 그럴 만한 가치가 있을 것이다.

19세기 시인인 새뮤얼 테일러 콜리지가 말한 '불신의 자발적인 보류(willing suspension of disbelief)'가 이 상태를 잘 설명해준다. 새롭고 환상적인 허구의 세계로 들어갈 때 우리는 그 세계의 근간을 이루고 있는 전제들을 받아들인다. 예를 들어, J. R. R. 톨킨의 작품을 읽거나 볼 때 우리는 그 세계에 아시아인, 아프리카인, 미국인, 그리고 회계사들이 아닌 호빗족, 마법사들, 요정들, 괴물들이 산다고 믿기로 동의한다. 나의 한 이웃은 드라마 〈로 앤드 오더 Law and Order〉를 보지 못한다. 불신의 자발적인 보류를 받아들이지 않기 때문이다. "소송이 저렇게 빨리 재판으로 가는 경우가 어디 있습니까? 저런 드라마를 어떻게 믿고 보죠?" 그는 회계사다. 모든 회계사들이 불신을 보류할 줄 모른다는 말이 아니다. 내 세금 회계사는 불신을 보류할 뿐만 아니라 자기가 정말 가수 지미 버펏인 줄 안다. 그의 사무실로 들어가면, 현란한 색의 물고기와 말하는 앵무새가 가득하고 1970년대 지미 버펏의 히트곡이 흘러서 마치 키웨스트의 산호초 속으로 잠기는 기분이 든다.

판단 보류의 또 다른 특징은 어떤 아이디어를 섣불리 거부하지 않고 논리적인 혹은 비논리적인 결론으로 끌고 가려 한다는 것이다. 예를 들어, 솔라 라이프스타일 사의 대표들이 태양열로 작동되는 말하는 쓰레기통을 베를린 거리에 설치하자는 아이디어를 제시했을 때 독일의 공무원들은 흡수 브레인세트에 들어갔던 것이 분명하다. 그 아이디어를 '쓰레기'라고 던져버리는 대신에 시 관리들은 시민들이 쓰레기를 버리면 "필렌 당케.", "메르시." 혹은 "쌩큐." 하고 인사하는 쓰레기통에 자금을 대주었다. 말하는 쓰레기통에 "비테 쇤.(천만에요.)"이라고 대답하는 행인들의 '불신의 자발적인 보류' 또한 주목할 부분이다.

하버드대학교의 혁신적인 사회심리학자이자 화가인 내 동료 엘런 랭어(Ellen Langer)는 20년도 더 전에 '전념(mindfulness)'에 대한 인지이론을 세웠다. 전념이란, 상황과 주변 환경을 참신하게 구분 지음으로써 생기는 유연한 정신 상태다. 그녀의 전념이론은 개방성이라는 성격과 공통점이 많다. 그러나 성격이론가들과 달리 랭어는 전념을 영속적인 특성보다는 정신 상태로 본다. 그녀의 연구는 이 상태를 계발하고 학습할 수 있음을 거듭 증명해 보였다. 전념과 반대되는 '무심(mindlessness)' 상태는 경험, 아이디어, 사람들을 엄격한 범주로 분류하는 것이 특징이다. 랭어는 심사숙고하지 않고 판단하거나 분류하는 이러한 경향을 '미발달 인지 몰입'이라고 부른다.[4] 예를 들어, 우측 물건의 정체는 무엇일까?

　의자로 간주했다면, 미발달 인지 몰입을 통해 사람이 앉는 가구로 본 것이다. 그 결과, 무수한 다른 실체들을 볼 수 있는 가능성을 줄이고 말았다. 그것은 테이블, 무기, 장작, 발판, 혹은 예술 작품이 될 수도 있다. 옆으로 눕히면 방책이나 울타리가 될 수도 있다. 판단이나 분류를 보류하고 사물을 개방적으로 흡수하면, 수많은 가능성의 세계를 만날 수 있다.

　물론, 우리 주변을 아예 분류하고 판단하지 않는 것은 불가능할 것이다. 우리의 뇌는 주변의 상황과 사물, 사람들을 설명하는 도식('세상의 상태'에 대한 판단)을 만들도록 프로그래밍되어 있다. 이를테면, 우리의 뇌가 침대 밑의 평평한 표면을 '바닥'이라고 판단하지 않고 무기, 장작, 혹은 건축 자재로 쓰일 수 있는 나무 널빤지로 생각한다면, 우리는 보드랍고 안전한 침대 밖으로 나가지 않을 것이다! 흡수 브레인세트에서 판단을 보류한다고 해서 판단이나 분류를 완전히 할 수 없게 되는 것은 아니다. 그보다는 판단과 분류의 경계가 좀 더 느슨해져서 사물, 상황, 사람들을 다양한 관점에서 볼 수 있다. 바꾸어 말하면, 랭어가 말한 '전념' 상태의 생물학적 버전인 것이다.(판단 보류를 연습하려면 흡수 훈련 2를 보라.)

인지적 탈억제

판단 보류와 밀접한 관계에 있는 것이 인지적 탈억제라고 불리는 현상이다.[5] 회식 때 머리에 넥타이를 두르고 테이블 위에서 춤추게 하는 행동 탈억제와는 약간 다르다. 인지적 탈억제란, 현재 목표나 생존과 무관한 정보를 인식적인 자각에서 내보내지 못하는 것이다. 무의식적인 사고 과정에서 생겨나는 창의적인 아이디어들을 내보내지 못하고 있다면, 분명 희소식이다. 뇌의 밀실들에서 생겨나는 정보들이 더 많이 의식으로 흘러 들어가고 있다는 뜻이니까 말이다. 우리가 앞서 얘기했던 권위주의적인 전전두엽 부모들이 낮잠을 자고 있어서 우리의 창의적인 자아가 앞방으로 들어올 수 있게 되는 것이다. 탈억제에 대해서 좀 더 자세히 살펴보자.

일상의 여러 과제들을 달성할 때, 우리는 '오감'이 지각하는 것, 혹은 우리를 대신하여 뇌가 내리고 있는 수많은 결정들을 대부분 의식하지 않는다. 모든 지각과 결정을 의식한다면 정보에 짓눌려 아무리 단순한 일이라도 끝내기가 힘들 것이다. 예를 들어, 아침에 이를 닦을 때 다음 사항들을 전부 다 의식한다면 어떻게 될까?

- 방에서 똑딱거리는 시계 소리
- 욕실 안의 조명 밝기
- 세면대 위의 다른 물건들과 칫솔을 크기, 모양, 색깔, 각도 등으로 구별하기
- 칫솔과 어깨 사이의 거리 어림하기
- 빛이 눈에 도달하는 정도에 따라 동공 확대 조절하기

이들은 순간순간 진행되는 감각 운동 유입 중 극히 소수에 불과하다. 다 쓰면 수백 개는 될 것이다.

다행히도, 우리의 뇌는 의식적 자각의 내용을 현재 목표(예를 들면, 칫솔질, 샤워하기, 옷 입기)나 우리의 생존(밝게 번득이는 빛, 시끄러운 소리, 강한 향, 통증은 인간의 진화 과정 내내 잠재적 위험과 연관되었기 때문에 항상 의식적인 자각으로 흘러들 것이다.)과 연관된 환경 정보로 제한하는 자동 여과 시스템을 갖추고 있다. 이러한 자동 여과는 정보를 처리하는 동안 여러 지점에서 발생하며, 집합적으로 인지 억제 시스템 혹은 인지 억제라고 부른다. 이들은 우리의 오감을 통해 들어오는 정보의 조각들을 평가하고 우리의 현재 계획에 중요한지 아닌지 판단한다. 중요하지 않은 것으로 분류된 정보는 주의를 끌지 못하고, 그래서 우리는 그것을 의식하지 않는다. 이와 마찬가지로, 우리의 감각이 받아들이는 외부 세계의 자극들은 기억, 심상, 생각('내 앞에 있는 차가 차선을 바꿀 확률은 얼마나 될까?')을 끊임없이 환기시킨다. 내적으로 생성되는 이 자극들 역시 대부분 인지 억제 시스템에 의해 차단되기 때문에 우리는 그것들도 의식하지 않는다. 예를 들어, 혼잡한 주차장에서 주차 자리를 잡으려고 애쓰고 있는데 이제까지 차를 주차시켰던 모든 장소가 의식적인 자각으로 흘러든다면 머릿속이 얼마나 혼란스러울지 상상해보라!

이 닦기, 출근, 보고서 쓰기, 식사 준비 같은 과제를 몇 번 수행하고 나면 우리는 그 과제와 연관된 더 많은 자극을 인지적으로 억제할 수 있고, 과제를 수행하기 위해 필요한 대부분의 정보 처리 과정은 자동으로 이루어진다. 우리 대부분은 아주 훌륭한 인지 억제자다. 일상적인 일에 아주 익숙해져서, 무관계한 정보는 자동적으로 미리 분류해놓고 인지하지 않는다. 인지 억제는 과제 수행의 효율성을 높여준다. 이 효율성의 단점은 외부와 내부의 풍부한 정보들이 자동적으로 아주 간단하게 차단되어버린다는 것이다. 생각과 행동이 '자동적으로' 이루어질수록 의식으로 흘러 들어오는 정보들의 수는 점점 줄어든다. 이 사실이 창의력에 영향을 미치는 원리는 간단하다. 의식하지도 못하는 정보들을 참신하고 독창적으로 조합할 수는 없는 노릇 아닌가.

흡수 브레인세트의 목표는 인지 여과기의 효율성을 내리고 더 많은 정보들을 의식으로 들여보내는 것이다. 그렇게 되면, 서로 무관한 자극들을 참신하고 독창적으로 조합할 수 있는 가능성이 올라갈 것이다. 이야말로 혁신의 본질이다.(예를 들어, 잠을 자면서 꿈을 꾸는 동안에는 인지 여과기가 느슨해진다. 인지 탈억제를 연습하려면 흡수 훈련 5와 6을 보라.)

흡수 브레인세트의 신경과학

흡수 브레인세트에 들어가면 우리의 뇌는 정확히 어떤 모습일까? 흡수 모드의 특징은 판단 보류, 탈억제, 참신함의 추구라고 했다. 이런 특징을 경험하는 사람들의 뇌 활성화 패턴이 흡수 브레인세트에 반영된다. 판단과 억제를 통제하는 전전두엽 영역들(3장에 설명된 실행 중추와 판단 중추를 포함)에서 특정한 신경전달물질들이 의도적인 사고를 할 때보다 덜 분비된다. 그 사이에 뇌의 더 안쪽에 있는 영역들,

즉 측두엽, 후두엽, 두정엽(신경과학자인 아르네 디트리히는 이 세트를 한데 묶어 TOP라고 부른다.)[6]은 더 활발하게 활동한다. 마지막으로, 뇌 영상 연구들은 사람들이 의도적으로 사고하거나 문제를 해결할 때보다 사색적인 흡수 상태에 있을 때 우뇌가 비교적 더 활성화된다는 사실을 보여준다.

흡수 브레인세트와 알파 활동

뇌는 전기 화학적인 기관이다. 뉴런들은 가벼운 전기 충격을 일으킴으로써 서로 소통한다. 뇌의 전기 활동이 비교적 약하다 해도, 어떤 연구자들은 완전히 작동하는 뇌가 손전등 전구 하나를 밝힐 만큼의 전기를 발생시킨다고 믿는다. 보통은 우리가 정신을 바짝 차린 상태에서 생각하고 있을 때 전전두엽에서 고주파(13~30Hz)/저진폭의 베타파(beta wave)라는 전기 활동이 일어난다. 베타 활동은 높은 수준의 인지 활성화와 연관된다. 흡수 브레인세트에 들어가면 베타 활동은 줄어들고, 더 낮은 주파(5~12Hz)와 더 높은 진폭의 알파파(alpha wave)와 세타파(theta wave)의 활동이 높아진다. 알파 활동과 세타 활동은 더 느슨하고 수용적인 정신 상태와 관련된다. 메인 대학의 고(故) 콜린 마틴데일과 그의 동료들은 아주 창의적인 그룹과 덜 창의적인 그룹의 뇌파 패턴을 비교하는 광범위한 연구를 실시했다. 그 결과, 창의성이 높은 사람들은 덜 창의적인 사람들보다 저주파 뇌 상태로 더 쉽게 들어갔다.[7]

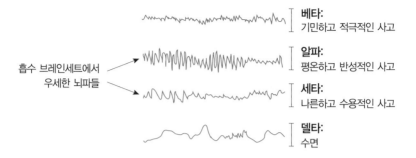

베타:
기민하고 적극적인 사고

흡수 브레인세트에서
우세한 뇌파들

알파:
평온하고 반성적인 사고

세타:
나른하고 수용적인 사고

델타:
수면

사고/계획/판단을 관장하는 전전두엽의 활동이 가라앉는 이러한 상태에서는 뇌의 저 뒤편에 있는 지각 처리 중추들과 연합 중추들로부터 더 많은 정보가 의식으로 흘러 들어가게 된다. 마틴데일은 창의적인 사람들이 문제를 창의적으로 해결할 때 직관적으로 전두엽 영역의 알파 활동 상태로 전환하는 반면, 덜 창의적인 사람들은 창의력을 발휘하려고 애쓸 때 베타 활동이 활발해진다는 사실도 발견했다.(뇌의 알파 활동을 높이는 연습을 하려면 흡수 훈련 3과 4를 보라.)

인지 탈억제와 열린 브레인세트

나와 내 동료 조던 피터슨은 흡수 브레인세트에 쉽게 들어갈 수 있게 해주는 개방적인 성격이 잠재적 억제(latent inhibition)라는 인지 여과 시스템의 결핍 때문에 생긴다는 사실을 발견했다. 여과 시스템의 활동이 줄어들면, 중뇌변연계 경로(mesolimbic pathway)에서 신경 전달물질인 도파민의 분비가 조금 증가한다. 흥미로운 사실은 알코올이 이 도파민 분비에 영향을 미친다는 것이다. 왜 많은 화가들과 음악가들이 '뮤즈를 불러내기 위해' 알코올을 사용했는지 알 만하다.(인지 탈억제를 연습하려면 흡수 훈련 5와 6을 보라.)

✳ 알코올과 뮤즈

　　인지 탈억제와 수용적인 상태로 규정되는 흡수 브레인세트가 창작 과정에 아주 중요하기 때문에 창의적인 직업을 가진 사람들은 그 상태에 이르기 위해 여러 가지 방법을 동원한다. 작가들과 음악가들이 특히 잘 쓰는 방법은 알코올이나 약에 취해 흡수 상태로 들어가는 것이다. 2천 년도 더 전에 로마 시인 호라티우스는 "금주가가 쓴 시는 오랜 세월 남아 있거나 남을 기쁘게 하지 못한다."라고 썼다. 좀 더 현대로 돌아와, 미국 소설가인 고(故) 윌리엄 스타이런은 회고록인 『보이는 어둠』에서 다음과 같이 썼다.

　　　　미국의 많은 위대한 작가들처럼 나도…… 환상과 도취감에 이르는 마법의 길로서…… 제정신의 맑은 뇌로는 절대 접근할 수 없는 광경들을 머릿속으로 그릴 수 있도록 하는 수단으로서 알코올을 사용했다.[8]

　　또 다른 작가들은 알코올이 '아이디어의 부화 및 발전 기간'의 효율성을 높여준다고 보고했다. 스칸디나비아의 연구자 토르스텐 놀란더와 롤란드 구스타프슨은 창작 과정의 부화/통찰 단계에서 약간의 알코올을 사용하면 실제로 창의력 점수가 더 높아진다는 사실을 증명했다. 안타깝게도 흡수 상태로 들어가기 위해, 혹은 뮤즈를 불러내기 위해 알코올이나 약물을 사용하는 방법은 이득보다는 폐해가 더 큰 것 같다. 알코올과 특정 약물은 인지 탈억제를 유발한다는 사실이 밝혀졌지만 행동 탈억제를 일으키기도 한다. 그래서 충동적으로 성관계를 갖거나 머리에 넥타이를 두르고 테이블 위에서 춤을 추게 되는 것이다. 또, 뮤즈를 불러내기 위해 술을 사용하기 시작하면, 술에 취해야만 창의력을 발휘할 수 있을 것 같은 기분이 드는 지경에까지 이를 수 있다. 약물 중독이나 알코올 중독에 걸릴 수도 있다. 톰 다디스가 『목마른 뮤즈』에서 지적했듯이, 미국 작가들은 알코올과 애증 관계에 있으며 노벨 문학상을 수상한 여덟 명의 미국 작가들 중 다섯 명이 알코올 중독자였다.

참신함에의 이끌림과 흡수 브레인세트

중뇌변연계 경로에서 분비되는 도파민은 흡수 브레인세트의 또 다른 측면인 참신함 추구와도 연결된다. 도파민은 우리의 내적 보상 회로와 연결되어 있는 뇌 화학물질이다. 흡수 브레인세트에서 우리는 외적·내적 환경의 새로운 측면들에 주의를 기울인 보상을 체내에서 받게 된다. 우리가 생존을 위한 행동들(배가 고프면 먹고, 목이 마르면 물을 마시고, 적절한 성적 대상과 짝을 짓는 행동들)에 몰두하면, 측중격핵이라는 영역에서 도파민이 생성된다. 그러면 약간의 도취감이 느껴져서, 우리는 그 행동들을 반복하게 된다. 이런 식으로 자연은 우리가 개인으로서, 한 종으로서 생존하도록 격려하고 있다. 흡수 브레인세트에서는 외적·내적 환경의 새로운 측면들에 주의를 기울인 대가로 도파민이라는 상을 받게 된다. 이는 참신한 아이디어의 발상 확률을 더욱 높여준다. 이렇게 우리는 계속 변화하는 환경에 창의적으로 적응함으로써 생존해나간다.(이 장의 끝에 있는 흡수 훈련 1을 통해 주변 환경에서 새로움을 인지하는 훈련을 할 수 있다. 훈련을 마친 보상으로 토큰 1개를 스스로에게 주면, 새로움에 집중하는 것을 보상과 연관시키도록 스스로를 길들이게 된다.)

언제 흡수 브레인세트에 들어가야 할까

창작 과정 중의 다음 단계들에서 흡수 브레인세트에 들어가면 좋다.

준비 단계

먼저, 일반적인 정보를 수집할 때 흡수 브레인세트를 이용해야 한다. 가리지 않고 더 많은 지식을 습득할수록 그 재료들을 참신하고 독창적으로 조합하여 문제를 해결하고 혁신적인 아이디어들을 생각해낼 수 있다. 창의적인 사람들은 가지각색의 주제에 흥미를 가진다. 흡수 브레인세트에 들어가면 주변 사물들의 새로운 면모에 끌리고, 지적 호기심이 강해지며, 새로운 지식의 세계를 탐구하고픈 욕구가 샘솟는다. 인터넷 서핑을 할 때 이런저런 웹사이트를 옮겨 다니듯이, 호기심에 가득 찬 뇌가 이런저런 탐구 영역들로 옮겨 다닌다. 연구 결과에 따르면, 우리가 무비판적으로 흡수하는 정보는 장기 기억 속에 좀 더 폭넓게 암호화된다. 그러면 그 정보와의 연결성이 높아져서 다양한 경로를 통해 그 정보를 끄집어낼 수 있다.[9]

둘째, 문제를 찾을 때 흡수 브레인세트를 사용해야 한다. 창의적이고 혁신적인 사람들은 세상을 개선하기 위한 아이디어들을 항상 생각하며, 현재 상태뿐만 아니라 가능한 상태까지 볼 줄 안다. '일상적인 창의성'의 한 예를 보자. 내 연구에 참여하고 있는 또 다른 창의적인 피실험자, 애니타는 고등학교까지만 다녔다. 어린 아들을 키우고 있어서 파트타임으로 일할 수밖에 없었다. 그녀의 첫 직업은 바다 근처에 있는 한 작은 아침 식당의 웨이트리스였다. 몇 주 후 애니타는 만약 그녀가 식당 주인이라면 어떤 점을 바꿀까, 생각하기 시작했다. 밤에 아들이 잠들고 나면 그녀는 바닷조개 그림으로 바다라는 테마를 부각시킨 매력적인 새 메뉴판을 디자인했다. 밤마다 인터넷의 사진들을 베끼며 여러 종류의 조개들을 그리는 연습을 했다. 그런 다음 식당 주인에게 자신의 아이디어를 전했다. 그들은 작은 액수로 새 메뉴판을 인쇄했다. 또 식당 주인은 애니타에게 식당의 빈 벽에 바닷조개를 그리도록 허락해주었다. 그다음에 애니타는 조개 무늬가 찍혀 있는 값싼 비닐천을 발견했고, 이번에도 작은 돈을 들여 새 테이블보를 만들었다. 그녀는 주인에게 일요일 뷔페식 브런치 메뉴를 팔자고 제안했고, 아들과 함께 해변에서 모은 조개껍질로 뷔페 테이블을 장식했다. 창의적 미술을 교육받지도 훈련받지도 않은 애니타는 단 몇 개월 만에 작업 환경을 크게 바꾸어놓았다.

흡수 브레인세트에 들어가 직장, 가정, 지역 사회 등의 환경에서 새로움을 인지하면, 애니타처럼 주변을 개선하고 풍요롭게 변화시킬 수 있는 기회가 '보인다'.

부화/통찰 단계

흡수 브레인세트의 뇌 상태는 전혀 새로운 개념이 아니다. 오래전부터 철학자들, 과학자들, 시인들은 '의식의 곁방'에서 즉흥적인 과정을 통해 생겨나는 새로운 아이디어들과 주변 환경을 더 수용적으로 의식하는 상태를 묘사해왔다. 가끔은 졸거나 긴장이 확 풀려 있을 때 이런 수용적인 흡수 상태로 들어가기도 한다. 탈억제된 뇌 상태로 쉽게 들어가는 성향을 유전적으로 타고난 사람도 있다. 또는, 명상이나 이 장의 마지막에 소개되어 있는 훈련들을 통해 의도적으로 들어갈 수도 있다.[10] 흡수 브레인세트를 특징짓는 개방성과 탈억제 상태에 있으면, 뇌의 뒷부분에서 생성되는 기억, 감각 경험, 심상들을 참신하게 연결하고 조합하여 갑작스럽고 의미 있는 신경계 흥분을 통해 의식으로 흘려보낼 수 있다. 전구에 불이 번쩍하고 켜지는 듯한 통찰의 경험은 즉흥적인 창작 경로의 주요 특징이다. 창작 과정의 부화 기간 내내 흡수 모드에 있을 필요는 없지만, 그 상태로 들어가야 통찰 혹은 깨달음을 얻을 수 있다. 뇌 영상 연구들은 사람들이 통찰의 순간 직전에 이런 개방적이고 수용적인 상태에 있다는 사실을 확실히 보여준다.

흡수 브레인세트에 들어가는 것은 창작의 필수적인 과정이다. 흡수 브레인세트에서 우리의 지적 호기심과 새로움을 발견하는 능력이 높아지며, 이는 문제 발견에 도움이 된다.(문제나 상황이 '보이면' 창의적으로 다룰 수 있다.) 흡수 브레인세트에서는 사물, 사람, 사건 혹은 상황을 평가하거나 판단하고픈 욕구가 일시 정지된다. 그래서 감각과 무의식의 더 많은 정보들이 의식적인 자각으로 흘러 들어간다.

흡수 브레인세트로 들어가는 성향을 유전적으로 타고난 사람도 있지만, 학습을 통해 그 기술을 습득할 수 있다. 하지만 여느 기술이 그렇듯, 습득하려면 규칙적인 연습이 필요하다. 곧장 성과가 눈에 보이지 않더라도 계속 훈련해야 한다. 이 장의 모든 훈련들은 흡수 브레인세트의 개방적이고 수용적인 상태로 들어가는 능력을 높여줄 것이다.

흡수 브레인세트에 들어가는 것은 창의적인 뇌를 훈련하는 첫걸음에 불과하다. 다음 장에서는 상상 브레인세트를 사용하여 상상력을 높일 것이다. 흡수 브레인세트와 상상 브레인세트는 몇몇 공통적인 신경계 기반을 가지고 있다. 사실 흡수 브레인세트를 상상 브레인세트로 들어가는 통로로 사용할 수도 있다. 그러나 엄밀히 말해,

흡수 브레인세트가 무비판적인 방식의 수동적인 정보 접근을 가능케 한다면, 상상 브레인세트는 그 정보를 의도적이고 적극적으로 조종하여 창의적인 아이디어를 만들어낼 수 있게 해준다. 책을 계속 읽어나가며 상상력을 높이는 동안에도 흡수 훈련을 멈춰서는 안 된다. 훈련을 거듭할수록, 마음 내키는 대로 흡수 브레인세트에 들어가는 것이 점차 수월해질 것이다.

과연 원시인도 할 수 있을 만큼 아주 쉽다.

흡수 브레인세트 훈련

흡수 훈련 1 참신함에의 이끌림: 새로운 측면 인지하기

- **훈련의 목적:** 감각 자극에 대한 의식적인 자각을 높이고 주변 세상을 '보는' 능력을 키우기 위한 훈련이다. 스톱워치나 타이머가 필요하다. 소요 시간은 5분이다. 완전히 익숙해질 때까지 몇 주 동안 하루에 두 번씩 훈련한다.
- **순서:** 스톱워치나 타이머를 5분에 맞추고, 훈련을 하는 동안에는 시계를 보지 않는다. 이제 아무런 비판 없이 호기심 어린 눈으로 주변을 둘러본다. 난롯가의 편안한 의자에 앉아 있든, 혼잡한 지하철 속이든, 혹은 사람이 거의 없는 섬이든 당신의 주변은 더없이 흥미롭다. 주변의 새로운 측면들을 인지하는 작업으로, 우선 눈에 보이는 것부터 시작해보자.

- 주변의 색깔들을 본다. 그림자가 진 곳이나 빛(햇빛이나 인공조명)

이 비치는 곳에서 미묘하게 혹은 급격하게 변하는 색깔을 관찰한다. 천이나 페인트의 색깔이 바랜 곳들을 가까이서 관찰한다.

• 주변의 다양한 각도를 관찰한다. 문틀과 천장이 이루는 각도를 본다. 가구들이 만들어내는 각도를 관찰한다. 테이블 위에 던져진 신문, 의자에 걸쳐진 재킷, 지하철 찻간의 구석에 버려진 쓰레기 등 우발적인 사물들이 이루는 각도를 관찰한다. 창밖이 보이면, 바깥의 사물들이 이루는 각도, 나무나 수풀이 창턱과 이루는 각도, 비가 내리는 각도 등을 관찰한다.

• 주변의 움직임을 관찰한다. 벽난로 안에서 불이 깜박거리고 있는가? 커튼이 실바람에 가볍게 흔들리고 있는가? 방 안에 파리한 마리가 날아다니고 있는가? 주변에서 사람들이 움직이고 있는가? 그렇다면 그 움직임의 패턴을 관찰한다. 차에 타고 있다면, 창밖으로 흘러가는 풍경의 움직임을 관찰한다.(물론 운전 중에는 금물이다.)

이제 들리는 것에 집중해보자.

• 먼저, 두드러지는 소리들에 귀를 기울인다. 텔레비전이나 라디오가 켜져 있는가? 다른 사람들이 얘기를 나누고 있는가? 대화의 내용을 듣기보다는 목소리의 변화와 음색에 귀를 기울인다. 목소리를 들으니 사나운 천둥이 떠오르는가, 아니면 졸졸 흐르는 시냇물이 떠오르는가?

• 음악이 들리는가? 그렇다면 그 성질에 귀를 기울인다. 리듬이

빠른가, 느린가? 일정한가, 변하는가? 장조인가, 단조인가? 한 가지 이상의 악기 소리가 들리는가? 서로 다른 악기들이 서로 다른 선율과 화음을 연주하고 있는가?

- 개 짖는 소리, 물 흐르는 소리, 변기 물 내려가는 소리, 기침 소리가 들리는가? 그 모든 소리의 변화에 귀를 기울인다. 바깥의 소음들, 지나가는 차와 사람들 소리, 잔디 깎는 기계 소리, 멀리서 들리는 사이렌 소리에 귀를 기울인다.

- 배경 잡음에 귀를 기울여본다. 에어컨, 보일러, 냉장고가 윙윙거리는 소리에 주의를 기울인다. 빗소리가 들리면, 그 소리의 변화를 주의 깊게 듣는다. 비는 잔디밭, 도로, 나무, 금속 지붕에 떨어질 때 서로 다른 소리를 낸다.

이번엔 촉감에 집중해보자.

- 주변 공기에 주의를 기울인다. 습한가, 건조한가? 따뜻한가, 서늘한가? 약한 바람 같은 공기의 움직임이 느껴지는가? 잠시 완전히 정지한 채 기온의 변화를 감지해본다.

그다음엔 주변의 냄새와 향기에 집중해보자.

- 음식 냄새가 나는가? 꽃향기가 나는가? 어떤 냄새인지 판단하고 싶은 유혹을 물리친다. 서로 다른 냄새와 향기라는 걸 인지하기만 한다.

스톱워치나 타이머가 울리기 전까지는 계속 아무런 판단 없이 주변의 새로운 측면에 주의를 기울인다. 끝나고 나면 2장의 연습 문제 9에서 작성했던 '소소한 즐거움들' 목록에 있는 항목 중의 하나를 스스로에게 선물한다. 주변의 새로운 면들에 주의를 기울이는 습관을 들이기 위해서다.(파블로프의 개처럼!) 토큰 경제 시스템을 사용하고 있다면, 훈련을 마칠 때마다 흡수 토큰 1개를 스스로에게 상으로 내린다. 그러면 머지않아 뇌는 새로운 것의 발견을 보상과 연관 지을 것이고, 우리는 블레이크가 썼듯 다른 사람들에게는 '갇힌 거대한 세계'를 경험하는 습관을 기르게 될 것이다.

흡수 훈련 2　판단 보류: 흡수 브레인세트와 음식

- **훈련의 목적:** 판단을 보류하고, 미각을 통해 새로운 지각 경험에 대한 인식을 높이기 위한 훈련이다. 요리책과 요리 재료가 필요하다. 요리하는 시간을 제외하면 소요 시간은 약 10분이다. 완전히 익숙해질 때까지 일주일에 한 번씩 훈련한다.
- **순서:** 매주 새로운 요리에 도전한다. 한 번도 시도해본 적이 없거나 작년 한 해 동안 하지 않은 요리여야 한다.

- 요리책, 잡지, 혹은 온라인에서 새로운 조리법을 찾는다. 친숙하지 않은 재료가 하나 이상 포함되어야 한다. 양념이나 조미료, 과일, 채소, 고기 등이 될 수 있다.
- 한가한 시간에 요리를 준비한다.
- 10분 동안 새로운 요리를 맛본다. 맛을 보는 동안에는 음식을

평가하지 않는다.

- 1분 동안 음식의 독특한 향을 맡아본다. 뒤섞인 향들이 느껴지는가?

- 맛의 기본적인 측면들에 주의를 기울이며 음식을 맛본다. 매운가? 달콤한가? 시큼한가? 쓴맛이 나는가? 건조한가? 짠맛인가?

- 이제 맛의 뒤섞임에 주의를 기울인다. 여러 가지 다른 맛을 구분할 수 있는가?

- 처음 시도하고 있는 새로운 재료가 친숙한 다른 재료들을 생각나게 하는가? 그렇다면, 유사점과 차이점을 생각해본다. 거기에 평가가 들어가서는 안 된다.(예를 들면, "데리야키와 비슷한 맛이 나지만 그보다 못하다.") 객관적인 비교를 해야 한다.("데리야키와 비슷한 맛이 나지만, 끝에 생강 맛이 남는다.")

- 새로운 요리가 다른 음식들과 어우러지는지 본다. 음식들이 서로 조화를 이루고 있는가, 대조를 이루고 있는가?

식사를 마치고 나면 새로운 요리를 시도한 자신을 칭찬한다. 음식의 맛이 별로였더라도 흥미로운 시도를 했으니 괜찮다. 계속해서 일주일에 한 가지 이상의 새로운 요리를 시도하고, 자기 암시를 통해 이 의식에 대한 기대를 높인다. "매주 새로운 음식을 시도하는 게 얼마나 재미있는지 몰라." 혹은 "이번 주에 시도할 요리를 생각하니까 흥분되는걸." 등등. 나의 창의적인 피실험자들 중 몇 명은 이 훈련을 사교 행사로 바꾸고 있다. 친구들과 함께 친근한 분위기에서 훈련을 한다.(식당이라면, 한 번도 맛본 적 없는 요리를 주문하는 식으로 훈련할 수 있다.) 다른 사람들과 함께 하든 혼자 하든, 식사를 긍정적인 경험으로 만들어야 한다.

토큰 경제 시스템을 사용하고 있다면, 이 훈련을 마칠 때마다 흡수 토큰 1개를 스스로에게 상으로 내린다. 머지않아 뇌는 새로운 지각 경험을 보상과 연관시킬 것이고, 그러면 판단 욕구는 줄어들고 새로움에 대한 긍정적인 반응은 한층 강해질 것이다. 이 둘 모두 흡수 브레인세트를 이루는 주요한 구성 요소다.

흡수 훈련 3 알파 활동과 세타 활동 높이기: 유산소 운동

- **훈련의 목적:** 전전두엽의 알파파 활동을 높이고 창의적 잠재력을 높이기 위한 훈련이다. 유산소 운동 후 2시간 동안 알파파와 세타파 활동이 전전두엽 피질에서 높아진다는 연구 결과가 있다. 그 시간 동안에는 수용적인 흡수 브레인세트에 들어가기가 더 쉬워진다.
- **순서:** 유산소 운동을 할 수 있는 몸 상태임을 의사에게 확인받는다.

- 해결하고 싶은 개방형 문제나 창의적인 딜레마를 생각해본다. 대화나 논문의 주제를 찾는 일에서부터 신제품 개발, 생일 파티 계획에 이르기까지 무슨 일이든 가능하다.
- 알맞은 유산소 운동을 30분간 한다. 유산소 운동에는 달리기, 조깅, 빨리 걷기, 자전거 타기, 수영, 계단 오르기 등이 있다. 최대 심박수의 60~80퍼센트 수준을 유지하는 속도로 한다. 220

에서 나이를 빼면 최대 심박수가 나온다. 거기에 0.6과 0.8을 곱하면 목표 맥박수의 범위를 알 수 있다.

- 운동 후 2시간 동안 창의적 딜레마에 대해 곰곰이 생각해본다. 이 시간 동안에는 창의성이 높아져서 새로운 아이디어와 해법들을 잘 받아들이게 된다.

토큰 경제 시스템을 사용하고 있다면 이 훈련을 마칠 때마다 흡수 토큰 1개를 스스로에게 상으로 내린다.

흡수 훈련 4 알파 활동과 세타 활동 높이기: 활짝 열기 명상

- **훈련의 목적:** 전전두엽의 알파파 활동과 세타파 활동을 높이기 위한 훈련이다. 명상 기술을 많이 익힐수록 알파 활동과 세타 활동을 통해 수용적인 브레인세트에 더 쉽게 들어갈 수 있다는 연구 결과가 있다. 또한 주변의 새로운 자극에 더 집중하게 된다. 명상에는 여러 종류가 있는데, 각각의 유형마다 뇌 활성화 패턴에 미치는 영향이 다르다. 아주 단순한 이 훈련은 명상 초보자를 위한 것이다. 소요 시간은 약 10분이다. 하루에 한 번 이상 해야 한다. 이 훈련을 통해 심박수, 혈압, 스트레스가 줄어드는 추가 이득도 얻을 수 있다.
- **순서:** 활짝 열기 명상을 처음 시작할 때는 방해를 받지 않을 조용하고 편안한 장소를 고른다.

- 눈을 감고 호흡에 집중한다. 가슴보다는 배로 숨을 쉰다. 배에

한 손을 얹어서 복식 호흡을 느낀다. 숨을 들이마실 때는 손이 (척추에서) 앞쪽으로 움직여야 한다. 숨을 내쉴 때는 손이 안쪽으로 움직여야 한다. 훈련이 필요한 일이니 바로 되지 않는다고 해서 실망하기엔 이르다.

- 점차 호흡의 속도를 늦추면서, 들이마신 숨을 몇 초간 참았다가 뱉어낸다. 천천히 그리고 규칙적으로 숨을 들이마시고 내쉰다. 호흡을 할 때마다 긴장이 풀린다.
- 문득 머릿속을 스쳐 지나가는 생각들이 있으면 살짝 옆으로 제쳐둔다. 중요한 사안들이 떠오르면 이번에도 인지는 하되 깊이 생각하지는 않는다. 나중에 집중할 수 있으니 지금 당장은 살짝 제쳐둔다.
- 그냥 그렇게 호흡을 계속하며, 호흡에만 집중한다.
- 10분 동안 이 활짝 열기 명상을 하면서 호흡과 현재의 순간에 집중한다.
- 끝에는 눈을 뜨고, 미소 짓고, 원한다면 잠깐 기지개를 켠 다음, 일상을 계속한다.

명상의 끝에 짓는 미소는 내적 보상의 역할을 한다. 미소는 긍정적인 기분을 반영할 뿐만 아니라 실제로 긍정적인 감정을 끌어올려 준다. 이 훈련의 끝에 미소를 짓는 목적은 전전두엽의 알파 활동과 세타 활동을 즐거운 기분과 연관시키는 습관을 붙이기 위해서다. 그러면 다른 활동 때문에 바쁘지 않을 때, 알파파가 풍부한 수용적인 브레인세트로 들어가기가 더 쉬워진다.

토큰 경제 시스템을 사용하고 있다면, 훈련을 마칠 때마다 흡수 토큰 1개를 스스로에게 상으로 내린다.

흡수 훈련 5 탈억제: 흡수 브레인세트와 렘수면

- **훈련의 목적:** 정보가 무의식에서 의식으로 흘러 들어갈 수 있는 탈억제 상태로 들어가기 위한 훈련이다. 하버드 의과 대학의 앨런 홉슨과 로버츠 스틱골드는 창의성과 수면-각성 주기 간의 관계를 광범위하게 연구했다. 그들은 무의식 상태에서 형성되는 연합 정보가 렘수면(REM sleep: 대부분의 꿈을 꾸는 수면 상태)에서 깨어난 직후에 의식으로 잘 흘러 들어간다는 사실을 발견했다. 이 훈련은 비옥한 렘수면 후 시간에 접근하려는 시도다. 자명종, 녹음기나 필기도구가 필요하다. 소요 시간은 15분이다.

- **순서:** 수면 전후의 졸린 시간은 무의식으로 들어갈 수 있는 문이다. 수면 패턴은 사람마다 다르기 때문에 깨어나는 시간을 먼저 실험해봐야 한다.

- 해결하고 싶은 개방형 문제나 창의적인 딜레마를 생각한다.
- 자명종을 보통 깨어나는 시간보다 30분 일찍 맞춰놓는다. 밤보다 새벽에 렘수면기가 더 길기 때문에, 꿈을 꾸는(렘 주기) 동안 깨어날 확률은 새벽이 더 크다.(다른 전략도 시도해볼 수 있다. 평소 시간에 깨어난 다음 자명종을 30분 뒤로 맞춰서 '늦잠'을 자는 것이다.)
- 자명종이 울리자마자 생각을 녹음기나 종이에 기록한다. 이 시간에는 창의성이 높아져서 새로운 아이디어와 해법들을 순순히

받아들이게 된다.

토큰 경제 시스템을 사용하고 있다면, 훈련을 마칠 때마다 흡수 토큰 1개를 스스로에게 상으로 내려라.

흡수 훈련 6 가벼운 탈억제 유도하기: TOP와의 대화

- **훈련의 목적:** 흡수 브레인세트에 더 잘 들어가고, 참신한 아이디 어들을 검열하는 인지 여과 장치를 느슨하게 풀기 위한 훈련이 다. 소요 시간은 5분 이내다. 익숙해질 때까지 하루에 두 번 훈 련한다.
- **순서:** TOP란, 측두엽(Temporal lobe), 후두엽(Occipital lobe), 두정 엽(Parietal lobe), 즉 뇌의 뒷부분을 의미한다. TOP는 의식 수준 밑에서 작용하기 때문에 우리는 그곳에서 일어나는 일을 의식 하지 못한다. 그러나 TOP는 연합 중추의 대부분이 자리하고 연 상 작업의 대부분이 일어나는 곳이다. 머릿속에 불쑥 떠오르는 아이디어는 TOP 영역에서 전전두엽으로 흘러 들어간다. 이 훈 련에서 우리는 TOP와 '대화'하여 새로운 아이디어들을 인식하 게 될 것이다.

- 우선, TOP에 이름을 지어주는 것이 좋다. TOP는 우리에게 통 찰을 속삭여주는 작은 목소리, 우리의 뮤즈다. 자신에게 영감을 준 사람이나 멘토의 이름을 따오는 것도 좋다. 가공인물의 이름 을 따서 지어도 된다. 또는 어감이 좋은 상상 속의 이름도 괜찮

다. 나의 피실험자인 한 작가는 단순하게 '뮤즈'라는 이름을 붙였다. TOP를 자신의 바깥에 있는 창작 원천으로 통하는 길로 생각해도(천사와 접속하는 안테나가 자기에게 있다고 믿는 작곡가처럼) 상관없다. 하지만 영감의 원천이 머릿속에 있다고 믿든 밖에 있다고 믿든, 참신한 아이디어에 접근하기 위해서는 TOP의 협조가 필요하다는 사실을 명심해야 한다.(그러니 '멍청이'나 '얼간이' 같은 이름은 붙이지 않는 것이 좋다.)

- 잡담으로 대화를 시작한다. "거긴 어때?", "포도당은 충분히 섭취하고 있니?", "온도는 괜찮아?"
- 창의적인 문제들을 의논한다. "2막의 전투 신을 어떻게 연출해야 할까?", "내 전구의 필라멘트를 만들 재료를 찾고 싶어.", "이 수학 방정식을 증명할 방법을 찾고 싶어.", "이 광고 캠페인을 어떻게 선보여야 할까?"
- 대답에 귀를 기울인다. 이 시점엔 어떤 대답도 듣지 못할 확률이 높다.
- 연락을 주고받을 수 있는 선을 꼭 열어두어야 한다. "좋은 생각이 나면 알려줘.", "낮이든 밤이든 메시지를 보내주면 꼭 받을게."
- 얘기를 들어준 TOP에 감사의 말을 전하고, 전전두엽 피질과 TOP 사이에 열려 있는 문을 머릿속에 그려본다.

이 훈련이 황당무계하게 들린다면(일관되게 의도적인 생각을 하는 사람이라면 그럴 만도 하다.) 왜 그럴까? 비판적인 눈으로 평가하고 있기 때문이다. 섣부른 판단을 보류하는 훈련을 하려면 흡수 훈련 2를 보라.

토큰 경제 시스템을 사용하고 있다면, 훈련을 마칠 때마다 흡수 토큰 1개를 스스로에게 상으로 내린다. 토큰 경제 시스템을 사용하고 있지 않다면, 2장의 연습 문제 9에서 작성했던 '소소한 즐거움들' 목록 중의 한 항목을 자신에게 선물한다. TOP의 연합 피질에서 생겨나는 기발한 조합들과 해법들에 귀 기울이는 습관을 붙이기 위해서다. 첫 2주 동안에는 훈련을 할 때마다 스스로에게 상을 내린다. 그 후로는 매일 연습을 하되 상은 가끔씩만 받는다. 머지않아 뇌는 독특한 아이디어들에 귀 기울이는 것을 보상과 연관 지을 것이고, 그러면 좀 더 많은 무의식적 정보를 앞으로 흘려보내는 습관을 기르게 될 것이다.

상상 브레인세트: 가능성을 상상하라

지식보다 상상력이 더 중요하다.

– 앨버트 아인슈타인[1]

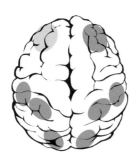

원시인 2(지난 장에 등장했던)가 깊은 협곡 끝머리의 절벽 위에 서 있다.

하늘 위로 솟아오르는 새들을 보고, 새처럼 하늘을 날면 어떤 기분일까 상상한다. 바로 얼마 전 진화한 전전두엽 피질 덕분에, 협곡 위로 높이 날아오르는 자신의 모습을 머릿속에 그릴 수 있다. 날아본 적은 한 번도 없지만 하늘에서 내려다본 협곡의 모습을 마음의 눈으로 '볼' 수 있다. 협곡의 절벽들 위로 휙 날아오를 때 얼굴에 불어닥치는 바람이 느껴지고(전에 바람을 느껴본 적이 있고, 만약에 날고 있다면 공기가 몰아쳐 지나가리라는 걸 안다.) 등에 비치는 햇살까지 느껴진다.

하지만 역시 새로운 전전두엽 피질 덕분에, 새처럼 날아오르기 위해 절벽에서 뛰어내리는 것이 좋은 생각은 아니라는 판단을 내릴 수 있다.

몇 주 전에 원시인 1이 바로 이 절벽에서 호박을 던졌던 일이 떠오른다. 그 호박이 어떻게 됐는지 눈에 선하다. 원시인 2는 자신의 머리를 만져보고는 여러모로 자신의 몸이 새보다는 호박을 닮았다는 사실을 깨닫는다. 그 정보를 이용하여, 만약 그가 이 절벽에서 허공으로 떨어진다면 무슨 일이 일어날지 추측하고 머릿속에 그려본다. 호박 같은 과육 덩어리로 협곡 바닥에 떨어져 있는 자신의 몸이 '보인다'.

쓸쓸하지만 더욱 현명해진 원시인 2는 벼랑에서 물러난다. 훗날 새처럼 날고 싶은 충동이 또다시 일어나면, 기억 속에 저장되어 있는 흉하게 일그러진 몸의 이미지가 떠오를 것이다.

진짜 기억들을 암호화하고 뽑아내는 데 사용되는 뇌 회로와 가상 사건들을 암호화하고 뽑아내는 데 사용되는 뇌 회로는 대부분 같다. 원시인 2는 인간이 수천 년을 살아남은 이유들 중의 하나를 보여주었다. 우리는 한 행동을 선택하면 어떤 일이 벌어질지 실제로 경험하지 않고도 그 가능한 결과를 '볼' 수 있다. 인간의 뇌에서 가장 늦게 발전한 전전두엽 피질과 기억 암호화 장치(해마) 덕분에 우리는 나그네쥐들처럼 절벽에서 뛰어내리지 않아도 된다. 우리는 우리의 운명을 상상하고, 마음만 먹으면 그것을 피할 수 있다.

우리의 뇌가 창의성을 '발휘하는' 원리를 이해하려면, 진화 역사상 원시인 2보다 앞선 시대로 거슬러 올라가야 한다. 인간의 뇌에서 마지막으로 발달한 부분은 전전두엽 피질이며, 그곳은 우리가 성장할 때 마지막으로 발달하는 뇌 영역이기도 하다. 25세쯤에야 전전두엽이 완전히 발달한다는 증거가 있다.(그런데 우리를 심란하게 하는 얘기가 하나 있다. 버지니아 대학의 티머시 솔더스 교수가 최근에 마무리한 7년간의 연구에 따르면, 우리의 뇌는 전전두엽 피질을 시작으로 27세 무렵부터 감퇴하기 시작한다고 한다. 솔더스가 옳다면, 우리는 전전두엽의 절정의 능력을 2년 남짓밖에 가지지 못하는 것이다! 하지만 걱정 마시라. 우리의 뇌는 성인 시절 내내 스스로 회복하고 재생하고 개조하는 능력이 뛰어나기 때문에 앞으로도 수십 년은 더 창의력을 발휘할 수 있다!)

전전두엽 피질은 실행 중추의 본거지다. 전전두엽 피질 덕분에 우리는 계획 수립(새처럼 날아보기), 추상적인 사고(새처럼 날려고 하면 어떤 일이 벌어질지 머릿속에 그려보기), 의식적인 의사 결정(날려는 시도를 하지 않고 절벽에서 뒤로 물러나기) 등을 할 수 있다. 전전두엽 피질은 기억을 암호화하고 저장하는 뇌 영역들과 연결되어 있다. 이 영역들을 연결하는 회로가 활성화되면 우리는 아직 일어나지 않은 미래를 '기억하고' 생존을 위해 더 나은 결정을 내릴 수 있다.

우리의 생존을 돕기 위해 발달한 그 뇌 회로에 뜻밖의 또 다른 효능이 있다. 생존과 관계없는 창의적인 아이디어들도 생각할 수 있게 해주는 것이다. 우리는 이 중요한 뇌 회로를 이용하여 거실 가구의 재배치를 상상하고, 새로운 소설의 인물을 구상하고, 독창적인 은행털이 계획을 세우거나 비행기의 동력을 설계한다. 따라서 기억과 심상을 고의적으로 끌어내는 능력은 상상 브레인세트의 본질인 창의적인 아이디어 발상 능력과 상상력의 선구자 격이 된다.

상상 브레인세트의 정의

앞 장에서 우리는 수용적이고 무비판적인 흡수 브레인세트로 들어가는 방법을 배웠다. 흡수 브레인세트에 들어가면, 주변의 새로운 면모를 관찰하고, 당면 문제와 주변 사물들 간의 잠재적인 연관성을 보고, 의식 수준 밖에서 생겨나는 창의적인 아이디어들을 잘 받아들일 수 있다. 이제, 심상을 사용하여 참신한 해법들을 의도적으로 상상하는 방법을 배우게 될 것이다. 상상 브레인세트는 상상력을 돕는 뇌 활성화 상태로서, 의도적인 창작 경로와 즉흥적인 창작 경로 간의 연결로를 마련해주기도 한다. 즉, 즉흥적이고 억제되지 않은 정보와 아이디어들에 접근하는 동안 의식을 의도적으로 통제할 수 있게 해준다.

상상 브레인세트는 '내면세계'의 창조자이며, 어린아이들, 배우들, 공상가들에게 익숙한 뇌 상태다. 하지만 정신 안락 지대가 이성 브레인세트나 평가 브레인세트인 사람은 이 브레인세트를 활성화하기가 힘들거나, 아니면 그 시도를 유치하거나 어리석은 일로 생각할 것이다. 그러나 상상 브레인세트의 이득은 창의적인 아이디어의 개발에만 국한되지 않고 광범위하다.

우리의 안전과 미래에 영향을 미칠 수 있는 결정을 내릴 때 상상 브레인세트를 사용할 수 있다는 점은 이미 논의한 바 있다. 상상 브레인세트는 또한 일관성 있는 세계상(세계 도식)과 일관성 있는 자아상(개인의 정체성)을 정립하는 데 필요한 신경계 기반을 마련해준다.[2] 일관성 있는 세계관과 정체성은 정신 건강과 고등 정신 기능에 아주 중요하다. 더욱이, 상상력은 경영인들과 기업 간부들에게 꼭 필요한 자질로 인정받고 있는 추세다. 상상하는 능력은 건강에도 영향을 미친다. 심상 치료의 효과를 암시하는 몇몇 연구들이 있다.[3] 마지막으로, 심상을 사용한 운동 기술 훈련은 야구나 골프 같은 스포츠에서 그 유용성을 증명해 보였다. 많은 코치들이 훈련 과정에 시각화를 포함시킨다. 음악가, 의사, 고전압 전력선 검사관들은 심상을 이용하여 기술을 훈련한다. 결론은 이렇다. 상상 브레인세트의 가치를 믿지 않는 사람이라도 그것을 빈번히 그리고 충분히 사용하는 능력을 키우면 이득을 얻을 수 있다는 것이다.

상상 브레인세트의 참신함 선호와 가벼운 정신적 탈억제 상태는 흡수 브레인세트와 공통적인 특징이다. 그러나 상상 브레인세트의 가장 중요한 요소들은 심상의 생성과 가설적 사고의 사용이다. 심상의 선명도와 가설적 사고의 빈도수를 높이는 기법들을 배워보자.

심상

심상, 즉 '비언어적 사고'는 시각, 청각, 후각, 미각, 촉각 등의 감각 정보를 처리하는 뇌의 지각 영역들을 활용한다. 심상은 유사 지각이다. 즉, 외부 세계의 감각 정보 없이 지각 작용이 일어난다는 뜻이다. 그렇다고 해서 환각은 아니다! 하긴, 많은 창의적인 사람들이 구름이나 그림자 속에서 사물의 형태를 보거나, 바람에 나뭇잎이 바스락거리는 소리 속에서 음악 소리나 목소리를 듣는 것 같은 반(半)환각적인 경험을 한 적이 있다고 이야기한다.(반환각적 경험은 정신분열적 인격의 특징이다. 창의적인 직업이나 취미를 가진 사람들은 그렇지 않은 사람들에 비해 정신분열적 인격 지수가 더 높다는 연구 결과들이 있다.)

정신병적인 환각과 창의적인 심상 간에는 차이점들이 있다. 첫째, 창의적인 문제와 연관된 심상은 즉흥적인 것이라 해도 현실과 혼동되지 않는다. 둘째, 심상을 떠올릴 때 우리는 그 내용을 의식적으로 통제하지만, 환각은 대개 의식적인 방향을 벗어난다.

아인슈타인이나 스티븐 호킹 같은 과학자들뿐만 아니라, 화가들, 작가들, 웹 디자이너들, 공학자들, 음악가들도 그들의 창작 과정에서 심상이 차지하는 중요성에 대해 쓴 바 있다. 창의력이 높은 사람들은 선명한 심상을 형성하고 그 이미지들을 조종하여 창의적인 딜레마를 상상하고 그 창의적인 해법들을 생각해내는 능력이 있는 것 같다.

우리 대부분은 좋아하는 음악의 연주 악기와 목소리 등을 '이미지'로 떠올릴 줄 알고, 발을 톡톡 차거나 고개를 까딱이는 식으로 청각 이미지에 무의식적으로 장단을 맞춘다. 사랑하는 이의 얼굴을 떠올려보라는 얘기를 들으면 우리 대부분은 미소 짓는다. 레몬을 깨문다고 상상해보라고 하면 입술을 비튼다. 이렇듯, 우리는 앞에 없는 사물의 감각 이미지를 아주 생생하게 형성할 줄 알기 때문에 그 이미지들이 우리의 행동에 영향을 미치기도 한다. 존재하지 않는 광경이나 소리를 얼마나 생생하게 상상할 수 있느냐는 개인마다 차이가 있지만, 훈련을 통해 그 능력을 키울 수 있다.

하버드대학교 교수인 스티븐 코슬린은 세계에서 손꼽히는 심상 분야 연구자다. 그와 동료들은 심상으로 활성화되는 뇌 영역과 실제 감각 정보에 의해 활성화되는 뇌 영역이 똑같다는 사실을 발견했다. 이는 곧 뇌의 그 영역이 실제 사물과 상상 속의 사물을 구분하지 못한다는 뜻이다. 또한, 우리가 한 사물을 마음속에 그리면 후두엽(시각 중추)의 뉴런들이 상상 속의 그 사물과 똑같은 공간적 배열을 나타내며 발화한다. 뉴런들의 발화가 강렬한 정도에 따라 심상의 선명도가 결정된다.

창의력을 높이는 한 가지 방법은 마음속으로 이미지를 그리는 능력을 키우는 것이고, 연구 결과에 따르면 그것은 분명 가능한 일이다. 심상은 외부 환경에 없는 이미지를 보는 능력뿐만 아니라, 존재하지 않는 것을 청각, 후각, 촉각, 미각으로 느끼는 능력까지 포함한다.(심상의 선명도를 높이는 가장 좋은 방법은 심상화를 연습하는 것이다. 심상 능력을 높이고 싶다면 상상 훈련 1과 2를 보라.)

모든 감각의 심상화 능력을 높이고 싶겠지만, 우선 시각부터 시작하는 편이 수월하다. 시각 심상은 두 가지 기본적인 유형으로 나뉜다. 첫 번째 유형은 어떤 사물이나 광경을 실제로 보이는 모습 또는 카메라로 포착한 모습으로 복제하여 시각화하는 '회화적' 심상이다. 훈련 1은 회화적 심상의 한 예다. 회화적으로 심상을 떠올리는 것이 힘들면, 그 전에 그 사물을 손으로 직접 그려보는 것이 좋다. 100년 넘게 화가들이 사용해온 이 전략은 사물에 대한 시각적 기억뿐만 아니라 근육 기억까지 불러일으킨다.[4]

시각 심상의 두 번째 유형은 실제 사물이나 광경을 상징과 도식(지도, 청사진 등)으로 이미지화하는 '도식적' 심상이다. 어떤 사물의 위치를 찾아내거나 책상에서부터 고층 건물까지 무엇이든 만들고 지을 때 그런 도식은 아주 유용할 수 있다. 예를 들어, 눈을 감고 미국의 대서양 연안을 떠올려보자. 대서양과 접한 14개의 주가 있다. 그 이름들을 댈 수 있겠는가? 도식적 심상은 별도의 정신 작용을 필요로 한다. 사물을 심상화하는 것뿐만 아니라, 그 전에 그 사물을 상징적 표상으로 변형시켜야 한다. 도식적 심상은 사실적인 세부 사항에 집중하기보다는 사물들 간, 혹은 한 사물을 이루는 부분들 간의 관계를 볼 수 있게 해준다. 그래서 '어디' 시각 경로로 불리는 뇌 영역을 활성화한다.(이는 장소보다는 사물을 시각화하는 '무엇' 시각 경로와 구별된다.)[5]

사물과 광경의 형태, 색깔, 움직임을 관장하는 시각 피질의 뉴런들은 서로 다르다. 따라서 마음속으로 정적인 이미지를 '볼' 때와 사물이나 광경의 심적 회전이나 조종을 시도할 때 서로 다른 뇌 영역을 쓰게 된다. 창의적으로 심상을 사용하는 능력을 높이려면 사물을 보고 조종하는 훈련을 함께 해야 한다. 상상 훈련 1~5는 재미있는 심상화 연습들로 구성되어 있다.

심상의 조종을 훈련하는 또 다른 방법은 순차적인 심상화를 연습하는 것이다. 내 창의성 수업에서는 '비밀의 화원'이라는 순차적인 심상화를 연습한다. 먼저, 학생들은 비밀의 화원으로 이동되고 있다고 상상한다. 그리고 수업 중에 자신의 화원에 어떤 화초를 키울까 고민한다. 향기로운 소나무를 심을까, 화려하고 이국적인 꽃들을 심을까? 수업이 진행되면서, 처음에는 나무를 마음속에 그리기 힘들어하던 학생들도 어느덧 하나밖에 없는 자기만의 화원의 향기와 풍경, 소리를 즐기게 된다. http://ShelleyCarson.com에서 비밀의 화원 훈련의 오디오 버전을 다운로드할 수 있다.

심상을 사용하는 능력이 창의성의 전부는 아니다. 하지만 심상을 만들어내고 조종할 줄 아는 능력이 가설적 사고와 결합되면 어마어마한 위력을 발휘한다!

가설적 사고

가설적 사고는 상상력의 토대다. 가설적인 사고를 통해 우리는 현실 세계(사물의 객관적인 존재 상태)에 명백히 드러나지 않는 무언가를 마음속에 그린다. 우리의 추측은 '진실'이 아니다. 아니, 적어도 진실 여부가 증명되지 않았다. '만약'이라는 가정으로 생각하고 있는 것이다.

가설적 사고가 의사 결정(절벽에서 뛰어내려 비행을 시도할 것인가 말 것인가.)에 어떻게 도움을 주는지에 대해서는 앞에서 이미 알아보았다. 가설적 사고는 현실의 제약을 받지 않는다. 실제로 가능한 상황뿐만 아니라 현실적으로 있을 법하지 않은 상황을 추측하는 데도 가설적 사고를 이용할 수 있다. 인간의 팔이 2개가 아니라 3개라면 어떨까? 수채화를 그릴 때 풀 색깔로 녹색 대신 빨간색을 쓰면? 호박파이를 만들 때 고춧가루 대신 계피를 쓰면 어떨까? 빛이 입자이면서 동시에 파동이라면? 장조 선율을 단조로 바꾸면 어떨까? 화성인들이 시카고를 침략하면 어떻게 될까? 다음 출구에서 빠져나가 플로리다 대신 오하이오로 가면 어떻게 될까?

이런 '만약에?' 시나리오는 끝없이 나올 수 있다. 상상을 가능케 하는 이 멋진 하드웨어를 우리는 얼마나 자주 사용하고 있을까? 우리의 두개골 안에 들어 있는 이 정교한 비디오 게임을 낮이든 밤이든 언제나 즐길 수 있다. 우리는 얼마나 자주 그 게임을 할까? 창의적인 사람들은 심상과 가설적 사고를 가지고 마음껏 즐기며, 결코 하찮지 않은 결과물을 낸다. 아인슈타인은 가설적 심상의 힘을 사용하여 상대성이론을 만들었다고 주장하면서, 자신의 창의적 사고 과정을 다음과 같이 설명했다. "'자발적으로' 재생되고 결합될 수 있는 선명하거나 흐릿한 이미지들이 보인다…… 이 결합 놀이는 생산적인 사고의 가장 중요한 특징인 것 같다."[6] 상상 브레인세트의 원리를 잘 설명해주는 말이다.

평가 브레인세트를 좋아하는 사람들이 눈알을 굴리는 모습이 눈에 선하다. '만약에?' 놀이가 우스꽝스러운 시간 낭비로 보일 것이다. 하지만 앞서 얘기했듯이, 상상력은 우리의 생존 도구다. 그 능력 덕분에 우리는 새롭고 참신한 자원을 상상함으로써 환경에 적응하고 마침내는 환경을 통제할 수 있었다. 가능성이 거의 없는 상황들의 심상화를 통해, 고정 관념의 틀에서 벗어난 사고를 훈련할 수 있다. '만약에?' 훈련을 많이 할수록 색다른 상황들을 상상하고 참신한 해법을 생각해내기가 쉬워진다.

상상 브레인세트의 신경과학

상상 브레인세트에 들어갈 때 우리의 뇌는 어떤 모습일까? 그 답은 심상 경험이 의도적이냐 즉흥적이냐, 그리고 심상을 만들어내고 있느냐, 조종하고 있느냐에 따라 달라진다. 좀 더 상세하게 살펴보자.

심상의 즉흥적인 발생

문제 해결을 위해 심상을 사용하기로 결정 내리면, 전전두엽 피질의 실행 중추가 활성화되어 이미지를 불러내고, 유지하고, 어떻게 조종할 것인지 판단한다. 실행 중추가 활성화될수록 심상을 잘 통제할 수 있다.

많은 창의적인 사람들은 흡수 브레인세트처럼 집중력이 흐린 상태에 있을 때나 산책을 하거나 꾸벅꾸벅 졸 때 대단히 강력한 즉흥적인 심상이 떠오른다고 이야기한다. 그런 때에는 실행 중추가 인지과정의 통제를 어느 정도 그만두고 휴식을 취하기 때문에, TOP(측두엽, 후두엽, 두정엽)에서 즉흥적으로 만들어진 이미지들이 스스로 살아남을 수 있다. 찰스 디킨스는 이른 아침 런던 거리를 걸어 다닐 때 자신의 소설에 등장하는 가상의 부랑아들을 우산으로 내쫓았다고 한다. 교류 전류를 발명한 니콜라 테슬라는 어느 날 저녁 친구와 말없이 걷고 있다가 교류 발전기에 대한 아이디어가 심상으로 떠올랐다고 썼다. "내가 본 이미지들은 놀라울 정도로 뚜렷하고 선명했으며 금속이나 돌처럼 단단했다."

　　가장 색다르고 자유로운 심상은 꿈이 가장 두드러지는 렘수면 동안 발생한다. 렘수면기 동안에는 뇌의 뒷부분에 있는 연합 중추들과 시각 영역이 활성화되는 반면, 실행 중추는 비활성화된다. 이 덕분에, 변칙적인 뉴런의 발화로 생긴 이미지들과 감각들이 제약을 받지 않고 정신의 중앙 무대를 차지할 수 있다.[7] (그런데 어떤 꿈의 내용은 임의적이지 않고 최근의 기억들과 이어져 있는 것처럼 보인다. 우리가 꿈을 꾸는 이유가 무엇인지, 무작위적인 내용과 최근에 겪은 사건 모두 꿈에 나타나는 이유가 무엇인지에 대해 과학자들은 여전히 논쟁을 벌이고 있다. 하지만 한 가지 학설에 따르면, 우리는 꿈을 꿈으로써 서로 관계없는 정보를 통합하고 창의적으로 문제를 해결할 수 있다.)

　　흥미로운 점은 '자각몽(lucid dreaming)' 상태에서는 꿈의 내용을 어느 정도 통제하거나, 적어도 자신이 꿈을 꾸고 있다는 사실을 자각할 수 있다는 것이다. 수면 전 암시나 일정한 형태의 훈련을 통해 자각몽을 일으킬 수 있다. 꿈꾸는 동안에 대개는 휴식을 취하는 실행 중추가 자각몽 동안에는 부분적으로 재가동되어 심상의 내용을 어느 정도 통제하는 것 같다.

그렇다면 전전두엽에서 실행 중추가 활성화되는 정도에 따라 의도적으로 혹은 즉흥적으로 뇌에서 심상이 생성될 수 있다.[8] 마찬가지로, 심상의 의도적인 혹은 즉흥적인 조종도 가능하다. 창작 과정의 깨달음 단계에서 즉흥적으로 발생한 심상을 의식적이고 의도적으로 조종하면 아주 창의적인 통찰로 이어지는 경우가 많다.

실행 중추의 활성화를 조절하면 심상에 대한 의도적이거나 즉흥적인 통제의 양을 조절할 수 있다. 앞서 소개했던 흡수 브레인세트 훈련들은 실행 중추의 전전두엽 영역들을 가볍게 활성화시켜준다. 전부 다 권장할 만한 방법들인 건 아니지만, 꿈꾸기, 수면 박탈, 알코올이나 약물 복용, 명상, 반복적이고 율동적인 운동(장거리 달리기나 춤) 등의 전통적인 조절 방식도 있다. 상상 훈련 7은 많은 창의적 인물들의 경험에서 힌트를 얻은 것으로, 심상의 사용을 육체적 이완 상태와 결합한다.

심상 생성 vs. 심상 조종

우리는 심상을 생성할 때, 감각 기관들(눈, 귀, 코, 피부, 미뢰)을 통해 들어오는 감각 정보를 처리하는 뇌 시스템을 사용한다. 시각적 심상이 발생할 때는 연합 중추와 시각 중추가 좌뇌에서 주로 활성화된다. 이미지를 회전시키거나 조종할 때는 같은 영역들이 우뇌에서 우선적으로 활성화된다.

하지만 심상의 생성과 가설적 사고의 결합을 통한 기발한 착상을 의도적으로 시도하면 어떻게 될까? 쓰쿠바 대학의 고와타리 야스유키를 필두로 한 일본의 연구자들은 정식 훈련을 받은 디자인 전문가들과 신참들에게 새로운 펜을 머릿속으로 디자인하도록 시키고, 그동안 fMRI로 그들의 뇌를 정밀 촬영했다. 그 결과, 우뇌 전전두엽 피질과 좌뇌 상부 두정엽(우뇌 실행 중추와 좌뇌 연합 중추)이 비교적 활성화되고 우뇌 두정엽 피질이 비활성화될 때 가장 창의적인 디자인이 나왔다. 이 사실은 참신하고 창의적인 아이디어의 의도적인 발상에 우뇌 전전두엽 피질이 관여한다는 다른 연구 결과와 일맥상통한다.

그렇다면 상상 브레인세트의 주요 활성화 패턴은 두정엽, 측두엽, 후두엽에서 감각 정보를 처리하는 영역들과 좌뇌 연합 중추들에 실행 중추(특히 좌뇌)를 연결시키는 네트워크다.

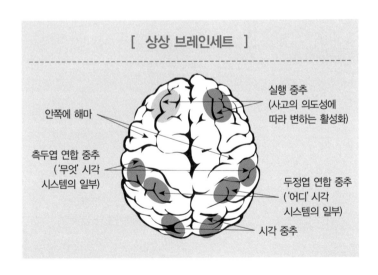

[상상 브레인세트]

실행 중추
(사고의 의도성에
따라 변하는 활성화)

안쪽에 해마

측두엽 연합 중추
('무엇' 시각
시스템의 일부)

두정엽 연합 중추
('어디' 시각
시스템의 일부)

시각 중추

이 장에서 우리는 상상 브레인세트를 활성화시켜 심상의 질을 높이고 가설적 사고를 강화하는 방법을 살펴보았다. 의도적인 창작 경로로든 즉흥적인 창작 경로로든 심상을 유리하게 이용할 수 있다. 상상 브레인세트와 흡수 브레인세트를 서로 보충해주는 식으로도 이용할 수 있다. 상상 브레인세트를 훈련할수록 창의적인 문제 해결책을 상상하기가 더 수월해진다. 상상 브레인세트에서 우리는 내적으로 생성되는 감각 정보를 사용하여 창의적인 사고를 한다. 하지만 말로 생각하는 성향이 있는 사람이라면 어떨까? 다음 장에서 우리는 언어적 사고에 근거한 전략을 배울 것이다. 연결 브레인세트에서 창의적 아이디어들이 술술 흘러나오게 하는 기법을 통해 혁신성과 생산성을 더욱 높일 수 있다.

원시인 2에 관해 얘기하자면, 새처럼 날고자 하는 그의 꿈은 헛된 것이 아니었다. 자신의 열망을 심상화하는 그의 능력에 후대의 능력과 결단이 더해져서 결국 비행기가 탄생했으니 말이다.

상상 브레인세트 훈련

상상 훈련 1 **시각적 심상: 침실**

- **훈련의 목적:** 심상화 능력을 높이기 위한 훈련이다. 소요 시간은 약 5분이다. 일주일 동안 하루에 한 번 훈련한다.
- **순서:** 눈을 감고, 침실 문간에 서 있다고 상상한다.(지금 침실에 있다면, 다른 방을 머릿속에 그린다.)

- 이제 마음의 눈을 왼쪽으로 돌려 문간 옆의 벽을 바라본다. 벽에 가구가 붙어 있다면 그것을 본다. 벽에 있을지도 모르는 그림, 창문, 혹은 커튼을 본다. 열린 문이 벽에 기대어 있다면 그것도 본다.
- 이제 문과 직각을 이루고 있는 침실 왼쪽 벽을 본다. 벽에 있는 것들, 창문, 문, 커튼, 가구, 그림 등을 본다.
- 그다음, 지금 서 있는 곳의 반대편 벽으로 옮겨가서 벽에 있는 것들, 창문, 문, 커튼, 가구, 그림 등을 생생하게 본다.
- 지금 서 있는 곳에서 오른쪽으로 직각을 이루는 벽으로 옮겨간다. 벽에 있는 창문, 문, 커튼, 가구, 그림 등을 본다.
- 마지막으로, 문간에 맞붙어 있는 오른쪽 벽을 본다. 거기에 있는 모든 것을 생생하게 본다.
- 다시 한 번 방 안을 둘러본다. 침대가 있는가? 침대 위나 바닥에 옷들이 놓여 있는가?
- 방 안에 풍기는 향기가 있는가? 양말이나 향초의 냄새가 나는가? 잠시 냄새를 맡아본다.
- 이제 눈을 뜬다. 눈을 뜬 채 침실의 네 벽을 생생하게 상상해본다. 차례로 벽을 옮겨 다니며 눈을 감았을 때만큼 상세하게 물건들을 보려고 애쓰면서, 앞에 있는 실제 공간에 심상들을 겹쳐본다.

이 훈련을 마치고 나서, 눈을 뜬 채 방의 모습을 상상하는 것이 더 어려웠는지 생각해본다. 일주일 동안 하루에 한 번 훈련하면서,

다른 방이나 사무실, 벽장을 심상화의 초점으로 사용한다. 눈을 뜬 채로 심상화하는 능력을 키우려면, 혼잡하거나 시끄러운 곳에서 이 훈련을 해본다. 연습을 거듭할수록 어느 환경에서든 생산적인 상상을 할 수 있게 된다.

토큰 경제 시스템을 사용하고 있다면, 훈련을 마칠 때마다 상상 토큰 1개를 스스로에게 상으로 내린다.

상상 훈련 2 · 다양한 심상 생성하기: 정신적 휴가

- **훈련의 목적:** 시각, 청각, 촉각, 후각 이미지들을 비롯한 선명한 심상을 형성하는 능력을 키우기 위한 훈련이다. 또한 불안감을 줄이고 내적인 집중을 높이기 위해서도 널리 사용되는 훈련법이다. 소요 시간은 5분이다. 몇 주 동안 하루에 한 번 이상 훈련하면서, 선명도와 상세함을 더해간다.
- **순서:** 눈을 감고 심호흡을 세 번 한다. 과거에 평온함과 이완을 느꼈던 곳에 있다고 상상한다. 조용한 해변, 산속 풀밭, 대나무 숲…… 어디든 상관없다.

- 주위에 무엇이 보이는가? 천천히 몸을 돌려 모든 방향을 본다. 최대한 선명하게 풍경을 본다.
- 무슨 소리가 들리는가? 새소리, 갈매기 울음 소리? 파도 소리? 멀리서 들려오는 폭포 소리? 평온한 장소의 소리를 최대한 선명하게 상상한다.
- 어떤 것이 느껴지는가? 어깨에 닿는 따뜻한 햇살? 얼굴을 스치

는 시원한 실바람? 상쾌한 바다 안개? 발밑의 시원하고 매끄러운 풀? 평온한 장소의 감촉을 최대한 선명하게 상상한다.
• 어떤 냄새가 나는가? 꽃향기? 짭짤한 바다 냄새? 소나무 냄새? 평온한 장소의 냄새를 최대한 선명하게 상상한다.

자…… 잠시 평온함을 그냥 즐겨보자……. 주변을 계속 보고 듣고 냄새 맡고 느껴본다. 상쾌한 기분이 들면 심호흡을 한 번 한 뒤 눈을 뜬다.

몇 주 동안 하루에 한 번씩 이 훈련을 계속하면, 심상이 점점 더 선명해지는 것을 느낄 것이다. 또, 마음속에 쉴 새 없이 흐르는 언어적 사고(심리학자들은 '혼잣말'이라고 부른다.)의 흐름을 '끊어' 마음을 차분하게 가라앉힐 수 있다.

토큰 경제 시스템을 사용하고 있다면, 훈련을 마칠 때마다 상상 토큰 1개를 스스로에게 상으로 내린다.

상상 훈련 3 시각적 심상: 근육 기억

- **훈련의 목적:** 심상을 이용하여 사물을 회화적으로 떠올리는 능력을 키우기 위한 훈련이다. 소요 시간은 5분이다. 연필이 필요하다.
- **순서:** 선명한 심상을 만들어보고 싶은 한 사물로부터 몇 발 떨어져 선다. 연필을 몸으로부터 멀리 들고, 사물의 윤곽을 허공에 그린다. 사물의 바깥 윤곽을 훑은 다음 안쪽 선들을 그린다. 2분 동안 사물을 관찰하고 그 윤곽을 허공에 그린 후, 눈을 감고

그 사물을 마음속에 그려본다. 눈을 감은 채 또 허공에 그려봐도 좋다.

이 기법이 도움이 된다면, 매일 연습하면서 점점 더 복잡한 사물로 바꿔나간다.

토큰 경제 시스템을 사용하고 있다면, 훈련을 마칠 때마다 상상 토큰 1개를 스스로에게 상으로 내린다.

상상 훈련 4 심상: 평면도

- **훈련의 목적:** 심상을 이용하여 사물을 도식적으로 시각화하는 능력을 높이기 위한 훈련이다. 소요 시간은 5분 이하다.
- **순서:** 눈을 감고 집의 평면도를 마음속에 떠올린다. 2층 이상의 집이라면, 1층과 2층이 어떻게 이어지는지 마음속에 그려본다. 어떤 방들이 아래위로 겹쳐지는가? 아파트에 살고 있다면, 아파트 건물의 서로 다른 층들을 그려본다. 로비는 위층들과 다르게 설계되어 있는가? 방과 층을 올바른 위치에 그릴 수 있을 때까지 몇 분간 이 심상 속에 머문다.

친숙한 다른 건물이나 공간으로 이 훈련을 해도 좋다. 예를 들면, 앞마당, 뒷마당, 거리, 회사 건물, 쇼핑몰 등의 평면도를 머릿속으로 그려보는 훈련을 할 수 있다.

토큰 경제 시스템을 사용하고 있다면, 훈련을 마칠 때마다 상상 토큰 1개를 스스로에게 상으로 내린다.

심상 조종하기: 자동차

- **훈련의 목적:** 심상을 조종하는 능력을 높이기 위한 훈련이다. 소요 시간은 5분이다. 스톱워치나 타이머, 그리고 자동차 한 대가 필요하다. 자신에게 친숙한 자동차가 좋다. 가능하면 자유롭게 걸어 다닐 수 있는 장소에 차를 세워두고 훈련을 시작한다.

- **순서:** 차의 왼편 한가운데로부터 1.5미터 정도 떨어져 선다. 차를 한 번 보고 타이머를 1분에 맞춘 다음, 눈을 감는다.

• 차의 모습을 최대한 상세하게 떠올려본다. 눈을 감은 채, 차의 선과 세부 모습에 주의하면서 앞쪽에서 뒤쪽으로 쭉 훑어본다. 타이머가 울리면, 눈을 뜨고 차를 본다. 심상이 정확했는지, 아니면 부정확하거나 애매했는지 본다.

• 위치를 바꾸지 않고 그 자리에서 타이머를 다시 1분에 맞춘 뒤 눈을 감는다. 이번에는 차 앞에서 정면으로 1.5미터 떨어진 곳에 서 있다고 상상하고 차의 모습을 떠올린다. 차의 전체적인 윤곽을 보고, 차의 조수석에서 운전석으로 시선을 옮긴다. 타이머가 울리면 차 앞으로 가서 이미지가 얼마나 정확했는지 본다. 차의 모습이 심상과 많이 달라서 깜짝 놀라는 사람들이 많다.

• 다시 타이머를 1분에 맞춰두고 눈을 감는다. 이번에는 뒤쪽 조수석에서 45도 각도로 1.5미터 떨어져 서 있으면 차가 어떻게 보일지 심상을 떠올려본다. 전체적인 윤곽을 본 다음 차의 세부 모습을 최대한 상세하게 상상한다. 타이머가 울리면 눈을 뜨고 그 위치로 가본다. 심상이 얼마나 정확했는지 확인한다.

친숙한 사물을 여러 각도에서 심상화하는 훈련을 매일 한다. 이 훈련을 자주 할수록 심상 조종 능력이 높아진다.

토큰 경제 시스템을 사용하고 있다면, 훈련을 마칠 때마다 상상 토큰 1개를 스스로에게 선물한다.

상상 훈련 6 가설적 사고: '만약에?'

- **훈련의 목적:** 가설적 사고의 요소들과 심상을 결합하여 상상력을 높이기 위한 훈련이다. 스톱워치나 시계가 필요하며, 소요 시간은 5분이다.

- **순서:** 스톱워치를 5분에 맞춰놓는다. 이제 다음과 같은 시나리오를 마음속으로 그려본다. 우리는 돌고래가 지적인 동물이며 큰 뇌를 가지고 있다는 사실을 알고 있다. 심해의 한 돌고래 종족이 손가락을 갖게 된 덕에 어떤 기계를 만들어서 인간과 의사소통하며 육지에서 살 수 있게 됐다고 상상해보자. 경제적으로는 어떤 변화가 일어날까? 사회적으로는? 직업적으로는? 개인적으로는 어떤 영향을 받게 될까? 스톱워치가 울릴 때까지 계속 이 시나리오를 마음속에 그려본다.

상상력을 바람직한 방향으로 조정하기 위해서는 '만약에?' 훈련을 매일 해야 한다. 신문 기사를 하나 골라서 한 가지 요소를 바꾸는 식으로 시나리오를 만들어도 좋다. 예를 들어, 환경 보호 단체들이 바퀴벌레를 죽이는 것을 불법으로 하는 법안을 제안했다면? 매일 하나의 시나리오를 지어내고 5분 동안 그 후의 일을 마음속에 그려본다. 현실이나 타당성 같은 건 잠시 내려놔도 좋다.

　　토큰 경제 시스템을 사용하고 있다면, 훈련을 마칠 때마다 상상 토큰 1개를 스스로에게 상으로 내린다.

상상 훈련 7　심상: 실행 통제

- **훈련의 목적:** 심상을 사용하는 동안 전전두엽 피질의 각성을 조절하기 위한 훈련이다. 소요 시간은 15분이다. 육체적으로 몹시 지쳐 있을 때 이 훈련을 한다. 예를 들어, 유산소 운동 후나 힘들었던 하루의 끝에 하는 것이 좋다. 실제적이고 창의적인 딜레마를 하나 염두에 두고 있어야 한다. 종이와 연필도 필요하다.
- **순서:** 육체적으로 지쳐 있을 때 창의적인 딜레마의 심상을 떠올린다.

- 딜레마와 효과적인 해결책의 유형에 대한 이미지가 확고하게 잡히면(예를 들어, 새로운 광고 캠페인에 대한 아이디어를 생각해내야 하는 것이 딜레마라고 해보자. 당신은 의뢰인의 상품이 무엇인지, 그리고 의뢰인이 유머나 적당한 가격보다는 기품을 표현하고 싶어 한다는 사실을 알고 있다.), 몸의 긴장을 푼다. 누워서 눈을 감거나, 흔들의자에 앉아 눈을 감고 리드미컬하게 의자를 흔든다.
- 눈을 감고 휴식을 취하면서, 이미지가 어떻게 흘러가는지 관찰한다. 졸음이 오기 시작하면, 이미지에 대한 꿈을 꿔보라고 스스로에게 제안한다.
- 10~15분 후(혹은 잠에서 깨면) 마음을 스치고 지나가는 것을 곧

장 적는다. 창의적인 딜레마나 이미지와 관계없는 내용이라도 상관없다. 이때 주의할 점이 있다. 꿈을 꾸거나 조는 동안에 했던 생각도 모두 적어두어야 한다. 이때는 작업 기억을 통제하는 실행 중추가 비활성화되기 때문에 생각에 대한 기억이 금세 사라져버리고 만다. 깨어나자마자 적어두지 않으면 꿈을 기억하기 어려운 것도 이런 이유 때문이다.

주마다 여러 번 이 훈련을 한다. 훈련을 많이 할수록, 쉬는 동안에도 딜레마의 심상을 머릿속에 간직해둘 수 있다. 그러면 실행 중추의 통제가 줄어든 틈에 다른 즉흥적인 이미지들이 뒤섞여서 문제 해법을 찾기가 더 쉬워진다.

토큰 경제 시스템을 사용하고 있다면, 훈련을 마칠 때마다 상상 토큰 1개를 스스로에게 상으로 내린다.

연결 브레인세트: 확산적으로 사고하라

아이디어들이 우르르 떠올랐다. 나는 그것들이 서로 충돌하다가
짝들을 지어 안정적인 결합을 이루는 것을 느꼈다.

- 앙리 푸앵카레[1]

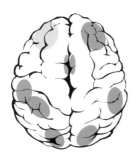

상상 브레인세트가 안전한 정신 속에서 아이디어를 마음껏 펼칠
수 있게 해준다면, 연결 브레인세트는 앞으로의 일에 대한 걱정 없
이 다양한 아이디어들을 낼 수 있게 해준다. 연결 브레인세트에 들
어가면, 한 아이디어가 또 다른 아이디어들로 계속 이어진다. 우리의
뇌는 아이디어를 내는 기계가 된다.

연결 브레인세트의 정의

연결 브레인세트에 들어가면 여러 가지 일들이 일어난다. 첫째, 수
렴적 사고보다는 확산적 사고를 하게 된다. 확산적 사고란, 한 문제
에 대해 여러 가지 답들을 생각하는 인지 유형이다. 무한히 펼쳐지

는 창의적 혁신의 세계에 압도될 것이다. 둘째, 별개의 사물들과 개념들을 서로 연결 짓게 된다. 색다른 결합은 좀 더 참신하고 독창적인 아이디어로 이어진다. 그 결과? 창의적인 문제를 활력 있고 신나게 해결하는 자신의 모습을 발견하게 될 것이다.

확산적 사고, 색다른 연상, 내재적인 동기 등의 특성과 더불어 연결 브레인세트는 흡수·상상 브레인세트와 세 가지 중요한 특징을 공유한다. 흡수·상상 브레인세트와 마찬가지로, 연결 브레인세트에서도 뇌의 검열관이 휴식을 취한다. 이 덕분에 더 많은 아이디어들이 자동 여과 시스템을 통과하여 의식으로 흘러 들어갈 수 있다.('인지적 탈억제') 그리고 참신함과 복잡함에 이끌린다. 흡수 브레인세트에서 주변의 새롭고 기발한 측면들을 알아채고 내적 보상을 받듯이, 연결 브레인세트에서는 미답의 참신한 아이디어들과 접속하는 것에 흥분하게 된다. 마지막으로, 흡수·상상 브레인세트에서와 마찬가지로 연결 브레인세트에서도 판단을 보류한다. 특히 자신의 아이디어들에 대한 판단을 뒤로 미루기 때문에, 한 아이디어가 의식으로 들어오면 바로 평가하지 않는다. 대신, 다음 아이디어의 발상에 주의를 기울이기 때문에 창의적 문제에 대한 해결책들이 줄을 서게 된다.[2]

확산적 사고

확산적 사고는 창의적 정신의 한 특징이다. 많은 창의성 연구자들은 확산적 사고 경향을 창의성이나 잠재적인 창의성의 척도로 생각한다. 그것은 가끔 '다른' 사고방식으로 설명되기도 한다. 확산적 사고가 '다른' 방식이라면, 소위 '정상적인' 사고방식이란 뭘까? 바로 연구자들이 수렴적 사고라고 부르는 방식이다. 확산적 사고와 수렴적 사고의 차이를 살펴보자.

수렴적 사고[3]는 명확한 어떤 문제에 대한 하나의 정답을 찾아내기 위해 뇌에 저장된 내용(지식과 기억 등)에 접근할 때 사용하는 사고 유형이다. SAT(대학진학적성검사) 논리력 시험 같은 표준화된 시험 문제를 풀 때 필요한 사고 형태이기 때문에 우리는 이미 익숙해져 있다. 고등학교와 대학에서 치르는 대부분의 시험 문제들도 수렴적 사고에 기초한다. 수렴적으로 생각할 수 있는 능력은 중요한 기술이며, 창작 과정에서도 중요하다. 그러나 수렴적 사고는 한 문제에 단하나의 정답이 있다고 가정함으로써 사고 과정을 제한한다. 수렴적 사고를 하는 사람들은 다양한 선택안을 탐구하기보다는 확실하고 정확한 하나의 답을 찾으려 한다.

이와 대조적으로 확산적 사고는 한 가지 문제나 딜레마에 대해 여러 다양한 해답을 산출해내는 사고 유형이다. 절대성보다는 가능성의 관점으로 생각한다. 하나의 절대적인 정답이 없는 개방형 질문에는 확산적 사고 기술이 귀중하게 쓰인다. 물론, 확산적 사고 경향의 사람들은 종종 모든 문제를 개방형으로 보기 때문에 다른 모든 사람들이 수렴적 사고로 풀고 있는 문제에도 다양한 해답들을 생각해낸다.

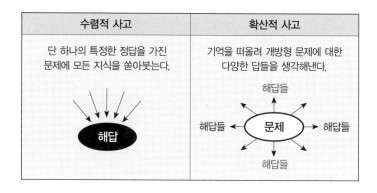

수렴적 사고	확산적 사고
단 하나의 특정한 정답을 가진 문제에 모든 지식을 쏟아붓는다.	기억을 떠올려 개방형 문제에 대한 다양한 답들을 생각해낸다.

수렴적 사고를 하는 사람에게는 아주 명쾌해 보이는 것이 확산적 사고를 하는 사람에게는 전혀 그렇지 않다. 복잡함을 선호하고, 문제에 대한 가능한 답들을 아우르는 해석을 만들어내기 때문이다. 문제를 모든 각도에서 고려하고, 문제와 각각의 잠재적 답들을 연결 짓는다. 그래서 문제를 풀 때 수렴적 사고를 하는 사람보다 4배 이상의 시간이 걸릴 수 있고, '정답'을 고를 확률은 운에 맡겨야 한다. 확산적 사고 과정은 정답을 맞히기 위해 다른 답들을 제거해나가는 대신, 모든 답들을 가능성의 영역 안에 둔다.

남 얘기 같지 않은가? 주로 확산적 사고를 한다면(2장의 채점 결과, 연결 브레인세트를 선호하는 것으로 나왔다면), SAT 같은 수렴적 시험에 상당한 어려움을 느낄 것이다. 대부분의 학교 시험은 수렴적 사고 원리에 기초해 있기 때문에 학교에서 낙제생으로 찍히기 일쑤다.

확산적 사고를 하는 사람은 모든 상황에서 복잡하게 뒤얽혀 있는 가능성들을 본다. 그리고 대개는 아주 창의적이다. 그러나 우리는 수렴적 사고가 판을 치는 세상에 살고 있다. 연결 브레인세트에서 상당한 시간을 보내며 확산적 사고를 하는 사람은 다른 사람들이 자기를 이해 못 한다고 느낄 것이다. 사실, 내 연구에 참여하는 창의적인 사람들 중 많은 이들이 부적임자가 된 느낌이 든다고 얘기한다.(한 시나리오 작가는 '사각형 구멍에 끼워진 팔각 못'처럼 느껴진다고 말했다.) 이런 느낌이 든다면, 그리고 연결 브레인세트가 자신의 정신 안락 지대라면, 다음 두 장에서 그 문제점과 수렴적 사고 기술을 배우게 될 것이다. 그러나 지금 당장은, 확산적 사고를 불편해하는 60~80퍼센트의 독자들에게 확실히 알려줘야 할 사실이 있다. 창의적인 문제 해결 과정 중에 연결 브레인세트에 들어가는 법을 익히면 창의력을 키울 수 있다는 것이다.(SAT 시험을 칠 때는 금물이다!)

창의적인 문제 해결에 대한 얘기가 나온 김에, 창의적으로 해결할 수 있는 3가지 유형의 문제들을 짚고 넘어가자. 합리적(논리적) 문제, 비합리적(비논리적) 문제, 비구조적(개방형) 문제가 있다. 창의적 문제를 상대할 때는 해결 전략을 세우기 전에 문제의 성질을 먼저 이해해야 한다.

먼저, 합리적 문제가 있다. 단 하나의 해답을 가진 문제로서, 논리나 이성적 사고를 이용하여 풀 수 있다. 이런 문제들은 해답에 이르기 위해 따를 수 있는 일종의 규정이나 로드맵이 있다. 수학 방정식은 합리적 문제다. 장부를 마감하고, 도서관에서 책을 찾고, 자전거를 조립하는 등의 실생활 문제들도 마찬가지다. 이런 문제들에는 단 하나의 옳은 종점이나 해답이 있고, 정해진 규정을 따르면 해답에 이를 수 있다.

SAT 시험 문제들은 합리적인 문제들이며, 수렴적 사고를 이용해서 풀 수 있다. 그러나 합리적 문제에 항상 단 하나의 종점과 논리적 로드맵이 있다 해도, 그 종점에 이르기 위해 따를 수 있는 규정이나 로드맵은 하나 이상이 될 수 있다. 예를 들어, 보스턴에서 뉴욕의 메트로폴리탄 미술관으로 가려 한다면, 미술관이 정확한 종점이다. 하지만 그곳에 가기 위해 택할 수 있는 길은 많다. 차를 타고 I-95도로를 타거나 I-84를 달릴 수 있다. 혹은 로건 공항으로 가서 왕복 비행기를 타고 라가디아 공항까지 간 다음 열차를 타도 된다. 보스턴에서 미술관까지 가는 방법은 여러 가지가 있지만, 단 하나의 종점이 있고 거기까지 이르는 데 정해진 관례가 있기 때문에 그 문제는 여전히 합리적이다.

아주 까다로운 합리적 문제도 있지만, 추론과 규정을 사용하면 답을 찾을 수 있다. 두 가지 예를 보자. (1) 우울증 진단 기준 하에 전 세계의 우울증 발생률은 얼마인가? (2) 태양계에 추가적인 행성들이 있는가? 우울증 발생률과 행성의 수에는 단 하나의 정답이 있다. 그리고 이 답들을 찾아내기 위한 특정 방법들이 있다. 따라서 이 문제들은 합리적이다.

둘째, 비합리적 문제가 있다. 한 가지 정답이나 종점이 있지만, 해답에 이르기 위한 로드맵이나 규정이 전혀 없다. 이런 문제들에는 소위 '통찰' 문제들이 포함된다. 즉, 논리로는 풀 수 없고 번득이는 통찰이 있어야 풀 수 있다. 가장 많이 알려진 통찰 문제를 하나 풀어보자. 연필을 떼지 않고 모든 점을 네 개의 직선으로 연결해보라.

여느 통찰 문제와 마찬가지로, 이 문제 역시 논리로는 풀 수 없다. '고정 관념의 틀을 깨는 사고'가 필요하다. 통찰 해법은 즉흥적으로 떠오르는 갑작스런 인식을 통해 찾아온다. 해답에 가까워지는 느낌이 전혀 없다가 갑자기 불쑥 나타나는 것이다. 과학 분야의 많은 창의적 문제들은 비합리적인 범주에 들어간다. 이런 문제들에는 하나의 옳은 답이 있지만, 거기에 이르는 길을 알려주는 로드맵은 없다. 아인슈타인은 이렇게 말했다. "경험에서 이론의 근본 원리들로 건너가는 논리적 다리 같은 것은 없다."

마지막으로, 비구조적 문제가 있다. 이런 문제들에는 하나 이상의 해답이 가능하며, 해답에 이르는 법을 알려주는 지침이나 심지어는 적당한 해법이 나왔음을 알려주는 뚜렷한 지침도 없다. 많은 창의적 문제들은 비구조적인 개방형이다. 예를 들어, 러시아 황제 알렉산드르 3세에게서 대관식 행진곡을 의뢰받은 차이코프스키는 어디서부터 시작해야 할까? 풍경과 어우러지는 집을 짓고 싶은 프랭크 로이드 라이트는 어떤 로드맵을 따라야 할까? 현재의 비효과적인 우울증 치료법을 개선하고 싶은 에어런 T. 벡은 어떻게 진행해나가야 할까?

빠르게 변화하는 세계에서 생존하고 성공하려면 반드시 개방형 문제들을 파악하고 다룰 줄 알아야 한다. 요점은 이렇다. 수렴적 사고로는 개방형 문제를 풀 수 없다. 연결 브레인세트에 들어가 확산적 사고를 가동시켜야 한다. 일시적으로 '부적임자' 증후군을 겪더라도!

연결 브레인세트에 있으면 아이디어들이 흘러나와 서로 '연결되는' 것처럼 보인다.(그래서 '연결' 브레인세트다!) 확산적 사고를 하는, 그래서 연결 모드에 있는 사람들은 이성 브레인세트에 머무는 사람들 보다 더 쉽게 아이디어들을 생각해낸다.(2장에 실린 A군 질문들과 확산 적 사고 문제들을 모두 푼 참가자들의 샘플에 기초한 결론이다. 이성 브레인세트를 선호하는 사람들은 연결 혹은 흡수 브레인세트를 선호하는 사람들보다 확산적 사고 점수가 더 낮았다.) 이를 관념적 유창성이라고 한다.

관념적 유창성은 하나의 창의적인 문제에 대한 잠재적 해법들을 아주 많이 만들어내는 것이다. 이것이 중요한 이유는, 창의적인 아이 디어의 질이 대개 아이디어의 양과 비례하기 때문이다. 상식적으로 생각해봤을 때, 아이디어가 많으면 그중에 반드시 좋은 아이디어가 끼어 있기 마련이다. 연구 결과 또한 이 연관성을 뒷받침해준다. UC 데이비스의 딘 키스 사이먼턴이 실시한 작곡가들의 생애에 대한 광 범위한 연구에 따르면, 작곡의 양이 제일 많은 시기에 아주 높은 질 의 창의적인 작품들이 나온다. 물론 '한 곡 대박의 기적'이 일어나기 도 하지만 대부분은 곡의 수가 많을수록 좋다. 우리 실험실에서 실 시한 확산적 사고 문제에 대한 연구 또한 이러한 결과를 뒷받침해준 다. 아이디어를 가장 많이 제시하는 사람들에게서 대개는 가장 많은 양질의 아이디어가 나온다.(물론, 안 좋은 아이디어들도 가장 많이 나오겠 지만, 그 문제에 관해서는 10장에서 얘기해보자.) 확산적 사고 기술을 늘리 고 싶다면 연결 훈련 1~3번이 도움이 될 것이다.

확산적 사고 훈련 때문에 정신적으로 지쳤다면, 생각을 지나치게 한 탓이다. 이성 브레인세트를 사용하여 확산적 사고 문제에 접근할 때 이런 일이 벌어진다.(이성을 이용한 창의적 문제 해결에 대해서는 다음 장에서 배우게 될 것이다.) 알려진 지침이나 로드맵이 없는 문제를 전전두엽의 실행 중추에 의지하여 고의적으로 풀려고 하면(특히 시간제한이 있을 경우), 단 하나의 해답에만 붙들려 있게 된다. 예를 들어, 통조림 깡통의 용도를 생각해내는 확산적 사고 문제를 풀어보자. 이성적으로 사고하는 사람들은 통조림 깡통을 용기로만 보고, 연필통, 동전통, 꽃병, 물컵, 재떨이, 촛대 등의 답을 쓸 것이다. 그러고 나서는 머릿속이 텅 비어버린다. 확산적 사고 과제에 접근하는 더 좋은 방법은 전전두엽의 실행 중추가 뇌의 뒷부분으로 지령을 보내 연구 개발팀에 해결을 맡기는 것이다. 이를 위해서는 뇌의 전전두엽이 활동을 낮추어 더 많은 답들이 의식으로 흘러 들어갈 수 있도록 해야 한다.[4]

확산적 사고 훈련 같은 개방형 과제들을 많이 풀어볼수록 연결 브레인세트에 들어가기가 더 쉬워진다. 곧 정신적으로 활력이 넘치고, 훈련을 하지 않을 때도 확산적 사고를 하게 된다.

정신 안락 지대가 이성 혹은 평가 브레인세트라면, 확산적 사고 훈련이 비실용적이고 비현실적으로 느껴질지도 모른다. 처음에는 확산적 사고의 가치를 이해하지 못하는 사람들이 많기 때문에, 나는 대개 실생활의 실용적인 문제를 가지고 확산적 사고 훈련을 시작한다. 다음은 내 동료가 실제로 경험한 일을 근거로 만들어낸 과제다.

10분 후 당신은 한 국회 위원회 앞에서 전문가 증언을 하기로 되어 있으며, 그 증언은 중계방송되고 후대까지 그 기록이 남을 것이다. 어쩌다 내려다봤더니 바지 지퍼가 열려 있기에 잠그려고 했지만 잠기지가 않는다. 어떻게 해야 할까? 3분 안에 해결책을 찾아내야 한다.

이성 브레인세트로 생각한 학생의 해결책은 다음과 같았다.

먼저, 바지를 벗고 지퍼를 고쳐본다. 바지를 벗으면 걸린 지퍼를 고치기가 더 쉽다. 그래도 지퍼가 움직이지 않으면 주위 사람들에게 반짇고리가 있는지 물어본다. 있으면, 남자 화장실에 가서 지퍼 부분을 꿰맨다. 반짇고리를 가진 사람이 없다면, 위원회 회장에게 '복장 불량'의 문제가 생겼으니 회의를 조금만 미뤄달라고 부탁한다.

과연 합리적이다. 그리고 이 학생은 '복장 불량'이라는 유머까지 더한 걸 아주 자랑스러워했다. 반면, 연결 브레인세트로 생각한 사람의 대답은 어땠을까?

- 반짇고리를 찾는다.
- 바지를 거꾸로 입는다.(내 뒤쪽을 볼 사람은 아무도 없을 것이다.)
- 벌어진 부분을 접착제로 붙인다.
- 벨크로(나일론제 접착 천)를 사용한다.
- 스테이플러로 찍는다.
- 벌어진 지퍼를 껌으로 붙인다.
- 바지를 벗고 속옷 차림으로 증언한다.
- 키가 작은 국회 의원에게 내 앞에 서 있어 달라고 부탁한다.
- 잡지 한 장을 5센티미터 폭으로 길게 잘라 재킷의 팔 부분에 두르고 테이프로 붙인다. 사람들은 그 완장에 눈이 팔려 바지에

는 눈길도 주지 않을 것이다.

- 국회가 세금을 너무 올린 바람에 버젓한 정장을 살 수 없었다는 농담을 던진다.

첫 번째 응답자는 이 문제를 단 하나의 답을 가진 논리적 문제로 보았다. 즉, 망가진 지퍼를 어떻게 고치느냐 하는 것이다.(그래서 반질 고리를 찾아보고, 못 찾으면 회의 진행을 늦춰야 한다.) 확산적 사고를 하는 두 번째 응답자는 해답이 많은 개방형 문제로 다루고 있다. 몇몇 답은 분명 실용적이지 않은데도 삭제하지 않았다. 몇 가지 엉뚱한 답을 만들어냄으로써 유머를 통해 관념적 유창성을 올리고 있다. 실제 이런 일을 겪은 내 동료는 다행히도 확산적 사고를 하는 사람이라, 고장 난 지퍼를 처리할 아이디어들을 여러 가지 생각해냈다. 그중에 스테이플러로 찍는 방법이 통했다. 스테이플러가 없는 국회 의원 사무실은 없다. 그는 그렇게 위기를 탈출했다!

아이디어들을 많이 생각해낼수록 좋은 아이디어가 적어도 하나는 나올 가능성이 높아진다. 고장 난 지퍼 사건이 우리에게 전하는 교훈들이 있다. 어떤 문제에 부닥치든 수많은 잠재적 답을 가진 개방형 문제로 보려고 노력해야 한다. 확산적 사고를 이용하여 다양한 해답을 생각해내야 한다. 그중 몇 개는 시시하거나 비실용적이어도 상관없다.

✱ 브레인스토밍(brainstorming)

확산적 사고 훈련이 마치 브레인스토밍처럼 보일 텐데, 실제로 브레인스토밍은 집단적인 확산적 사고 유형이다. 1953년에 알렉스 오스본이 처음 설명한 브레인스토밍은 비즈니스 분야의 팀 창의성 기법으로 홍보되었다. 확산적 사고와 마찬가지로 브레인스토밍의 목표는 아무런 비판 없이 가능한 한 많은 아이디어들을 만들어내는 것이다. 팀원 모두가 특정 문제에 대한 아이디어들을 큰 소리로 얘기하면 한 사람이 그 아이디어들을 받아 적는다. 나온 아이디어들을 나중에 검토하여 몇 가지는 지우고 남은 아이디어들을 더 발전시키거나 조합한다.

그러나 브레인스토밍에 대한 연구 결과에 따르면, 개개인이 혼자 브레인스토밍을 한 다음 자신의 최고 아이디어들을 회의로 가져가는 방식을 쓰면 좋은 아이디어들을 더 많이 얻을 수 있다. 브레인스토밍 과정이 지위의 상하 구별 없이 공평하게 이뤄진다 해도, 낮은 직위의 사람들은 윗사람의 마음에 들지 않을 아이디어를 큰 소리로 말하는 것이 꺼려질 것이다. 이 문제를 보완하기 위해 브레인라이팅(brainwriting)이라는 새로운 기법이 도입되었다. 각 일원들이 카드에 3~5개의 아이디어들을 적는다. 이 카드들은 익명으로 집단 대표에게 전달되고, 대표는 각 아이디어를 일원들에게 알리며 검토해보도록 한다. 브레인라이팅은 인터넷으로도 시행할 수 있다.

아이슈타인은 이렇게 말했다. "문제의 체계화가 그 해결보다 더 중요하다…… 새로운 문제와 새로운 가능성을 제기하는 것, 묵은 문제를 새로운 각도에서 보는 것이야말로…… 진정한 과학 발전이다."[5] 확산적 사고를 사용하면 창의적 문제를 해결할 뿐만 아니라 문제를 찾고 규정할 수 있다.(문제 찾기를 연습하려면 연결 훈련 3을 보라.)

색다른 연상 찾기

왜 연결 브레인세트에 있을 때 창의적인 문제를 찾고 그것을 해결하기 위한 독특하고 독창적인 아이디어들이 떠오를까? 그것은 말의 의미를 저장하는 뇌의 의미론적 영역과 말의 소리를 저장하는 음운론적 영역이 모두 폭넓게 활성화되기 때문이다. 동시에, 의미론적 활성화와 음운론적 활성화의 확장을 제한하는 검열의 강도가 낮아진다. 즉, 평소에는 연상되지 않는 말과 개념들이 서로 연결될 가능성이 열리는 것이다.

단어 연상 과제는 폭넓은 연상망이 창작에 필요한 풍부한 데이터를 생성해준다는 사실을 증명해준다. 하버드대학교에서 창의성 연구 초기에 사용했던 단어 연상 과제의 한 예를 보자. 'leaf'라는 단어를 제시하자, 피실험자들은 보통 '나뭇잎'이라는 뜻으로 생각하여 '나무'라는 답을 내놓았다. 전형적인 답의 진행은 아래처럼 이루어졌다.

'나무'는 'leaf'에 대한 가장 흔한 연상 단어다. 그리고 '나무'는 위와 같은 연상망을 개시한다. 화살의 진하기는 연상의 강도를 보여준다. 강한 연상은 금방 떠오르는 반면, 약한 연상은 강한 연상이 다 떨어진 후에야 떠오른다. 따라서 이 피실험자는 '나무'라는 답을 얼른 말한 다음부터는 대답이 점점 느려지다가 활성화의 확장이 끝나자 결국 'leaf'와 연관된 단어들을 더 생각해내지 못했다.

그렇다면 연결 브레인세트를 잘 사용하는 창의적인 피실험자는 어떻게 답했을까?(CREATES 모델을 개발하기 전에 실시한 검사이다.) 그녀는 'leaf'라는 제시어에 훨씬 더 폭넓은 연상망을 펼쳐 보였다.

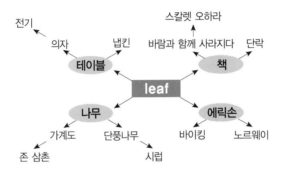

그녀의 답들에는 'leaf'의 또 다른 의미인 '책의 낱장'과 연관된 단어들뿐만 아니라 단어의 발음과 연관된 단어(리프 에릭손처럼)까지 포함되어 있었다. 이 연상망 그림은 가벼운 탈억제 상태를 보여주는 증거다. 그래서 'leaf'와 분명 연관되긴 하지만 직접적으로는 연관되지 않은 여러 단어들이 의식으로 흘러 들어갈 수 있었던 것이다. 또한 연상의 강도가 거의 균등해서 답들은 중단 없이 빠르게 이어졌다.

이들 중 많은 답들이 약간은 부적당해 보인다.(스칼렛 오하라를 'leaf'와 연관시킬 사람이 있을까?) 하지만 폭넓은 연상망은 서로 다른 정보 조각들을 연결해 기발한 아이디어들을 생각해내야 하는 창작 과정에 대단히 유리하게 작용한다. 창의적이고 혁신적인 아이디어들을 찾아내는 가장 효과적인 방법은 겉으로 보기엔 별 관련이 없는 아이디어들과 사물들을 서로 연결시키는 습관을 기르는 것이다.(연상망을 활성화하고 연결 짓는 능력을 높이려면 연결 훈련 4와 5의 재미있는 낱말 게임이 도움이 될 것이다.)

동기 부여 혹은 목표 지향적인 활동

예전에 학자들과 기업 간부들은 낱말 게임(연결 훈련 4와 5)을 진지한 정신노동보다는 시간 낭비로 보았다. 그러나 신경과학 분야의 새로운 발견들에 힘입어, 그리고 애니메이터들이 오두막이나 동굴 같은 사무실에서 일하는 픽사 같은 기업들의 성공에 크게 힘입어 '놀이'와 '게임'의 중대한 가치가 인정받기 시작했다.[6] 놀이와 게임은 창의적 사고와 연관된 뇌 영역을 활성화시킨다. 또한, 내적 보상 시스템을 가동시킴으로써 창의적 과제를 끝까지 포기하지 않으려는 열의를 높여준다.

초콜릿을 먹거나 깜짝 선물을 받거나 크게 웃으면 창의성이 (일시적으로) 높아지기도 한다. 나는 창의성 수업 시험에서 그 '비과학적인' 증거를 발견했다. 중간고사 때 초콜릿 캔디를 잔뜩 사 들고 가서 시험 전에 학생들에게 나누어주었고, 그다음 중간고사 때는 아무런 깜짝 선물도 주지 않았다. 각각의 시험에는 관념적 유창성을 검사하는 문제를 하나씩 슬쩍 끼워 넣었다. 그 결과, '초콜릿' 시험에서 더 많은 아이디어들이 나왔다. 당이 높아서였는지, 초콜릿이 흥분제 역할을 해서였는지, 학생들이 예상치 못한 선물을 받고 기분이 좋아서였는지…… 아니면 초콜릿 실험의 성사를 원한 나머지 나도 모르게 초콜릿 시험을 더 쉽고 더 재미있게 내서였는지는 잘 모르겠다.(게다가, 인간 피험자 활용 심의 위원회로부터 허가를 받고 '공식' 실험을 한 것이 아니기 때문에 이 은밀한 초콜릿 실험은 과학적이라고 할 수 없다.)

하지만 예상치 못한 보상을 받거나 기분이 좋을 때 아이디어 발상과 색다른 연상의 가능성이 높아진다는 과학적 증거가 있다. 코넬대학의 앨리스 아이센과 동료들은 긍정적인 기분이 인지 능력에 미치는 영향을 연구했다. 그 결과, 실험 참가자들에게 예상 밖의 선물을 주면서 긍정적인 기분을 유발시켰을 때, 확산적 사고 점수가 더욱 높아졌다. 웃거나 재미있는 농담을 주고받은 후에 확산적 사고 점수가 더 높아진다는 사실을 발견한 연구들도 있었다. 긍정적인 기분이 창의성에 미치는 영향에 대한 광범위한 메타 분석을 실시한 암스테르담 대학의 마티이스 바스와 그의 연구진은 102건의 조사 연구를 검토한 결과, 긍정적인 기분이 관념적 유창성과 독창성을 높인다는 사실을 알아냈다.[7]

거꾸로, 확산적 사고 과제와 연관된 빠른 사고가 긍정적인 기분과 창의성을 높여주기도 한다. 최근에 프린스턴대학교의 에밀리 프로닌과 하버드대학교의 댄 웨그너는 프린스턴대학교 학생들을 대상으로 컴퓨터 화면에 빠른 속도로 올라가는 글을 읽으며 평소보다 훨씬 더 빨리 생각해야 하는 실험을 실시했다. 연구진은 빠른 생각이 긍정적인 기분뿐만 아니라 창의적인 느낌, 활력, 자존감 등도 높여준다는 사실을 밝혀냈다.(신속한 사고를 연습하려면 연결 훈련 6을 보라.)

연결 브레인세트에서 기분 상승과 창의적 과제가 짝지어질 경우 얻을 수 있는 또 다른 효과는 과제에 매진하여 완수하고자 하는 열의가 더욱 높아진다는 것이다. 거기에 동반되는 긍정적인 기분과 자존감은 장애물을 뛰어넘고 목표를 성취할 수 있다는 믿음으로 이어진다.

미시간대학교의 심리학자 노버트 슈워츠와 그의 동료들은 긍정적인 기분 속에 있으면 만사가 순조롭다고 느끼기 때문에 확산적이고 재기 넘치는 사고를 더 많이 하게 된다고 주장한다. 주변의 위협이나 다음 끼니에 대한 걱정이 없으면, 새로운 아이디어 탐구에 정신을 쏟을 수 있는 여유가 생긴다. 생존에 신경 쓰지 않아도 된다면, 문제에 대한 대안들을 두루 생각하고 그것들을 재기 있게 연결 지을 수 있다.

이렇듯, 연결 브레인세트는 확산적 사고, 기발한 연상, 그리고 내적 보상과 긍정적 기분이라는 동기 부여와 연관되어 있다. 이 장의 끝 부분에 소개된 훈련들은 이러한 창의성 향상 요인들을 활성화하는 데 도움이 될 것이다. 그러나 연결 브레인세트에 들어가는 다른 방법들도 있다. 하버드 의과 대학의 신경과학자 앨리스 플래허티와 내가 함께 진행한 연구에서 피실험자들은 1만 럭스의 밝은 빛에 2주 동안 노출된 후 확산적 사고 점수가 높아졌으며 활력이 넘치고 긍정적인 기분을 느꼈다.(1만 럭스는 계절정동장애의 치료에 사용되는 조명도다.) 시험해보진 않았지만, 이 결과는 야외에서 햇볕을 많이 쬐는 것이 확산적 사고에도 똑같은 영향을 미칠 수 있다는 사실을 암시한다.(물론 자외선 차단제를 꼭 발라야 한다. 그런다고 해서 밝은 빛의 치료 효과가 떨어지지는 않는다.)

주변의 아름다운 자연이 인지 능력에 미치는 영향을 조사한 연구도 있다. 바다, 숲, 아름다운 석양 같은 경치 속에서 시간을 보내면, 긍정적 기분은 높여주고 인지적 억제는 줄이는 내인성 오피오이드가 분비된다. 그렇게 되면 연결 브레인세트를 더 수월하게 활용할 수 있다.

2장에서 작성한 '소소한 즐거움들' 목록(B군 연습 문제 9번)을 보상물로 사용해서 긍정적인 기분을 이끌어낼 수도 있다. 하지만 실험 결과들을 보면, 단순히 좋은 기분이 확산적 사고나 연결 브레인세트를 불러일으키는 것은 아니다. 이러한 효과를 얻으려면 기분을 긍정적인 방향으로 '바꾸어야' 한다. 경쾌한 음악이나 재미있는 농담을 듣고, 춤 같은 육체적 활동을 하는 것도 기분을 돋우는 데 도움이 된다.

그렇다면 '각성제'로 알려진 약들을 복용하는 것도 효과가 있을까? 암페타민이 확산적 사고에 미치는 영향을 조사한 연구들은 눈에 띄는 긍정적 혹은 부정적 결과를 아무것도 발견하지 못했다. 이는 아마도 암페타민 유형의 약들이 복용량에 따라 다른 효과를 보이기 때문일 것이다. 복용량이 아주 적을 경우, 암페타민은 인지적 억제를 낮출 수 있다.(이는 확산적 사고를 높인다.) 그러나 복용량이 조금 많으면, 억제를 높인다.(이는 창의성에 부정적인 영향을 미친다.) 주의력결핍과다활동장애(ADHD)에 대한 리탈린이나 암페타민 제제 치료법이 아이들의 창의성에 미치는 영향을 두고 논쟁이 점점 더 거세지고 있다.[8] 카페인이 창의성에 미치는 영향에 대한 연구는 거의 없다.(다만, 예술가들이 카페인을 더 많이 사용하는 경향이 있음을 밝힌 연구가 있다.) 다른 인지적 측면들에 대한 카페인의 효과를 연구한 데 따르면, 낮은 복용량은 유익한 영향을 미치는 반면 높은 복용량은 효과적인 사고를 방해한다.[9] '각성제' 논란의 결론은, 약의 복용이 연상적 사고를 높여준다는 가정을 뒷받침해줄 만한 과학적 증거가 아직 나오지 않았다는 것이다. 그런 약들은 복용량에 따라 반응이 달라지는 것처럼 보이기 때문에, 복용량의 경미한 차이는 창의적 사고를 높이기보다는 제한할지도 모른다.

연결 브레인세트의 신경과학

연결 브레인세트에 들어가면 뇌의 모습은 어떨까? 연결 브레인세트는 4장에서 설명했던 즉흥적인 경로와 의도적인 경로, 이 둘 모두의 요소를 결합하는 것처럼 보인다. 우선, 확산적 사고를 잘하는 사람들이 확산적 사고 문제를 풀 때 전전두엽에서 알파파의 정합성이 올라간다는 증거가 많다. 이는 의도적인 경로에 참여하는 측면의 실행 영역들이 살짝 비활성화되고 주의력이 흐려지는 상태를 암시한다. 하지만 연결 브레인세트는 아이디어들이 불시에 떠오르는 완전한 즉흥 상태는 아니다. 그보다는, 반쯤 즉흥적인 방식으로 아이디어들의 연결을 활발히 탐색하고 있는 상태다.

브리티시컬럼비아대학교의 칼리나 크리스토프와 그녀의 동료들은 의도적인 경로와 즉흥적인 경로의 사이에 있는 창의적 사고 유형을 제안했다. 나는 연결 브레인세트가 이 창의적 사고 패턴을 구현한다고 믿는다. 전전두엽 영역의 알파 정합성이 올라간다는(비활성화를 암시) 연구 결과가 있는 반면, 전전두엽이 휴면 상태에 비해 활성화된다는 연구 결과도 있다. 이렇듯 서로 모순된 연구 결과들을 '중간 유형' 해석이 설명해줄 수 있을 것이다.

연결 브레인세트와 연관된 과제를 풀 때 전전두엽 피질의 좌반구에 비해 우반구가 더 활성화된다는 사실도 밝혀졌다. 예를 들어, 관계없는 단어들 사이의 연관성을 찾거나 관계없는 명사들로 짧은 이야기를 만들어보라는 과제를 받은 피실험자들은 우반구 전전두엽이 더 활성화되었다. 타당한 얘기다. 우뇌가 활성화되면 주의 초점이 넓어지는 반면, 좌뇌가 활성화되면 초점이 좁아지는 것으로 알려져 있기 때문이다. 주의 초점이 넓어지면 아이디어들 간의 잠재적인 연결을 더 폭넓게 찾게 된다. 우뇌의 기능이 활발해지면 의미적으로 멀리 떨어져 있는 것들을 더 쉽게 연결 지을 수 있다는 사실도 증명되었다.[10] (따라서 대니얼 핑크가 2005년의 베스트셀러 『새로운 미래가 온다A Whole New Mind』에서 말했던 "우뇌형 인간이 미래를 지배할 것이다."라는 표현은 정곡을 찌른 것이다!)

마지막으로, 연결 브레인세트에서는 연합 중추가 활성화된다. 연상 활동에 몰두하는 뇌 상태니 당연한 얘기다. 이 영역들은 연상 훈련 중에 뚜렷이 활성화되는데, 의미론적 정보가 저장되는 뇌의 좌측에서 특히 두드러진다.[11]

연결 브레인세트의 주요 패턴은 흐린 집중력, 우뇌 전전두엽 영역의 우선적인 활성화, 측두엽/두정엽(특히 좌뇌)의 연합 중추 활성화로 이루어져 있다. 요점은 좌뇌 전전두엽의 상대적인 비활성화가 우뇌의 활동을 억제 상태에서 풀어주어 주의 초점을 더 넓히고 연합 영역을 더욱 활성화시킨다는 것이다.

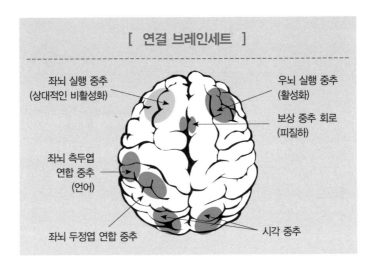

[연결 브레인세트]

좌뇌 실행 중추
(상대적인 비활성화)

우뇌 실행 중추
(활성화)

보상 중추 회로
(피질하)

좌뇌 측두엽
연합 중추
(언어)

좌뇌 두정엽 연합 중추

시각 중추

UC 샌프란시스코의 신경학자 윌리엄 실리와 브루스 밀러가 보고한 흥미로운 사례가 이러한 탈억제 해석을 보강해준다. 과학자이자 화가인 앤 애덤스는 뇌의 언어 중추에 영향을 미치는 원발 진행성 실어증이라는 퇴행성 뇌 질환에 걸렸다. 좌뇌 전전두엽 피질과 좌뇌 측두엽 일부가 크게 손상된 앤은 강력한 창작 욕구를 느끼기 시작했다. 뿐만 아니라, 물감으로 음악과 수학을 표현하는 것과 같은 특이한 '두 감각 통합' 주제를 표현하기 시작했다. 어찌 된 일인지, 좌뇌 전두엽에 결함이 생기면서 창작 욕구가 강해지고, 예술을 통해 관계가 먼 개념들을 아주 창의적으로 결합시켰다. 앤의 두 감각 통합 예술 표현은 음악을 '보고' 숫자를 '듣는', 두 감각을 통합하는 공감각 경험을 생각나게 한다.

✱ 공감각과 창의성

공감각은 뇌의 서로 다른 감각 시스템과 언어 시스템이 교차되는 특이한 상황이다. 따라서 공감각자들은 색깔을 '듣거나' 각기 다른 단어를 들을 때마다 다른 음을 떠올린다. 어떤 사람들은 글자를 색깔로 보기 때문에, 책을 읽을 때마다 온갖 색깔이나 음들의 폭격을 받을 것이다. 공감각은 유전되며, 일반 사람들보다 창의적인 사람들에게 7~9배 훨씬 더 높게 나타난다. 공감각자들을 오랫동안 연구한 UC 샌디에이고의 신경과학자 V. S. 라마찬드란은 그들의 좌뇌 연합 중추(좌뇌 모이랑과 모서리위이랑)의 구조가 다르다는 사실을 발견했다.[12] 사람들이 창의성 검사에서 특이한 연상을 만들 때 활발해지는 바로 그 영역이다.(아인슈타인의 뇌에서 이 부분만이 평균보다 더 컸다는 사실에 주목하자.) 1장에서 우리는 거의 연관성이 없는 요소들을 종합하여 새롭고 유용한 조합을 만들어내는 능력이 창의성의 기초라는 사노프 메드닉의 이론을 얘기한 바 있다. 공감각자들이 색다른 연합 중추를 가지고 있다는 사실은 창의적 성취자들의 과잉 활동을 설명해줄지도 모른다.

앤 애덤스가 보여준 이런 갑작스런 창작 욕구는 드물지만 아주 없는 것은 아니다. 전측두엽 치매로 좌뇌가 손상된 후 '갑작스럽게 왕성한 작품 활동'을 보인 다른 사례들도 보고되었다. 질병으로 좌뇌의 전전두엽 부분이 비활성화되면 억제되어 있던 창의적 욕구들이 전면으로 나서게 되는 것 같다. 한 가지 문제는, 좌뇌의 활발한 기능으로 억제되어 있는 이러한 창작 욕구를 우리 모두 가지고 있느냐, 아니면 어쩌다가 전측두엽 치매에 걸린 특정 개인들에게만 창작 욕구가 생기느냐 하는 것이다.

토미 맥휴의 사례가 이 문제의 답을 줄지도 모르겠다. 영국 리버풀의 공사장 인부였던 토미는 미술이나 시에 특별한 관심이 없었지만, 2001년에 일어난 한 사건이 그의 인생을 완전히 바꾸어놓았다. 동맥류를 앓아 전두엽을 다치는 바람에 뇌 수술을 받아야 했던 것이다. 수술을 받고 2주 정도 지났을 때 토미는 공책을 시들로 가득 채우고 수백 개의 스케치를 그리기 시작했다. 집으로 돌아오자마자 집에 있는 모든 벽을 그림으로 메우고 강박적으로 계속 그림을 그렸다. 뿐만 아니라 점토 조각에도 흥미를 가졌다. 창작에 대한 그의 욕구는 거의 집착에 가까워 보였다.

하버드대학교의 신경학자인 앨리스 플래허티가 내게 토미의 창의성 검사를 해보겠느냐고 물어오면서 나와 토미의 인연은 시작되었다. 토미 주변의 모든 사람들이 궁금해하는 문제는 그의 창작 욕구가 내재되어 있다가 풀려난 것인지, 아니면 전등 스위치를 계속 끄는 강박신경증 환자와 비슷한 강박장애의 징후인지 하는 것이었다. 안타깝게도, 그의 뇌출혈을 막기 위해 끼워 넣은 금속 션트 때문에 그의 뇌를 정밀 촬영할 수 없었다.(금속은 뇌 스캐너 안에 있으면 위험할 수 있다.) 그의 뇌를 볼 수 있다면, 그림, 조각, 저술에 대한 그칠 줄 모르는 욕구의 근원을 좀 더 알아낼 수 있을 것이다. 토미와 얘기를 주고받고 그의 작품을 관찰해본 나는 그가 자신의 새로운 재능과 창작 욕구를 만끽하고 있다는 느낌을 받았다. 그리고 그의 작품의 질은 끊임없이 향상되고 있다. 『네이처』지의 짐 자일스 기자와의 인터뷰에서 새로운 예술적 인생에 대해 질문받자 토미는 이렇게 답했다. "내 인생은 100퍼센트 더 좋아졌습니다."

토미의 전두엽 손상이 보상에 근거한 창작 욕구와 언어 및 시각의 관념적 유창성 모두를 풀어놓은 것처럼 보인다. 그는 계속해서 연결 브레인세트 상태 속에 살고 있는 것 같다. 토미의 작품들이 이제 세계적으로 인정받고 있어서 기쁘다.

언제 연결 브레인세트에 들어가야 할까

연결 브레인세트의 특징은 흐린 집중력, 우뇌의 활성화, 연합 영역의 활동 증가다. 이 활성화 패턴은 직업적 혹은 개인적 생활에서 창의적 문제 발견이나 해결을 위해 많은 아이디어들을 생각해내는 데 유리하다. 물론, 개방형의 창의적 문제를 해결할 때 가장 유용하게 쓰인다. 하지만 합리적 문제, 비합리적 문제, 비구조적 문제 어디에든 사용할 수 있다는 사실을 잊어서는 안 된다. 또, 창작 과정의 정교화 단계에서 연결 브레인세트를 사용하도록 노력해야 한다. 하나 이상의 방향이 있을 수도 있으니 연결 브레인세트를 사용해서 찾아보는 것이 좋다.

이 장에서 우리는 확산적 사고, 기발한 연상, 창작 욕구 상승, 이 모두가 서로 연결되어 있으며 연결 브레인세트를 통해 촉진될 수 있다는 사실을 배웠다. 연결 브레인세트는 창의적인 아이디어들을 많이 생각해내고 창의적인 프로젝트에 열의를 다할 수 있는 이상적인 뇌 상태다. 하지만 아이디어 발상으로 창작 과정이 끝나는 것은 아니다. 아이디어를 마구 냈다가 막상 실천하지 못하면 아무 소용이 없다. 다음 두 장에서 창의적인 프로젝트를 긍정적인 방향으로 이끌고 가기 위해 필요한 브레인세트들을 알아보자.

연결 브레인세트 훈련

연결 훈련 1 확산적 사고: 다른 용도

- **훈련의 목적:** 관념적 유창성과 확산적 사고 기술을 높이기 위한 훈련이다. 스톱워치나 타이머, 종이 세 장, 필기도구가 필요하다. 소요 시간은 9분이다.
- **순서:** 타이머를 3분에 맞춘 다음 통조림 깡통의 용도를 생각나는 대로 다 적어본다. 타이머가 울리면 멈춘다.

- 곧이어 타이머를 3분에 맞춘 다음 두 번째 종이에 흰색 음식을 생각나는 대로 적는다. 타이머가 울리면 멈춘다.
- 마지막으로 타이머를 다시 3분에 맞춘 다음, 세 번째 종이에 인간의 팔이 세 개라면 어떤 일이 벌어질지 생각나는 대로 적는다.
- 타이머가 울리면 자신의 기분을 확인해본다. 이 훈련 때문에 활력이 생겼는가, 아니면 지쳤는가?

평범한 가정용품들(신문, 클립, 벽돌 등등)의 다른 용도들과 특이한 육체적 조건(인간의 손가락이 여섯 개라면 어떨까 등등)을 생각해보는 확산적 사고 훈련을 하루걸러 한 번씩 꾸준히 한다.

토큰 경제 시스템을 사용하고 있다면, 이 훈련을 마칠 때마다 연결 토큰 1개를, 그리고 확산적 사고 훈련을 한 대가로 토큰 1개를 더 스스로에게 선물한다.

연결 훈련 2 **확산적 사고: 수다스런 친구**

- **훈련의 목적:** 개방형 문제에 많은 해답을 생각해내는 능력과 확산적 사고 기술을 향상시키기 위한 훈련이다. 스톱워치나 타이머, 종이 한 장, 필기도구가 필요하다.

- **순서:** 다음의 딜레마에 대해 고민해보자. 당신의 친구 론은 매주 업무 보고 회의 때마다 당신 옆에 앉는다. 론이 자꾸 말을 거는 바람에 가끔은 중요한 부분을 놓치기도 한다. 또 시시때때로 그가 와서 말을 거는 통에 작업을 마무리 짓지 못할 때도 있다. 하지만 친구의 기분을 상하게 하고 싶진 않다.

• 이 문제를 해결할 방법을 최대한 많이 생각해본다. 답들을 평가하려 들지 말고 창의력을 발휘해본다. 타이머를 3분에 맞추고 타이머가 울릴 때까지 답을 쓴다.

• 타이머가 울리면 그때까지 작성한 답들을 쭉 훑어본다. 놀랄 만한 아이디어가 나왔는가? 연결 토큰 1개를 스스로에게 상으로 내린다.

• 하루걸러 한 번씩 15분 이상 현실적인 문제(실제 문제 혹은 만들어낸 문제 모두 가능하다.)에 대해 의도적으로 확산적인 사고를 하려고 노력한다.

토큰 경제 시스템을 사용하고 있다면, 이 훈련을 마칠 때마다 연결 토큰 1개를, 그리고 확산적 사고 훈련을 한 대가로 토큰 1개를 더 스스로에게 선물한다.

연결 훈련 3 확산적 사고: 창의적 문제 찾기

- **훈련의 목적:** 주변에 변화를 일으킬 수 있는 것들을 인지하고 확산적 사고 기술을 높이기 위한 훈련이다. 스톱워치나 타이머, 종이 한 장, 필기도구, 창의성 일지가 필요하다.
- **순서:** 지하철이든, 백화점이든, 집의 거실이든, 책상이든 상관없다. 앉아서 쓸 준비를 한다.

- 타이머를 3분에 맞추고 타이머가 울릴 때까지 계속 쓴다.
- 주변을 둘러보고, 좀 더 순조로운 생활을 위해 개선, 수정 혹은 대체 가능한 사물들, 상황들, 절차들을 전부 적는다. 창의력을 최대한 발휘하고, 아이디어들을 평가하지 않는다.
- 타이머가 울리면 작성한 목록을 대충 훑어본다. 실천해볼 만한 아이디어들이 있는가? 그렇다면 그 아이디어들을 일지에 옮겨 적는다. 날짜를 쓰고 장소도 꼭 적어 넣는다.

토큰 경제 시스템을 사용하고 있다면, 이 훈련을 마칠 때마다 연결 토큰 1개를 스스로에게 상으로 준다.

　연상망의 활성화: 단어 연상

- **훈련의 목적:** 폭넓은 연상망을 활성화하고 확산적 사고 기술을 높이기 위한 훈련이다. 스톱워치나 타이머, 종이 한 장, 필기도구가 필요하다.
- **순서:** 타이머를 3분에 맞추고 타이머가 울릴 때까지 멈추지 않는다.

- '손'이라는 단어를 생각하면 떠오르는 단어들을 전부 적는다.
- 타이머가 울리면 작성한 단어들을 본다. 앞에 나온 'leaf'의 연상 도식과 비슷한 연상 도식을 만든다.
- 도식을 본다. '손'이라는 단어의 여러 의미와 연관된 단어들이 떠올랐는가? 가장 특이한 연상에 주목한다.

어떤 명사든 제시어로 사용할 수 있다. 토큰 경제 시스템을 사용하고 있다면, 이 훈련을 마칠 때마다 연결 토큰 1개를 스스로에게 상으로 내린다.

연결 훈련 5　연상망의 활성화: 단어 연상

- **훈련의 목적:** 폭넓은 연상망을 활성화하고 확산적 사고 기술을 높이기 위한 훈련이다. 종이 한 장과 필기도구가 필요하다.
- **순서:** 아무 책이나 펼쳐서 한 단어를 짚는다. 명사가 아니라면, 그 단어와 가장 가까운 명사를 고른다.(고유 명사는 안 된다.) 그 단어를 적는다. 오른쪽으로 밑줄 세 개를 그어 세 단어를 채울

공간을 만든다. 이제 책의 다른 쪽을 펼쳐 다른 명사를 고른다. 세 개 이하의 단어를 사용하여 두 명사를 연결 짓는다. 무작위로 고른 두 단어 '물고기'와 '돈'을 사용한 예를 보자.

물고기 　　바다　　요트　　부자　　돈

이제 두 단어로 연결 짓는다.

물고기 　　가오리　　지갑　　돈

마지막으로, 단 한 단어로 연결 지어본다.

물고기 　　황금　　돈
(fish)　　(gold)　(money)　　(*goldfish: 금붕어)

이 훈련을 변형해서 주변에서 두 명사를 찾을 수도 있다. 예를 들어, 차를 몰고 가다가 게시판이나 표지판에서 단어들을 고를 수 있다. 아이들과도 할 수 있는 재미있는 게임이다.

토큰 경제 시스템을 사용하고 있다면, 이 훈련을 마칠 때마다 연결 토큰 1개를 스스로에게 상으로 내린다.

연결 훈련 6 　생각의 속도 높이기
　– 훈련의 목적: 생각의 속도를 높이고 긍정적인 기분과 열의를 높

이기 위한 훈련이다. 스톱워치나 타이머, 예전에 재미있게 읽은 소설 한 권이 필요하다. 읽는 속도에 따라 12분 정도 걸릴 것이다. 이 훈련의 목적은 빨리 읽는 것이 아니라, 생각의 속도를 높이는 것이다. 그러니 첫 독서 속도가 느리다고 좌절할 필요는 없다.

- **순서:** 타이머를 5분에 맞추고, 책을 펼친다. 왼쪽 페이지의 맨 윗줄부터 오른쪽 페이지 끝까지 평소 속도대로 읽는다. 내용을 음미하고 이해할 수 있는 정도의 속도로 읽어야 한다. 타이머를 확인하고 두 쪽을 읽는 데 걸린 시간을 본다. 그 시간을 기록한다.

- 이제 첫 두 쪽을 읽는 데 걸린 시간보다 10초 더 적은 시간으로 타이머를 맞춘다. 다음 두 쪽을 타이머가 울리기 전에 내용을 이해하며 읽어본다.

- 이제 첫 두 쪽을 읽는 데 걸린 시간보다 20초 더 적은 시간으로 타이머를 맞춘다. 다음 두 쪽을 타이머가 울리기 전에 내용을 이해하며 읽어본다.

- 마지막으로, 원래 속도로 네 쪽을 읽는 데 걸린 시간을 계산해본다.(즉, 원래 시간의 두 배.) 그 시간보다 60초 더 적은 시간으로 타이머를 맞춘다. 다음 네 쪽을 타이머가 울리기 전에 내용을 이해하며 읽어본다.

이 훈련이 끝나면, 총 열 쪽을 읽고 그중 여덟 쪽은 가속으로 읽은 것이 된다. 이 훈련을 통해 약간의 활기와 흥분을 느낄 것이다.

이는 연결 브레인세트에 들어가고 있다는 징후다. 일주일 동안 하루에 한 번씩, 혹은 생각의 속도가 높아지는 느낌이 들 때까지 이 훈련을 한다.

토큰 경제 시스템을 사용하고 있다면, 이 훈련을 마칠 때마다 연결 토큰 1개를 스스로에게 상으로 내린다.

이성 브레인세트: 창의적인 아이디어를 구체화하라

바퀴에서부터 마천루까지, 우리의 모든 것과 우리가 가진 모든 것은
인간의 한 특성에서 비롯된 것이다. 바로 이성적인 두뇌의 기능이다.

– 에인 랜드, 『파운틴헤드』[1]

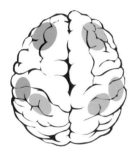

연결 브레인세트가 확산적 사고를 위한 활성화 패턴이라면, 이성
브레인세트는 수렴적 사고를 위한 활성화 패턴이다. 이성 브레인세트
에 들어가면, 전전두엽 피질의 실행 중추는 저장된 기억과 지식, 터
득한 기술들을 마음껏 사용하여 수렴적이고 논리적인 문제를 푼다.
이성 브레인세트에서 행해지는 사고는 의식적이고 의도적이며 순차
적이다. 꽃꽂이를 새로 한다든가, 시를 쓴다든가, 아니면 화성으로
가는 새로운 로켓을 개발한다든가 하는 창의적 프로젝트를 완수할
때는 이성 브레인세트라는 뇌 활성화 패턴이 필요하다.

이성 브레인세트에서 정신적인 안락을 느끼는 사람들이 많다. 여
기서는 정신 상태가 질서 정연하고 투명하기 때문에 무의식의 한구
석이나 지하에서 예측 불허의 놀라운 일이 새어 나오거나 불쑥 튀어

나오지 않는다. 이성 브레인세트는 우리의 정신 작업 공간 속에 있는 생각들을 통제할 수 있게 해준다. 지금 하고 있는 생각이 마음에 안 들면, 그 생각을 그냥 내쫓아 버리고 다른 방향으로 가는 것이다.

하지만 이성 브레인세트가 낯선 사람들도 있다.(내가 연구해본 많은 화가들과 음악가들이 그랬다.) 상당한 수의 예술가들은 '변형' 브레인세트에서 많은 시간을 보내며, 정신 속의 배를 의식적으로 몰기보다는 주변 환경에 반응하여 아슬아슬한 감정의 파도를 탄다.(10장 참고.) 이 범주에 들어가는 사람이라면, 이 장에 특히 주목해야 한다. 이성 브레인세트의 이점들을 취하기 위해 꼭 스타트렉의 스팍처럼 지독하게 이성적인 사람이 될 필요는 없다. 감정은 본래 모습 그대로 남아 있을 것이다. 단지 그 감정들에 배의 키를 맡기지만 않으면 된다.

연결·흡수·상상 브레인세트가 정신 안락 지대인 사람도 이 장을 주의 깊게 읽어야 한다. 아이디어 발상 단계를 지나 실행 단계로 넘어갈 때 논리적이고 단계적인 생각을 할 수 있는 비결이 있어야 하니까 말이다.

이성 브레인세트가 수렴적 사고의 중심지이기는 하지만, 이성 모드에 있다고 해서 수렴적 사고만 하는 것은 아니다. 비구조적인 개방형 문제들에 달려들기도 한다. 그러나 확산적 사고를 할 때처럼 수많은 답들을 빠른 속도로 만들어내는 것이 아니라, 한 번에 하나의 답만 만들어내고 시행착오 기법을 사용한다. 이성 브레인세트는 창의성에 이르는 의도적인 경로(4장 참고)를 위한 주된 활성화 방식이다. 어느 순간 갑자기 "아하!" 하고 창의적인 아이디어가 떠오르는 즉흥적인 경로(흡수 브레인세트를 통해 들어가는)를 더 선호하는 창의적인 인물들이 아주 많지만, 의도적인 과정을 좋아하는 창의적 명사들도 그에 못지않게 많다.

토머스 에디슨 같은 발명가들을 비롯해 많은 혁신자들은 논리적인 시행착오 방식으로 해법을 찾는 편을 더 좋아한다. 바흐와 같은 많은 작곡가들 역시 논리적 접근법으로 음악을 썼고, 명백한 관습을 따름으로써 새로운 작곡법을 개발해냈다.(브란덴부르크 협주곡에 대해 이미 얘기한 바 있다.) 리얼리즘과 트롱프뢰유(실물로 착각할 정도로 정밀하고 생생하게 묘사한 그림-옮긴이) 양식의 미술 또한 주로 이성 브레인세트를 통해 만들어진다.

설령 즉흥적인 경로를 선호한다 해도, 창의적 아이디어를 수정하고 다듬고 실행하기 위해서는 이성 브레인세트에서 많은 시간을 보내야 한다. 즉흥적인 통찰을 이성적 사고를 통해 개선하는 사례 중 가장 많은 논쟁을 불러일으키는 것이 새뮤얼 테일러 콜리지의 대표적인 시 「쿠빌라이 칸Kubla Khan」이다. 콜리지에 따르면, 아편에 취해 잠들었다가 깨어났을 때(그 당시 아편은 불법이 아니었고 다양한 질병에 처방되었다. 이때 이 낭만주의 시인은 전혀 낭만적이지 않은 이질에 걸렸던 것 같다.), 쿠빌라이 칸의 환영이 무의식적으로 떠올랐다. 어떤 의식적인 노력도 없이 시각적인 이미지와 언어적 묘사(후에 이것을 시로 썼다.)가 동시에 즉흥적으로 떠오르는 경험이었다.[2]

하지만 즉흥적인 경로를 인정하지 않는 비평가들(창의성 연구자들 중에도 있다.)은 콜리지가 소위 환영을 본 후 쓴 것과 발표된 시가 다르다는 점을 지적했다. 분명 콜리지는 환영의 내용을 상당 부분 고치고 손질했다. 비평가들은 이렇게 묻는다. 왜 함부로 환영에 손을 대겠는가? 이는 즉흥적인 작품 같은 건 없다는 증거가 아닐까? 이러한 비평에 대한 내 답은 다음과 같다. 창의적인 아이디어는 즉흥적으로 떠오르기도 하고 꽤 완전해 보일 때도 있다. 그렇지만 이성 브레인세트의 활약으로 더 나아질 수 있다! 천사들로부터 노래를 얻는다고 주장한 5장의 작곡가도 몇몇 부분은 손질을 가했다. 독창적인 아이디어를 어떤 방식으로 얻든 간에 그것을 생각해낸 다음 개선하고 손질하고 다듬을 가치가 있다……. 그리고 이 모든 일은 바로 이성 브레인세트에서 일어난다.

이성 브레인세트의 정의

이성 브레인세트는 우리가 일상적인 문제를 해결할 때 들어가게 되는 뇌 상태다. 하루 계획을 짤 때(세탁소에서 옷을 찾아오고, 회의에 참석하고, 애견 미용실에서 강아지를 데려오고, 테이크아웃으로 커피를 사온다.), 결정을 내리거나(시험공부를 할 것이냐 게임을 할 것이냐, 드라마를 볼 것이냐 뉴스를 볼 것이냐.) 문제를 해결할 때(토요일 파티 때 어떤 음식을 내놓을까, 말 안 듣는 아이에게 어떻게 숙제를 시킬까.) 이 상태를 이용한다.

그렇지만 이성 브레인세트가 이런 일상적인 문제에서만 활약하는 것은 아니다. 자신의 생각을 따라가 논리적인 결론에 이르는 철학자, 수학자, 과학자들의 정신적인 본거지이기도 하다. 즉, 이 브레인세트는 우리가 평범한 것에서부터 혁신적인 것까지 여러 가지 생각을 의식적으로 할 때 활발히 가동된다.

우선, '이성', '합리적', '논리적'이라는 말들의 의미를 정확히 짚고 넘어가자. 철학 분야에서는 각기 특정한 의미를 지니고 있지만, 현대 어법에서는 이 단어들을 거의 번갈아 쓰고 있다. 나도 번갈아 쓸 것이다. '이성'이란 우리의 관찰 사실들과 지식이 증명해준다고 믿는 가설과 결론에 도달하는 사고 유형이다. 여기에는 연역적 추리와 귀납적 추리 모두 포함된다. 이성은 또한 인과 관계 사고도 사용한다. 이성적인 세계에서 패턴이나 목적 없이 그냥 일어나는 일은 없다. 이성은 모든 결과에는 원인이 있다고, 지금 당장에는 알 수 없다 해도 반드시 원인이 있다고 가정한다. 따라서 이성적인 생각은 원인이나 결과를 판단하려는 시도라고 할 수 있다.

예전에 하버드대학교의 사무실을 같이 썼던 내 친구 수전 클랜시의 연구를 일례로 들어보겠다. 클랜시는 외계인들에게 납치된 적이 있다고 믿는 사람들의 기억 패턴을 연구했다. 그 결과, 많은 이들이 아주 이성적이었다. 좋은 직장에 친구들도 있고 가족과의 관계도 안정적이었다. 대부분은 정신병자가 아니었다. 『유괴당한 자들: 어떻게 사람들은 외계인에게 납치당했다고 믿게 되는가』라는 저서에서 클랜시는 "외계인에게 납치당했다는 믿음은 기묘하고 이상하고 당혹스런 경험을 설명하려는 시도를 반영한다."라고 주장한다.[3] 즉, 납치당했다는 믿음은 이상 결과의 원인을 이성으로 찾으려는 시도였던 것이다. 이러한 이상 결과들에는 밤중에 깨어났는데 큼직한 눈의 낯선 사람들이 침대를 내려다보고 있다거나, 몸을 꼼짝할 수 없는데 감각은 살아 있다거나, 아침에 깨어나 보니 몸에 없던 멍이 들어 있다거나, 차를 몰고 먼 곳으로 가고픈 이상한 충동이 든다거나, 별 이유 없이 코피가 난다거나, 이해할 수 없는 불편한 심기, 공포, 무력함이 느껴진다거나 하는 것 등이 있다. 과학자가 데이터를 수집하고 그 데이터를 설명하기 위해 가설을 만들듯이, 클랜시의 연구 대상자들은 이상한 경험이라는 데이터를 수집하고 그것을 설명하기 위한 가설을 만들어냈다. 이성은 이 결과들에 원인이 있다는 지령을 내리고, 외계인 납치 가설이 그 데이터에 꼭 맞아 들어간다. 이성이 항상 진실로 이어지는 것은 아니다. 하지만 진실은 저 너머에 있다고 하지 않던가!

이처럼 이성 브레인세트는 증거(과거 경험이나 지식)를 기반으로 가설과 결론을 형성하는 사고 유형을 반영한다. 마찬가지로, 이성 브레인세트에서 형성되는 관념, 의사 결정, 미래 계획 또한 과거 경험과 지식이라는 증거에 근거하고 있다.

이성 브레인세트를 정의 내리는 요소에는 3가지가 있다. 사고 과정의 의식적이고 의도적인 통제, 현실주의 혹은 실용주의, 순차적 처리. 이제 이 요소들을 하나씩 살펴보자.

사고 과정의 의식적인 통제

나는 생각한다, 그러므로 나는 존재한다.

(Cogito ergo sum.)

— 르네 데카르트

데카르트는 원래 이 유명한 한마디를 우리가 존재한다는 증거로 썼다. 생각은 존재한다.(내가 생각하고 있으니 틀림없다. 이것이 그의 논리였다.) 생각은 나와 분리될 수 없으니, 그러므로 나는 존재한다. 정말 시원스럽다. 이렇듯 생각에 대해 생각하는 것을 메타인지(metacognition)라고 한다. 생각의 방향을 의식적으로 돌리는 것은 아마도 인간의 특성일 것이다. 그러나 창의성 역시 인간의 한 특성이며, 앞서 보았듯이 창의성과 자주 연관되는 흡수·상상·연결 브레인세트로 들어가는 비결 중 하나는 의식적인 인지 통제를 자발적으로 늦추어 검열을 거치지 않은 혹은 부분적으로라도 검열되지 않은 아이디어들을 의식으로 들여보내는 것이다. 우리에게 지금 절실히 필요한 것은 검열되지 않은 아이디어들을 의식으로 흘려보내는 브레인세트와 생각을 적극적으로 통제하는 브레인세트 사이를 오가는 능력이다.(검열되지 않은 생각들의 흐름을 통제하는 훈련을 하려면 이성 훈련 1이 도움이 될 것이다.)

현실주의 혹은 실용주의

이성 브레인세트에 있으면 현실적이고 실용적으로 생각하는 경향이 있다. 말도 안 되는 생각을 하기보다는(수전 클랜시의 연구 대상자들은 자신들의 경험을 현실적으로 해석하는 데 실패하자 그때서야 외계인 납치 가설을 세웠다.) 분석적인 시각을 갖게 된다. 내가 원하는 것보다는 문제를 해결할 수 있는 방법을 실용적으로 생각한다. 그렇다고 해서 공상적이거나 상상력 풍부한 아이디어들을 무시하는 것은 아니다. 사실, 이성 브레인세트는 공상적인 아이디어를 취해 구체화하고 실용적으로 만들 수 있는 최적의 장소다.

5장에서 얘기했던 말하는 쓰레기통을 기억하는가? 솔라 라이프

스타일의 혁신적인 직원들이 어떻게 그런 아이디어를 생각해냈는지는 몰라도, 그들은 그 아이디어를 합리적이고 현실적인 사업 계획으로 다듬어 베를린 시민들에게서 좋은 반응을 얻어냈다. 태양 에너지로 작동되는 말하는 쓰레기통은 이제 전 세계의 많은 도시들에서 흔히 볼 수 있다. 상하이의 쓰레기통은 쓰레기를 버리는 사람들에게 감사 인사를 할 뿐만 아니라, 쓰레기 수거를 손쉽게 하기 위한 태양열 쓰레기 분쇄 압축기까지 갖추고 있다.(쓰레기 처리와 무슨 관계가 있는지는 모르겠지만, 그 쓰레기통들은 행인들에게 가장 가까운 공중화장실을 알려주는 일도 한다.) 핀란드의 쓰레기통은 핀란드 유명 인사들의 목소리를 사용하고 있으며, 행인이 쓰레기를 버릴 때 정치적인 발언까지 한다. 말하는 쓰레기통은 도시의 거리를 항상 깨끗하게 유지하는 아주 실용적인 성과를 올리고 있다. 이는 다른 브레인세트에서 착안되는 공상적인 아이디어가 이성 브레인세트에서 '실용화되는' 한 가지 예에 불과하다.

상상 브레인세트에서 생겨난 상상력 넘치는 아이디어가 이성에 의해 다듬어진 가장 큰 예는 J. R. R. 톨킨의 작품이다. 그는 중간계라는 환상 세계를 만들어, 호빗족, 요정들, 엘프들, 마법사들의 이야기로 여러 세대의 독자들을 사로잡았다. 하지만 톨킨이 만들어낸 환상 세계의 세부 내용들은 열렬한 팬들을 깜짝 놀라게 할 만큼 아주 현실적이다. 그는 자신의 세계에 사는 종족들을 위해 각각의 문법을 갖춘 완전한 언어들을 창조해냈고 상세한 지도도 만들었다. 그의 작품에 등장하는 인물들은 일관성 있고 식별 가능한 특성들을 지니고 있다. 요컨대, 중간계 자체는 환상이지만 중간계와 그 거주자에 대한 설명은 대단히 현실적이고 실제적이다.

이성 브레인세트의 실용적인 기능 중 하나는 문제 해결이다. 대부분의 사람들은 문제를 해결하는 효과적인 방법을 스스로 알아내지만, 다른 사람들, 특히 아주 창의적인 사람들은 이성적인 방식으로 문제를 해결하는 데 어려움을 겪는 것처럼 보인다. 내가 인터뷰했던 한 요리사는 울화통을 터뜨리는 것으로 문제를 해결했다고 얘기했다. 그런 방법도 효과는 있다……. 잠시뿐이라 탈이지만. 많은 사람들은 분노를 아주 불편하게 느끼고 다른 사람들의 분노를 잠재우려고 노력하지만, 결국에는 성난 사람들을 피하기 시작한다. 그러면 그 요리사와 같은 사람들은 왜 동료들이 자기를 피하는지 궁금할 뿐이다. 한 음악가는 울음을 터뜨려서 문제를 해결한다고 말했다. 그러면 남편이나 매니저가 알아서 처리해준다는 것이었다. 문제를 처리하는 전략이 술에 취하는 것이라고 말하는 사람들도 있다. 이러한 대처는 실용적이지 못하다. 문제가 해결되지 않거나 혹은 다른 사람들이 문제를 떠맡게 된다. 이성적인 전략으로 문제를 해결하면 기가 막힐 정도로 훨씬 더 생산적이다.(실용적인 문제 해결을 위한 단계들을 연습하려면 이성 훈련 2가 도움이 될 것이다.)

순차적 처리

이성 브레인세트에 있으면 순차적인 사고를 하게 된다.[4] 그래서 의식적으로는 한 번에 한 가지 일에만 집중할 수 있다. 동시에 서너 가지 일에 집중하는 것처럼 느껴질 때도 가끔 있을 것이다. 내 절친한 친구는 전화 통화를 하면서 손톱에 매니큐어를 칠하고 고속도로를 무서운 속도로 달리는 이 모든 일을 동시에 할 수 있다고 주장한다. 여러 개의 운동 프로그램이 동시에 작동할 수 있다는 사실을 암시하는 뇌 연구 결과가 있긴 하지만(액셀러레이터를 밟고, 매니큐어를 칠하고, 입을 움직여 말하기), 의식적인 생각은 한 가지 일에만 집중시킬 수 있다. 다중 작업을 하고 있다는 느낌은 사실 여러 갈래로 흐르고 있는 생각과 행동들 사이로 집중력이 순차적으로 이동하는 것이다.

의식적인 뇌는 순차적으로 생각할 뿐만 아니라 계획도 순차적으로 세운다. 미래 계획을 세울 줄 아는 능력은 전전두엽 피질의 실행 중추가 이루어내는 위대한 업적 중 하나다. 시간은 순차적으로 체험되고 일직선으로 나아가기 때문에(적어도 타임머신이 생기기 전까지는) 실행 중추의 계획 수립도 순차적으로 이루어진다. 미래 계획을 짜는 것은 기본적으로 목표를 설정하는 것이며, 뇌의 실행 중추는 매일 수백 개의 목표를 설정해준다.[5] 아침에 깨어나면(실행 중추가 우리에게 자명종을 맞추라는 지령을 내리지 않는 이상, 실행 중추도 마음대로 할 수 없는 일이다.) 실행 중추가 세워주는 목표에 따라 우리는 조심스럽게 침대에서 나가 욕실로 가서 하루를 준비한다. 양치질에서부터 출근, 저녁 식사까지 계획적인 행동을 할 때마다 목표가 하나씩 달성되고 있는 셈이다. 물론, 실행 중추는 훨씬 더 고상한 목표들도 세울 줄 안다. 지금 우리의 실행 중추는 로스쿨 입학 혹은 백만장자 되기, 아니면 금연을 계획하고 있을지도 모른다.

목표 설정이란, 자신에게 중요한 행동이나 상태를 달성하기 위해 순차적인 계획을 세우는 행위다. 목표는 창작에 꼭 필요하다. 하지만 흡수·상상·연결·변형 브레인세트가 더 편한 사람은 목표 설정에 의식적으로 많은 생각을 쏟지는 않는다. 그래도 목표 설정이 창작에 도움이 되는 점들도 있다.

- 동기 부여
- 시간 관리
- 성공 확률 상승
- 자신감 상승
- 인생을 내 뜻대로 이끌어가고 있다는 느낌

비결은 구체적인 목표들을 적어두는 것인데, 그 일을 할 수 있는 곳은 바로 이성 브레인세트다.(구체적인 목표를 설정하고 작성하는 연습을 하려면 이성 훈련 3이 도움이 될 것이다.)

이성 브레인세트의 신경과학

이성 브레인세트에 들어가면 우리의 뇌는 어떤 모습일까? 실행 중추 영역과 거기에 붙어 있는 회로가 큰 활기를 띤다. 이러한 활성화는 특히 좌뇌에서 두드러진다. 모든 오른손잡이와 많은 왼손잡이들의 경우에 언어 산출 중추가 좌뇌 전두엽에 있기 때문이다. 소리 내어 말하지 않아도, 말로 생각하면 이 영역이 활성화된다.[6]

자신이 시각적인 사고를 한다고 여기는 사람들이 많지만, 대개는 시각적 사고와 함께 언어적 사고를 사용하고 있다. 따라서 우리가 생각의 방향을 의식적으로 정할 때 언어의 사용과 좌뇌의 사용이 두

드러진다. 그런데 우리가 생각하고 있는 정보가 꽤 복잡한 것이라면 우뇌의 실행 중추까지 동원되기도 한다.[7]

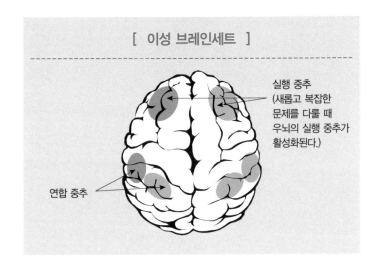

[이성 브레인세트]

실행 중추
(새롭고 복잡한
문제를 다룰 때
우뇌의 실행 중추가
활성화된다.)

연합 중추

　사람들이 뇌 스캐너 속에서 문제를 풀 때, 실행 중추와 좌뇌 연합령이 활발해진다. 의식적으로 문제를 해결하는 동안에는 전전두엽 피질에서 고주파/저진폭의 베타파가 활발해지고 알파파와 세타파의 활동은 줄어든다. 이러한 뇌파 패턴은 휴식을 취할 때보다 고의적인 사고를 할 때 전전두엽 피질이 더 활발해진다는 사실을 암시한다.(흥분, 경계, 의욕적인 집중 상태 동안에는 베타파가, 편안히 깨어 있는 상태에서는 알파파가 우세한 편이다. 베타파는 주의가 좀 더 집중된 상태, 알파파는 주의가 좀 더 산만한 상태와 연관된다.) 이성 브레인세트에서는 베타파가 우세한 반면, 흡수 브레인세트에서는 뇌파가 더 느려진다는 사실에 주목하자. 이는 이 브레인세트들에 수반되는 전전두엽의 활성화 및 비활성화를 증명해준다.

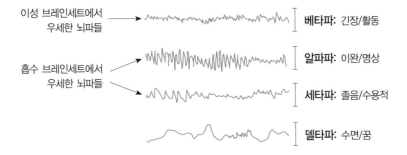

이성 브레인세트에서 우세한 뇌파들 → **베타파:** 긴장/활동

흡수 브레인세트에서 우세한 뇌파들 → **알파파:** 이완/명상

→ **세타파:** 졸음/수용적

델타파: 수면/꿈

마지막으로, 이성 브레인세트는 (휴면 중인 뇌 활성화 패턴과 대조적으로) 활동적인 브레인세트다. 따라서 생리학적으로나 정신적으로나 어느 정도까지는 각성되어야 한다. 글루타민산염, 도파민, 노르에피네프린 등의 각성 신경전달물질들이 증가한다. 이러한 각성 상태에 이를 수 있는 방법은 많다. 그중 가장 효과적이고 중요한 방법은 알맞은 운동으로, 산책을 하면 전두엽이 확실히 활성화된다.

또 어떤 방법이 있을까? 지난 장에서 카페인에 대해 언급했다. 분명 효과가 있긴 하다. 하지만 복용량에 따른 '신경과민'을 조심해야 한다. 클래식 음악으로 소위 '모차르트 효과'를 보는 건 어떨까? 모차르트는 우리의 뇌를 깨워주고 기분을 좋게 만들어주는 것처럼 보인다. 모차르트를 좋아하는 사람에게는 그럴 것이다. 이성적인 사고 능력도 올라갈까? 웨스턴미시간대학교의 에드워드 로스와 케네스 스미스가 실시한 연구에 따르면, 모차르트의 음악을 들은 경우, GRE(미국대학원입학능력시험) 성적이 눈에 띄게 올라갔다. 하지만 교통 소음으로도 똑같은 결과를 얻어냈다. 기본적으로 어떤 소리든 각성 수준을 올려주며, 이에 따라 전전두엽과 실행 중추도 더 많이 활성화된다.[8] 그러므로 자신이 좋아하는 비음성 음악이 지나치게 주의를 흩뜨려놓지만 않는다면, 이성 브레인세트에 들어가는 데 도움이 될 것이다.(이성 훈련 4와 5에는 이성 브레인세트에 들어가는 또 다른 방법들이 소개되어 있다.)

프로이트, 이성 그리고 신경과학

20세기 초반 창의성에 대해 단연 두각을 드러낸 프로이트의 이론에 대해 이쯤에서 얘기해보려 한다. 나는 대학원에서 '진지한' 인지과학자들은 프로이트를 논하지 않는다고 배웠다.('무의식' 같은 개념들은 시험 불가능하고 따라서 비과학적인 것으로 여겨졌다.) 그러나 의식적인 자각 아래에서 벌어지는 정신적 과정에 대해 점점 더 많은 사실들이 밝혀지면서 프로이트는 과학자들에게 어느 정도 존중을 받게 되었다.(뇌의 기능에는 분명 무의식적인 측면이 있으며, 프로이트의 주장대로 바로 그곳에서 많은 활동이 진행 중이다!) 아마도 나는 쌍방으로부터 비난받을 것이다. 프로이트 학설 신봉자들은 아주 복잡한 정신분석학적 내용을 내가 지나치게 단순화하고 있다고 생각할 것이고, 뇌 연구자들은 내가 논쟁적인 이론과 신경과학적 사실을 뒤섞고 있다고 말할 것이다. 하지만 나는 우리가 지금껏 논의해온 몇몇 아이디어들의 선구자가 바로 프로이트라고 보기 때문에, 모두에게 사과를 전하며 내 생각을 적어보겠다.

'일차적 과정 사고'와 '이차적 과정 사고'라는 프로이트의 개념들은 현재 신경과학자들이 말하는 즉흥적 경로와 의도적 경로를 잘 설명해준다. 프로이트에 따르면, 이차적 과정 사고란 자아(현실에 기반을 둔 의식적 인격)가 적극적으로 통제하는 합리적이고 순차적이며 현실적인 사고 유형이다. 이러한 이차적 과정 사고는 바로 이성 브레인 세트에서 일어난다. 원시적, 비합리적, 비순차적, 비현실적인 데다 상상력이 넘치며, 이드(자기만족을 구하기 위해 애쓰는, 환상에 기반한 무의식적 인격)에 의해 통제되는 일차적 과정 사고와는 완전히 다르다.

프로이트에 따르면, 일차적 과정 사고는 뇌와 자아 방어가 완전히 발달하지 못해 이차적 과정의 합리적 사고를 하지 못하는 아주 어린 아이들에게서 뚜렷이 나타난다. 자아가 완전히 성장한 후에는 약물로 유발된 정신 상태, 꿈, 정신병적 사건, 고열을 통해서만 일차적 과정에 들어갈 수 있다. 대체적으로, 성숙한 자아는 일차적 과정으로부터 보호받는다. 그러나 때때로 일차적 과정의 내용이 자아 방어를 교묘히 피해 의식 속으로 슬그머니 들어가기도 한다.

창의성에 이르는 즉흥적 경로에서 번개처럼 번쩍하고 찾아오는 깨달음의 순간이 바로 그와 같지 않은가? 실제로 에른스트 크리스는 1952년의 저서인『미술의 정신분석학적 탐구*Psychoanalytic Explorations of Art*』에서 창의적 인물들은 의식으로 갑자기 쳐들어오는 일차적 과정 사고를 하는 경향이 있다고 주장했다. 그는 창의적인 사람들은 덜 창의적인 사람들보다 이차적 과정 사고와 일차적 과정 사고 사이를 더 쉽게 오갈 줄 안다고 믿었다. 이러한 일차적 과정으로의 전환을 그는 '자아를 위한 퇴보'라고 불렀다. '퇴보' 과정은 두 부분으로 이루어진다. (1) 자아가 통제력을 거두고, 무의식에서 활발히 이루어지는 일차적 과정 사고의 천진하고 상상력 넘치는 정신 상태로 들어간다.(이는 창작 과정의 '깨달음' 단계와 일치한다.) (2) 자아가 통제력을 되찾고 일차적 과정에서 생성된 내용을 처리한다.(이는 창작 과정의 '검증'

단계와 일치한다. 4장 참고.)

자아를 위한 퇴보는 콜리지가 「쿠빌라이 칸」을 쓸 때 겪은 과정과 흡사하다. 또한 베이루트아메리칸대학교의 신경과학자 아르네 디트리히가 깨달음 단계와 검증 단계 동안 뇌에서 실제로 벌어진다고 주장하는 일과도 비슷하다. 전전두엽의 실행 중추들이 일시적이고 고의적으로 비활성화되어, TOP(측두엽, 후두엽, 두정엽)의 연합령에서 생성된 내용을 의식적 자각으로 흘려보내는 것이다.(디트리히는 이를 '일시적인 전두엽 기능 저하 가설'이라고 부른다.) 그러고 나서 전전두엽은 기능을 되찾아 이 새로운 정보를 처리한다.

비과학적이고 입증 불가능한 이론들로 과학자들에게서 오랫동안 비난받아온 프로이트는 뇌의 메커니즘 설명에 있어서 확실히 선견지명이 있었던 것 같다. 신경정신분석학이라는 프로이트 심리학은 뇌의 기능에 대한 현재의 지식에 프로이트의 이론을 연관시키는 작업에 매진하고 있다.

언제 이성 브레인세트에 들어가야 할까

우리가 지금까지 살펴본 다른 브레인세트들(흡수, 상상, 연결)이 '창의적인' 뇌 활성화 패턴으로 중요한 위치를 차지하고 있지만, 이성 브레인세트는 이 장의 첫머리에서 에인 랜드가 표현했듯 '우리가 가진 모든 것이 비롯된' 곳이다. 이성적으로 사고하고 계획을 세우고 결정을 내릴 줄 아는 능력은 우리가 행하는 모든 창의적 노력의 방향을 정해준다.

주변을 주의 깊게 관찰해보면 변화의 가능성이 있는 실질적이고 새로운 영역들이 보인다. 그러면 창의적인 노력을 통해 이익을 얻을 수 있는 문제들을 찾는 데 도움이 될 것이다.

다음으로, 이성 브레인세트는 창의성에 이르는 의도적인 경로에서 중대한 역할을 한다. 우리는 이성과 시행착오를 통해 창의적인 아이디어들을 생각해낼 수 있다. 창의적인 문제를 골라 '숙고하면' 독창적이고 유용한 해결책이 나오기도 한다.

사업 서류를 쓴다든가 혹은 자신의 일을 남에게 얘기해주는 창의적 행위에 대해 생각해보자. 글쓰기와 말하기 모두 단어들을 질서 정연하게 배치해야 하는 일이기 때문에 창의성이 필요하다. 말이나 글에 대한 아이디어는 영감을 받을 수도 있지만, 문법과 구문은 이성 브레인세트에서 조직된다. 이러한 조직이 이루어지지 않는다면, 내가 하는 말을 남들이 이해하지 못할 것이다.

창의적인 아이디어를 하나 얻으면, 그것으로 무엇을 할 것인지 결정하기 위해서 이성 브레인세트가 필요하다. 그 아이디어를 검증해본 다음 수정하고 다듬어야 한다. 또한 그 아이디어를 다른 이들에게도 유용하게 하려면 어떻게든 실행해야 한다. 이 모든 일에는 최고의 이성 브레인세트 사고가 필요하다.

이 장의 중요한 메시지이자 이 책의 주요한 요점은 즉흥적인 경로를 통해서든 의도적인 경로를 통해서든 아무리 창의적인 영감이 떠오른다 해도, 그 독창적인 생각을 창의적 성취로 전환하여 모두에게 이로움을 주기 위해서는 이성 브레인세트와 전전두엽 실행 중추의 활약이 꼭 필요하다는 것이다.

하지만 너무 앞서 가도 안 된다. 아이디어를 손질하고 실행하는 데 시간과 노력을 쏟아붓기 전에 과연 가치 있는 일인지 먼저 확인을 거쳐야 한다. 아이디어를 평가하는 것은 완전히 다른 정신 상태인 평가 브레인세트의 영역이다. 다음 장에서 우리의 작업을 평가하는 데 도움이 되는 브레인세트에 들어가는 방법을 배울 것이다. 또한 남들의 평가와 비판을 다루는 법도 배우게 될 것이다.

이성 브레인세트 훈련

이성 훈련 1 생각의 의식적인 통제: 사고 중단법

- **훈련의 목적:** 생각의 방향을 의식적으로 정하고 논리적 사고에 방해되는 쓸모없는 생각을 중단하는 능력을 향상시키기 위한 훈련이다. '사고 중단법'이라 불리는 이 기법은 임상심리학에서 환자들의 분노나 불안한 생각을 조절하기 위해 사용해온 행동요법이다. 강박증 치료에는 제한된 효과를 보여주었지만, 분노 조절과 우울증 예방에는 효과가 높다는 연구 결과가 있다. 이 훈련에는 인덱스카드와 필기도구가 필요하다. 사고 중단 카드를 준비하는 데 5분 정도 걸릴 것이다. 원치 않는 생각이 떠오를 때마다 카드를 이용해서 연습하면 된다. 앞으로 2주 동안 훈련해보자.
- **순서:** 특정 생각들을 알아채자마자 스스로에게 멈추라고 말한다. 심란한 생각을 그만두라고 명령하는 말이나 심상을 이용한다. 먼저, 부정적이거나 심란한 생각을 멈추도록 스스로에게 명령할 수 있는 말들을 보자.

"이런 생각은 멈춰야 해."

"이런 생각에 넘어가면 안 돼."

"거기까지 가면 안 돼."

"이런 생각은 당장 멈춰!"

"정신적으로 그냥 떠나버려."

"이런 생각은 전혀 도움이 안 돼."

- 마음에 안 드는 생각이 떠오르면 위의 명령들을 스스로에게 내리는 상상을 한다. 자신에게 효과적일 것 같은 문장을 네 개 이상 골라서 인덱스카드의 한쪽 면에 적는다.
- 부정적인 생각을 멈추는 데 도움이 될 만한 명령문을 두 개 이상 더 적는다. 이미 선택한 명령문 밑에 적는다. 부정적이거나 원치 않는 생각들이 정신적인 작업 공간에 끼어들 때 머릿속으로 사용할 수 있는 명령문이 최소한 여섯 개 생겼다.

원치 않는 생각을 중단하는 데 언어적인 명령보다는 시각적인 명령을 선호하는 사람들도 있다. 그 예를 보자.

일시정지 표지판

빨간색 정지 신호등

정지를 뜻하는 동작으로 들어 올린 손

'no'를 의미하는 국제적인 상징(원에 사선을 그은 모양)이나 X표

폭포처럼 마음을 안정시키는 광경으로 시선을 돌리게 하는

화살표

헤드폰을 끼고 마음을 달래주는 음악을 듣고 있는 사람

- 마음에 안 드는 생각이 떠오르면 이 이미지 명령들을 머릿속에 떠올려본다. 자신에게 효과적일 것 같은 명령을 세 개 이상 골라 인덱스카드의 뒷면에 적는다.
- 부정적인 생각을 즉시 중단하는 데 도움이 될 만한 심상을 두 가지 이상 더 적는다. 나쁜 생각이 머릿속 화면을 따라 쭉 올라가다가 작은 알갱이로 깨진 다음 사라져버리는 이미지도 좋다.
- 원치 않는 생각이 불쑥 떠오를 때마다 생각을 중단시켜주는 언어적 혹은 시각적 명령을 사용한다. 부정적인 생각의 기력이 빠질 때까지 계속한다. 15분 정도 걸릴 수 있지만 포기해선 안 된다. 부정적인 생각에 또 휘둘릴 수는 없다.

토큰 경제 시스템을 사용하고 있다면, 사고 중단법 카드를 만들고 나서 이성 토큰 1개를, 그리고 이 기법을 성공적으로 사용할 때마다 또 토큰 1개를 스스로에게 상으로 내린다.

이성 훈련 2) 문제 해결 과정의 9단계

간단한 이 훈련을 통해 실질적인 성과를 얻을 수 있다. 문제 해결 연습을 많이 할수록 개인적인 문제나 창의적인 문제에 이 기술을 더 수월하게 적용할 수 있다. 다음의 문제 해결 과정은 afterdeployment.org 프로젝트에 대한 내 연구를 수정한 것이다. 문제에 정면으로 대처하기가 어렵다면, 그리고 자신의 정신 안락 지대가 상상·연결·변형 브레인세트라면, 이 과정이 큰 도움이 될 것이다.

– 1단계: 문제 인식

- 문제가 있다는 것을 가장 뚜렷이 알 수 있는 신호는 부정적인 감정이다. 스트레스, 불안감, 수치심, 우울함이 느껴지면, 문제를 처리하라는 신호일 수도 있다.

– 2단계: 문제 규명

- 진짜 문제가 무엇인지 판단하고 그 원인을 아주 구체적으로 생각한다.

– 3단계: 목표 설정

- 문제를 해결하기 위한 아주 구체적인 목표를 설정한다. 자신의 능력을 벗어나지 않는 목표여야 한다.

– 4단계: 브레인스토밍

- 연결 브레인세트를 조금 사용하여, 설정된 목표를 만족시킬 만한 모든 가능한 해결책들을 자유롭게 생각해본다. 마음을 열고 창의적으로 해결책을 찾는다. 브레인스토밍을 할 때는 어떤 해결책도 판단하려 들지 말고 그냥 흘러가도록 내버려둔다. 엉뚱해 보이는 아이디어라도 평가하지 않고 적어둔다.

– 5단계: 해결책 평가

- 평가 브레인세트를 조금 사용하여 해결책들의 장단점을 쭉 적어본다.

– 6단계: 장단점을 근거로 최선의 해결책 선택하기

- 모든 합리적인 해결책들의 장단점을 살펴본 후 최선의 해결책을 선택한다.(문제 해결 전문가들은 장점이 가장 많은 해결책보다는 단점이 가장 적은 해결책을 고려해보도록 권한다.)

- **7단계: 계획 세우기와 실천!**
- 이제 해결책들을 실행에 옮길 구체적인 계획을 세울 차례다. 계획을 여러 단계들로 나누고 각 단계의 마감 기한을 정한다.(이성 훈련 3: 목표 성취의 3단계에서 더 구체적으로 알아보자.)

- **8단계: 성취도 평가**
- 계획을 열심히 실천한 뒤 그 해결책이 효과가 있었는지 판단한다. 3단계에서 세웠던 목표를 달성했는가?

- **9단계: 첫 번째 해결책이 효과가 없었다면 다음 해결책 시도!**
- 해결책이 효과가 있었다면 부정적인 감정들이 줄어들었을 것이다. 효과가 없었다면 올바른 해결책을 찾을 때까지 그다음의 해결책들을 계속 시도하면 된다. 반드시 구체적인 계획을 세우고 거기에 충분한 시간을 투자해야 한다!

문제 해결은 기술이다. 그러므로 여느 기술이 그렇듯, 숙달을 위해서는 연습이 필요하다. 이 과정을 이용하여 문제에 정면으로 맞서야 한다. 그러면 머지않아 합리적이고 실용적인 해결책들을 생각해내는 달인이 될 것이다.

토큰 경제 시스템을 사용하고 있다면, 문제 해결 과정의 단계들을 이용하여 문제를 풀 때마다 이성 토큰 5개를 스스로에게 상으로 내린다.(이 훈련에 대한 보상이 큰 이유는 문제 해결이 창의성뿐만 아니라 인생의 모든 측면에도 아주 중요한 기술이기 때문이다.)

이성 훈련 3   목표 성취의 3단계

– 1단계: 자신에게 중요한 창의적인 목표를 하나 적는다.

- 자신의 목표를 생각해본다. 5~6년 후 자신의 인생이 어떤 모습이면 좋을지 상상해본다. 어떤 일이 성취되어 있으면 좋을까?

- 목표를 부정적인 문장보다는 긍정적인 문장으로 만든다.

- 다른 사람이나 사회가 원하는 것이 아닌 자기 자신의 희망을 반영하는 목표를 정한다. 진심에서 우러나오는 목표여야 최대한 효과적으로 성취할 수 있다.

- 목표는 최대한 구체적으로 세운다.

- 도전적이면서도 동시에 현실적인 목표여야 한다. 너무 어려운 목표라면, 초조함과 좌절감을 느낄 것이다. 너무 쉬우면, 지루해서 동기를 잃고 말 것이다. 조금 힘들지만 불가능하지는 않은 목표를 세워야 한다.

예: 론은 재능 있는 조각가다. 몇 년 전 정원에 세울 청동 조각상들을 생각하며 스케치를 여러 장 그렸지만 계속 작업을 미루고 있었다. 회사의 구조 조정으로 그래픽 디자이너 일을 잃자 그는 예전 아이디어를 다시 작업해보기로 했다. 그리고 다음과 같은 목표를 적었다.

"내 목표는 앞으로 2년 안에 내 조각상들 중 세 점 이상을 제작하고 파는 것이다."

(얼마나 긍정적이고 구체적이며 합리적인 목표인가.)

- 2단계: 목표 달성을 위한 계획을 세운다.

- 우선, 주요 목표를 실현하기 위해 먼저 성취해야 할 '소목표'들을 모두 적는다. 이를 위해서는 조금의 조사가 필요할 것이다.
- 소목표들의 목록을 작성하고 나면 연대순으로 정리한다. 큰 목표에 이르기 위해서는 어떤 순서를 따라야 할까?

예: 론의 소목표들은 다음과 같다. 스케치된 조각상들의 모형 만들기, 주물 뜨기, 조각상을 아주 섬세하게 주조해줄 주조 공장 찾기, 작품 주조, 조각상 팔기.

- 이번에는 정말 구체적이어야 하는 단계다. 이 부분 역시 조사가 필요할 것이다. 소목표들을 성취하기 위해 필요한 모든 것들을 목록으로 작성한다.
- 이제 첫 번째 소목표의 각 단계를 위한 시간표를 짠다. 스프레드시트를 이용하면 좋다.

예: 론의 소목표를 위한 시간표

소목표: 주조 공장에서 조각상들 주조하기	기한
1. 클로드에게서 의뢰받은 새 스케치를 끝내서 주조 공장 대금 준비하기	9월 10일
2. 주조 공장으로 주물 가져가기	9월 12일
3. 테스트용 조각상 검사하기	9월 30일
4. 주조 공장에서 작품 찾아오고 대금 치르기	10월 10일

- 첫 번째 소목표가 거의 다 달성될 즈음, 두 번째 소목표를 위한 시간표를 짠다.
- 뜻밖에 일어날 수 있는 일이나 차질을 생각하고 시간표를 짜야 한다. 난관들을 미리 염두에 두면, 그런 일이 일어났을 때 큰 피해가 없을 것이다.

– 3단계: 계획 이행하기

- 최대한 빨리 시작하되 자기 속도를 유지한다. 목표를 향한 첫발을 디딜 때 요란을 피우고 감당 못 할 속도를 내는 사람들이 많다. 목표를 향해 천천히 그리고 진득하니 나아가야 한다.
- 시간을 정기적으로 달력에 기재하여, 목표를 향한 여정이 무엇보다 우선시되고 있음을 확인한다. 또, 생각지 못한 장애물이 불쑥 튀어나오면 되돌아가서 목표 날짜를 수정하면 된다. 난관 하나로 계획 전체를 무너뜨려선 안 된다!
- 목표를 적어서 붙여놓고 매일 곱씹어본다. 매일 아침 일어나서 목표를 보고, 그것을 이미 성취한 것처럼 상상해본다. 그리고 매일 밤 잠자리에 들기 직전에 또 한 번 목표를 본다. 낮 동안에 어떤 결정을 내릴 때마다 스스로에게 묻는다. "이 결정으로 목표에 더 가까워질까, 아니면 더 멀어질까?"
- 소목표 하나를 달성할 때마다 스스로에게 상을 내린다. 그리고 드디어 목표를 달성하면 얼마 동안 성취감을 음미한 다음 또 다른 도전적인 목표를 세운다.

토큰 경제 시스템을 사용하고 있다면, 창의적인 목표를 세우고 실천 시간표를 작성한 상으로 이성 토큰 5개를 스스로에게 선물한다.

이성 훈련 4 실행 중추 활성화: 암기

- **훈련의 목적:** 실행 중추와 연관된 전전두엽 회로를 활성화하는 능력을 높이기 위한 훈련이다. 해마처럼 학습과 연관된 피질 하부 영역 역시 이 훈련을 통해 활성화된다. 좋아하지만 외우고 있지는 않은 시 10편이 필요하다. 시집이나 인터넷에서 찾은 시들을 인쇄하거나 종이에 옮겨 쓴다. 소요 시간은 사람마다 다를 것이다.
- **순서:** 컴퓨터나 스마트폰을 통해 전자 정보를 점점 더 쉽게 이용할 수 있게 되면서 암기의 필요성이 줄어들었다. 그러나 암기는 학습 및 실행 기능들과 연관된 뇌 회로를 활성화할 수 있는 효과적인 도구다.

- 먼저, 시들을 짧은 시부터 긴 시의 순서로 정리한다. 이것이 '이 주의 시'가 된다.
- 1~2일 동안 시를 외운다. 꽤 긴 시를 선택했다면 더 많은 시간이 필요할 것이다.
- 다 외웠다면, 7일 동안 매일 그 시를 암송한다.
- 10주 동안 매주 시 1편을 외우고 암송한다.

암기와 기억 인출은 인지 기술을 강화시켜주며 우리가 이성 브레인세트에 들어가게 해준다. 게다가, 영감과 감동을 주는 작품에 몰두했던 만큼 창의적인 작업에도 도움이 될 것이다.

토큰 경제 시스템을 사용하고 있다면, 매주 시 1편을 외우고 암송할 때마다 이성 토큰 2개를 스스로에게 상으로 내린다.

이성 훈련 5 　실행 중추 활성화: 전문가가 되라

- **훈련의 목적:** 실행 중추와 연관된 전전두엽 회로를 활성화하는 능력을 키우기 위한 훈련이다. 해마처럼 학습과 연관된 피질 하부 영역 역시 이 훈련을 통해 활성화된다. 이 훈련을 위해서는 인터넷에 접속할 수 있어야 하고, 자유롭게 쓸 수 있는 시간을 확보해야 한다.
- **순서:** 전혀 모르거나 좀 더 알고 싶은 하나의 주제를 고른다. 논문을 찾아보지 않고도 이해할 수 있는 비교적 제한된 주제여야 한다. 예를 들면, 나무를 오르는 사자, 베토벤의 일생, 미국의 야생화, 휴대 전화 방사선 등이 될 수 있다.

- 인터넷과 학문적 자료를 모두 이용해 이 주제에 관해 배운다. 주제를 벗어나지 않도록 조심한다. 조사 과정에서 다른 주제에 정신이 팔리기 시작하면 그것을 적어두고 원래 주제로 다시 돌아간다.
- 주제에 대해 메모를 하고 컴퓨터 파일을 만든다. 빈틈없이 철저히 해야 한다. 한 가지 자료에서만 모든 정보를 구하기보다는 많은 자료들을 조사해보는 것이 좋다.
- 두 달마다 새로운 주제를 정한다.

- 골랐던 주제 영역의 추이를 계속 지켜보며 정기적으로 업데이트 하고, 전문적인 주제들을 다시 검토해본다.

이 훈련은 지식을 나눌 수 있는 다른 사람과 함께 하면 재미있게 즐길 수 있다. 이 훈련은 이성 브레인세트를 활성화해줄 뿐만 아니라, 지적 호기심까지 높여준다. 새로운 전문 지식을 갖추면 좀 더 흥미로운 사람이 될 수 있으며, 창의성을 발휘할 새로운 영역을 찾을 수도 있다.

토큰 경제 시스템을 사용하고 있다면, 주제 하나를 조사할 때마다 이성 토큰 3개를 스스로에게 선물한다.

평가 브레인세트: 유용한 아이디어를 알아채라

좋은 판단은 경험에서 비롯되고,
그중 많은 경험은 나쁜 판단에서 비롯된다.
― 윌 로저스

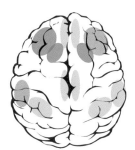

흡수·상상·연결·이성 브레인세트에서 정말 흥분할 만한 독창적이고 참신한 아이디어들을 많이 생각해냈다. 그럼 이제 어떻게 해야 할까? 참신한 아이디어를 발상하는 것은 창작 과정에 꼭 필요하지만, 그 반짝이는 아이디어들 중에 실현 가능한 것들을 골라내는 작업 또한 아주 중요하다. 좋은 아이디어와 나쁜 아이디어를 구분하지 못하면 참신한 아이디어를 아무리 많이 생각해낸들 소용이 없다. 우리가 이제 막 낳아놓은 그 소중한 아이디어들을 어떻게 하면 공정하게 평가할 수 있을까?

우리는 판단 능력을 가진 굉장한 뇌 구조를 갖추고 있다. 사실, 전전두엽 피질의 상당한 부분이 이 일에 전념한다. 빠르면서도 정확한 결정이 생존에 아주 중요하기 때문이다. 예를 들어, 우리의 원시인 2

는 은행나무 뒤에서 움직이고 있는 형체가 먹잇감인지 육식성 짐승인지 판단할 줄 알아야 했다. 덩굴에서 자라고 있는 달콤한 딸기가 독성인지 아닌지, 다가오고 있는 낯선 이가 친구인지 적인지 판단해야 했다.

닐리니 앰버디와 로버트 로젠살은 첫인상에 근거한 민첩한 판단 능력을 측정하는 일련의 실험들을 하버드대학교에서 실시했다. 그들은 학부생들에게 고등학교 교사들의 수업 장면을 찍은 아주 짧은 영상들을 보여주었다. 교사의 목소리를 들을 수 없도록 오디오가 제거되었고, 교사들의 긍정적이거나 부정적인 특정 행동들에 집중하지 않도록 긴 강의들의 일부를 무작위로 골라낸 영상들을 썼다. 그래도 학생들은 10초짜리 영상을 본 후 어떤 교사가 높은 평가(교장이 매긴 수행 평가 점수)를 받고 어떤 교사가 낮은 평가를 받았는지 확실히 판단할 줄 알았다. 그러고 나서 앰버디와 로젠살은 5초짜리, 그다음엔 2초짜리 영상으로 똑같은 실험을 실시했다. 학부생들은 아무런 훈련도 받지 않았지만 단 5초 만에 좋은 교사와 나쁜 교사를 구분할 수 있었다.(2초 영상에서는 판단력이 조금 떨어졌다.)

우리 인간이 이렇듯 정확하고 신속한 판단을 내릴 수 있는 것은 '한눈에 평가하는' 능력이 우리가 하는 모든 일에 중요하게 작용하기 때문이다. 창의성과 혁신에 관계된 일이라면 더욱 그렇다. 그러나 많은 사람들, 특히 내가 연구하는 창의적인 사람들 중 많은 이들이 이 부분에서 상당한 어려움을 겪는다. 그 이유 중 하나는 그들의 정신 안락 지대가 아이디어 발상 브레인세트(특히 흡수, 상상, 연결)라 평가 브레인세트에 들어가는 방법을 잘 모르기 때문이다.

기본적으로 평가 브레인세트는 주변의 한 측면을 판단하는 일에 집중하고 있는 뇌 상태다. 창의적인 과정에서 주변의 한 측면이란 물론 우리의 창작품이다. 평가는 까다로운 일이며 자존감과도 밀접하게 연관된다. 자존감은 동기 부여에 영향을 미치기 때문에 지나치게 비판적이면 창작 자체가 멎어버리는 사태가 벌어질 수도 있다.(전형적인 제2종 오류.) 반면 충분히 비판적이지 않으면, 실행 가능성이 낮은 아이디어나 프로젝트에 시간을 낭비하게 된다.(감정적으로는 덜 괴롭지만 여전히 불쾌한 제1종 오류.)[1]

창의성과 혁신에 꼭 필요한 3가지 요소가 평가 브레인세트를 규정한다. 바로, 적극적인 판단, 초점 주의, 감정 배제다. 표면상으로(그리고 그 밑에 깔려 있는 뇌 활성화 패턴에서) 평가 브레인세트는 무비판적이고 집중 상태가 흐린 흡수 브레인세트와 정반대된다. 이제 평가 브레인세트의 각 요소를 살펴보자.

적극적인 판단

판단을 내리는 목적은 미래를 예측하는 능력을 높이기 위한 것이다. 이런저런 일들과 경험들을 분류하고 판단하는 것은 인간의 성향이다. 다음에 또 그런 일이 닥쳤을 때 당황하지 않도록 깔끔하게 분류해서 정리해놓는 것이다. 판단의 한 형태로서 분류는 훗날 과거의 경험에 기초하여 신속하게 결정을 내릴 수 있게 해준다. 예를 들어, 코스타리카에서 바퀴벌레들이 우글거리는 호텔에 묵었다면, 그곳을

'안 좋은' 곳으로 분류할 것이다. 반면, 기대에 부응하는 호텔에 머물렀다면 그곳을 '좋은' 곳으로 분류하게 된다. 어느 쪽이든, 이러한 분류 덕분에 다음번에 그곳을 여행할 때는 숙소를 결정하기가 더 쉬워진다.

판단은 의사 결정의 효율성을 높여주긴 하지만, 유연성을 줄이고 폐쇄성을 늘린다. 또한 다른 가능성을 생각할 수 있는 기회도 줄여버린다. 한 소설 작품을 '나쁜' 것으로 판단해버리면, 나중에 다시 생각하면 좋을 수도 있는 훌륭한 인물이나 장면을 그냥 버리는 셈이 된다. 흡수 브레인세트에 있을 때 우리의 판단 욕구는 누그러지고 범주의 경계는 느슨해진다. 정신 안락 지대가 흡수 브레인세트라면, 자기 자신의 아이디어는 물론이고 무엇이든 판단을 내리는 것이 너무나도 싫을 것이다. 가능성의 수많은 문들이 삐걱삐걱 닫히는 소리밖에 들리지 않으니 말이다!

하지만 결정을 내려야 하는 시간은 꼭 찾아오고, 앞으로 나아가기 위해서는 다음 단계로 넘어가야 한다. 평가 브레인세트는 이를 허용할 뿐 아니라 가능케 한다. 평가 브레인세트에 있으면, 판단을 내리는 것에 대한 내적 보상을 받는다. 그래서 판단하고자 하는 압박감이나 충동이 느껴지는 것이다. 흡수 브레인세트가 편한 사람들은 단호한 판단이 아주 힘들겠지만, 고생 끝에 낙이 온다고 했다! 창작에 종사하는 많은 사람들이 판단과 평가를 힘들어하기 때문에(아이디어를 가려내는 것은 아이디어 발상과 정반대되는 것처럼 보이니까), 적극적인 판단을 두 부분으로 나누었다. 우선, 일반적인 판단 방법을 알아본 다음, 자신의 창의적인 아이디어를 판단하고 평가하는 법으로 넘어갈 것이다.

1. 일반적인 판단 방법

평가 브레인세트에 들어가는 연습을 하려면, 저장강박증 환자들에 대한 연구에 기초한 훈련을 하면 좋다. 강박적인 저장 행위는 여러 면에서 흡수 브레인세트와 반대된다. 흡수 브레인세트에서는 사고가 아주 유연해져, 가능성을 제한할지도 모를 판단을 피하기 때문이다. 반면 저장강박증 환자들은 아주 완고한 사고를 한다. 그러면서도 판단을 어려워하는데, 그들의 문제는 불안감에 근거한다. 저장강박증 환자들은 아무런 의미 없는 사탕 껍질이든 종이 쪼가리든 무언가를 버리는 것 자체를 아주 고통스러워하는 일종의 불안장애를 갖고 있다. 그들은 이 물건들을 소모품으로 판단하지 못한다. 그들이 생각하기에는 모든 것에 감정적 의미가 깃들어 있기 때문이다. 쓰레기를 버리려 하다가는 극도의 불안감을 느끼거나 심지어는 공황 발작까지 일으키기도 한다. 그래서 저장강박증 환자들의 집은 바닥부터 천장까지 폐물이 쌓여 있어 화재 위험이 높고 불쾌한 주거 공간이 되어버리기 일쑤다.

이런 문제를 해결하는 한 가지 방법은 강제 선택 상황을 제시하는 것이다. 예를 들어, 인지 행동 요법에서 저장강박증 환자들은 생활 공간에서 제거되어야 할 물건들을 제시받은 다음 그 물건들을 세 그룹으로 나눈다. 간직할 물건들, 팔거나 버릴 물건들, 일단 저장해두고 나중에 다시 생각해볼 물건들. 이런 식으로 저장강박증 환자들은 치료사의 감시 아래 힘든 판단을 내리고, 물건의 반 이상을 치워 생활 환경을 개선할 수 있다.[2]

창의적인 아이디어를 가려줄 치료사가 없어도 우리 스스로 강제 선택 기법을 이용할 수 있다.(흡수 브레인세트나 연결 브레인세트가 정신 안락 지대인 사람들에게 도움이 될 것이다. 엄청나게 축적되어 있는 아이디어들을 그냥 묵히는 일은 없어야 한다.) 창의적인 아이디어들을 '간직', '폐기', '저장' 부문으로 분류하면, 지금 진전시키고 주목할 가치가 있는 아이디어를 추릴 수 있다.(분류하고 우선순위를 매기는 연습을 하려면 평가 훈련 1과 2가 도움이 될 것이다.)

2. 아이디어와 진행 중인 작업 평가하기

심리학자인 미하이 칙센트미하이는 창의성에 대한 1996년 저서에서 노벨상 수상자인 화학자 라이너스 폴링의 예순 번째 생일 파티에서 있었던 한 일화를 소개했다. 어느 학생이 "폴링 박사님, 어떻게 하면 좋은 아이디어를 얻을 수 있나요?" 하고 묻자, 폴링은 "많은 아이디어들 중에 나쁜 걸 버리면 되지."라고 답했다. 사실, 창의적인 생산성과 비생산성은 아이디어를 평가하는 능력, 즉 '나쁜 아이디어를 버리는' 능력에 달려 있다. 그 분야의 '법칙'을 알고, 전문가들이 창작품을 평가하는 방식을 알아야 한다.(물론 시간과 경험이 필요하다. 11장의 '10년 법칙'과 비범한 성과를 참고하라.)

이 전제에 이의를 제기하는 사람도 있을 것이다. 혁명적이고 혁신적인 아이디어들은 결국 '고정 관념의 틀 밖에서' 떠오르는 것이 아닌가? 창의적인 사람들은 창조 작업을 할 때 기존의 법칙을 깨지 않는가? 맞는 말이다. 하지만 그들은 '시적 허용'을 사용한다. 즉, 규칙을 '알고', 창의적인 문제를 해결하기 위해 그 규칙을 깨기로 '선택하는' 것이다. 애초에 규칙을 모르는 것보다 더 창의적이다. 소네트의 규칙을 알지만 어떤 효과를 노리고 규칙을 깨기로 결정하는 시인을 생각해보자. 소네트가 뭔지도 모르고 시를 쓰고는 무조건 소네트라고 말하는 초보자보다 더 높은 수준의 창의적인 작품을 써낼 것이다.

자신의 분야(음악, 경영, 육아 등 창의적인 아이디어를 적용할 수 있는 모든 분야)에서 좋은 작업이 어떤 것인지 전혀 모른다면, 앞선 이들의 업적을 이용하고 있지 않다는 뜻이다. 이미 존재하는 것을 다시 창조하느라 온 힘을 쏟으며 헛수고를 할 위험도 있다.

안타깝게도, 내 수업을 듣는 심리학 신입생들이 늘 그런 실수를 보여준다. 그들은 혁명적이고 새로운 아이디어를 내고 그 아이디어를 발전시키는 데 몇 주를 보낸다. 그런 다음 내게 보여주면, 나는 미리 조사를 좀 했더라면 이미 완전한 개발을 마친 아이디어라는 사실을 알았을 거라고 알려주는 수밖에 없다. 딱한 일이지만, 자신의 분야에서 좋은 아이디어란 어떤 것인지, 그리고 이미 시도된 적이 있는지를 알려면 사전 조사를 해서 배경지식을 쌓는 수밖에 없다.

그러므로 창의적인 아이디어를 평가하는 첫 번째 방법은 같은 분야의 다른 작품들과 비교해서 판단하는 것이다. 그런데 자신의 창의적인 아이디어가 기존의 어떤 분야와도 관계가 없다면? 비교적 새로운 장르나 새로운 기술 분야라면 분명 있을 수 있는 일이다. 스티브 잡스와 스티브 워즈니악은 개인용 컴퓨터라는 아이디어를 기존 IT 업계와 비교해서 어떤 식으로 평가할 수 있었을까? 아이디어를 평가할 수 있는 일반적인 방법들이 있다.

✱ 창의적인 아이디어 평가하기

창의적인 아이디어를 신중하게 판단하려면 몇몇 수용 기준과 비교해봐야 한다. 좋은 아이디어의 구성 요소를 모르면 좋고 나쁜 아이디어를 판단할 수 없다. 창의적인 해결책을 생각하기 전에 염두에 둔 구체적인 목표가 있다면, 아이디어를 그 목표에 비교하여 평가할 수 있다. 구체적인 목표가 없다면(아이디어가 즉흥적으로 '머릿속에 불쑥 떠오를' 때 흔히 그렇듯), 모든 창의적 산물들을 기준으로 삼으면 된다.

이 아이디어는 독창적인가?	그렇다. 아니다.
누군가에게 도움이 되는 방향으로 조정 혹은 표현이 가능한가?	그렇다. 아니다.
이 아이디어가 사람들의 사고방식을 바꿀 수 있을까?	그렇다. 아니다.
이 아이디어가 내가 미리 세워놓은 목표에 부응하는가?	그렇다. 아니다.
그렇지 않다면, 다른 때에 추구할 만한 목표에는 부응하는가?	그렇다. 아니다.
아름다운가?(미적 가치가 있는가?)	그렇다. 아니다.

모든 답이 '아니다'라면, 그 아이디어는 버려야 한다. 첫 네 질문에는 '아니다', 마지막 두 질문에는 '그렇다'라는 답이 나왔다면, 현재 계획을 중단하면서까지 추구할 만한 가치가 있는 아이디어인지 아니면 기록하고 저장해놨다가 나중에 실행에 옮길지 판단해야 한다.

▼

창의적인 아이디어의 가치를 평가하는 기준과, 창의적인 아이디어를 받아들인 후의 작업 과정을 평가하는 기준은 서로 다르다. 아이디어를 받아들일 때는 관대하되, 진행 과정에서는 좀 더 엄격해져야 한다. 초보자들과 전문가들 모두에게 자신의 프로젝트를 건설적으로 비평하는 데 도움이 될 지침이 몇 가지 있다.

- 약간의 거리를 둬라. 평가하기 전 며칠간은 작업을 제쳐둔다. 창의적인 작업에 한참 몰두해 있다가 막 빠져나온 참이라면 객관적일 수 없다. 작업과 너무 가까운 상태에서는 공정한 평가를 내릴 수 없다.
- 존중하는 마음으로 작업을 평가하라. 자신이 존경하는 사람의 작품을 평가할 때와 똑같이 존중하는 마음으로 자신의 작업을 평가한다.
- 프로젝트 진행 도중 작업을 폐기하지 마라. 용기를 잃고 나면, 작업해봐야 결국 헛수고가 될 거라고 믿게 된다. 하지만 아이디어의 평가와 승인을 이미 마쳤으니 가치 있는 아이디어임이 틀림없다. 완성품이 별로라면 언제든 버릴 수 있다고 스스로 되새겨야 한다.
- 작업의 개별적인 부분들을 보라. 각 부분의 질을 평가한다. 그런 다음 부분과 전체의 연결성을 본다. 각 부분은 의미 있는 방식으로 전체에 기여하고 있는가? 아주 훌륭하고 좋은 부분들이 많겠지만, 작업 전체에 의미 있는 혹은 만족할 만한 기여를 하지 않는다면 그에 맞게 평가해야 한다. 이러한 부분들은 미래의 프로젝트에 사용할 수 있도록 사진이나 컴퓨터, 녹음기로 보존해두는 것이 좋다.
- 관객의 입장에서 보라. 이 작업으로 누가 이익을 얻게 될까? 수혜자(관객)를 파악할 수 있다면, 그들의 관점에서 작업을 보려고

노력한다. 개별적인 부분들의 평가에 변화가 생기는가?

- 유연성을 유지하라. 가끔은 작업이 예상치 못한 방향으로 흘러 갈 때도 있다. 최종 산물이 머릿속에 그려져 있겠지만, 전체에 어울리지 않는데도 '애착이 가는' 부분들이 있을 수 있다. 작업이 흥미로운 방향으로 흘러가면 기꺼이 구상을 바꾼다. 새로운 길이 실패로 돌아가면 언제든 원래 구상으로 돌아갈 수 있다. 소설가들은 이야기가 스스로 생명을 띠고 원래의 그림과는 다른 (더 나은) 방향으로 나아간다는 얘기를 자주 한다. 새로운 방향을 시험 삼아 따라가다가 시원찮으면 원래 아이디어로 돌아가면 된다.

- 남의 조언을 구할지 결정하라. 어려운 부분이다. 의논 상대가 내 작업이 쓰레기라고 말하는데도 내 마음에는 든다면 어떻게 해야 할까? 무조건 좋게 말해주는 사람도 좋은 의논 상대는 아니다. 또, 누군가가 자기 생각을 솔직히 얘기해주면 사기가 떨어질지도 모른다. 조언을 구할 거라면, 일부분 완성된 진행 중의 작업을 평가해달라고 하기보다는 개선점을 구체적으로 알려달라고 부탁하는 편이 낫다. 작가들과 함께 일하는 전문 편집인들은 가냘픈 자아들을 해치지 않으면서 원고를 수정하고 의견을 제안하는 법을 안다. 그만큼 섬세한 의논 상대가 없다면, 작업을 완성해서 비평가들에게 보여줄 때까지 기다리는 것이 좋다.

- 자기 자신이 아닌 작업에 엄격하게 굴라. 우리의 판단 대상은 작업이라는 사실을 잊어서는 안 된다. 작업에 최선을 다하면, 평가 결과가 어떻게 나오든 한 사람으로서 뿌듯함을 느낄 수 있을 것이다.

작업을 평가하는 동안 종종 나타나는 또 다른 문제는 지나치게 애착이 가는 아이디어를 어떻게 다루느냐 하는 것이다. 즉흥적으로 떠오른 아이디어(즉흥적인 통찰에는 '틀림없다'는 강한 신념이 동반된다.)이기 때문일 수도 있고, 아니면 정말 열심히 작업해서 얻어낸 한 구절, 한 악절이기 때문에 완벽하게 느껴질 수도 있다. 이러한 '애착이 가는' 창조물을 다루는 법을 알아보자.

어느 소설가가 주인공의 독백을 하나 썼다. 재기 넘치고 간결하며 완벽하다. 이 독백이 마음에 든다. 문제는 소설 줄거리에 별로 들어맞지 않는다는 것이다. 이 작은 독백을 끼워 넣기 위해 며칠 동안 줄거리를 조정해본다. 마침내 그 방법을 찾았을 때는 원래 방향에서 너무 벗어나 있고, 그 바람에 소설의 원래 구상으로 돌아가느라 또 며칠을 보낸다.

그는 어떤 짓을 저지른 걸까? 나무 한 그루 구하겠다고 숲 전체를 태워버린 꼴이다. 누구나 애착이 가는 창조물들이 있다. 전체 작업에 방해되는 증거들이 뻔히 보이는데도 차마 포기할 수가 없다. 심각한 문제다.

그러나 현대 기술의 발전 덕분에 '애착이 가는' 부적절한 창조물을 처리할 수 있는 방법이 생겼다. 따로 떼어 보관해두는 것이다. 나는 학생들에게 소설을 쓰든 그림을 그리든 작곡을 하든 '삭제 부분' 파일을 만들라고 권한다. 애착이 가는 창조물을 제거해야 한다는 결론이 나오면, 삭제하기 전에 사진을 찍어두거나 스캔을 해서 '삭제 부분' 파일에 복사해두면 된다. 애착이 가지만 사용하지 못한 창조물을 보존하는 나름의 방법을 하나씩 꼭 가지고 있어야 한다. 그렇게 하면 복원시키거나 나중에 다른 프로젝트에 사용할 수도 있고, 헤어짐이 그리 슬프지만은 않을 것이다.

'애착이 가는 창조물'을 삭제 부분 파일에 저장하는 개념은 우리의 더 넓은 문화에도 적용된다. 문화적 차원에서 창의성이 지식 전달과 비례하여 높아지는 것은 흥미로운 현상이다. 모든 정보를 머릿속에 저장해두었다가 말로써 전달해야 했을 때는 혁신적인 것이나 증명되지 않은 '애착물들'을 담아둘 공간이 별로 없었다. 그 많은 지식을 머릿속에 담고 있다가 전해줄 수밖에 없었다. 하지만 문자 언어가 발전하면서 사람들은 전통적인 지식과 새로운 아이디어 모두를 기록할 수 있게 되었다. 새로운 아이디어가 성공적이지 못해도 전통적인 방식이 남아 있었다. 이는 더 큰 문화적 창의성으로 이어졌다. 그리고 마침내 인터넷의 시대가 도래하면서 새로운 아이디어들의 아주 작은 변형들까지 보존하며 귀중한 정보를 잃을 두려움 없이 전통으로부터 멀리 더 멀리 뻗어나갈 수 있게 되었다. 그 결과 우리는 문화적으로 훨씬 더 많은 정보에 접근하여 기발하고 창의적인 결합과 재결합을 시도할 수 있다.

억지로라도 결정을 내리는 방법, 작업을 평가하는 방법, 작업의 진행에 방해되는 '애착이 가는' 창조물들을 다루는 방법을 알았으니, 작업에 대한 적절한 결정을 내리는 데 도움이 될 평가 브레인세트의 다른 측면들을 살펴보자.

초점 주의

주의의 초점이 흐리면 그다지 중요하지 않은 주변 정보들이 인지적 작업 공간으로 들어온다. 하지만 평가 브레인세트에 있으면, 집중력이 높아져 세세한 사항들에 전념하게 된다. 초점 주의(focused attention)는 평가의 주요 요소인 해결책이나 프로젝트의 장단점에 집중하여 작업을 계속할 수 있게 해준다. 단일한 물건이나 측면과 같은 세세한 일에 집중하는 것은 상상력을 이용하거나 개념들을 연결지어 생각하는 데 익숙한 사람들에게는 아주 어려운 일이다. 그러나 아이디어나 그 일부의 가치를 판단하려면, 계속 그것에 집중하면서 자신이 세워둔 적절함의 기준과 비교해야 한다.(집중력을 유지하는 연습을 하려면 평가 훈련 3과 4를 보라.)

감정 배제

창의적이고 혁신적인 작업에는 용기가 필요하다. 창조 행위는 미지의 영토로 들어가는 모험이며, 기존의 방식을 깨부수는 대가로 비판, 조롱, 실패 등 온갖 위험에 부닥칠 수 있다. 가장 빠지기 쉬운 위험은 자기 질책과 자기비판이다. 평가 브레인세트에서는 감정을 배제하는 것이 아주 중요하다. 그러기 위해서는 뇌에서 자기 평가를 담당하는 '나' 중추의 활동을 계속 낮추고 있어야 한다. 우리가 평가하는 것은 우리 자신이나 우리의 능력이 아니라 아이디어 혹은 창작품이다.

실패의 자유를 스스로에게 허용해야 한다. 실패는 아이디어를 발전시켜나가는 과정의 일부다. 토머스 에디슨은 완벽한 전구를 만들기 위해 수천 번의 실수를 겪었다. 실패에 대한 질문을 받자, 그는 "난 실패한 게 아닙니다. 효과가 없는 1만 가지 방법을 발견한 것뿐이죠."[3]라고 답했다고 한다. 라이트 형제 역시 통제 가능한 지속적인 비행을 창조하기 위해 여러 번의 실패를 참고 견뎌냈다. 우리는 앞으로 새로운 아이디어들을 많이 발상하게 될 것이다. 7장에서 말했듯이, 좋은 아이디어와 창작품의 수는 아이디어와 창작품의 양에 비례한다. 따라서 많이 만들어낼수록 많은 '성공'을 이룰 수 있다. 그리고 그만큼 실패도 많이 할 것이다. 실패는 정상적인 일이며, 실패한다고 해서 큰일이 나는 것도 아니다! 좋은 아이디어 몇 개를 성공하고 나면 실패한 모든 아이디어들은 싹 잊히기 마련이다. 아이디어들 중 하나가 성공적이지 못하다고 해서 스스로를 채찍질할 필요는 없다.

자기 질책은 창의적인 작업에 방해만 된다. 비판적인 평가 모드에 있을 때는 스스로를 감시해서 다음의 두 가지를 꼭 확인해야 한다. 첫째, 비효과적인 아이디어를 냈다고 스스로를 탓하지 말 것. 둘째, 창작품에 대한 남의 비평을 기분 나쁘게 받아들이지 말 것.

자신의 아이디어나 창작품 때문에 침울해지거나 실망스러우면, 심리학자들이 말하는 '자기 대화'에 귀를 기울여야 한다. "난 실력이 하나도 없어.", "차라리 포기하는 게 낫겠어.", "난 왜 이렇게 한심할까!" 같은 부정적인 생각을 하고 있는가? 그렇다면, 잠시 고민해보자. 이런 부정적인 생각을 할 만한 진짜 증거가 있는가? 증거에 근거하여 판단을 내리는 것, 그것이 바로 평가 브레인세트다. 그러니 부정적인 자기 대화를 뒷받침하는 혹은 부정하는 증거를 모은 다음, 좀 더 긍정적이고 현실적인 자기 대화로 바꾸면 된다. "뭐, 이 아이디어는 안 먹혔군…… . 다음으로 넘어가자." 혹은 "이번 건 실수였어. 하지만 실수 없이는 배우는 것도 없지."[4] (부정적인 자기 대화를 감시하고 그것을 평가하는 연습을 하려면 평가 훈련 5를 보라.)

마지막으로, 창의적 아이디어와 작품에 대한 남들의 비판을 기분 나쁘지 않게 받아들이는 방법을 알아야 한다. 이는 아주 어려운 일이다. 아무리 창의적인 아이디어라도 회의적인 반응을 자주 만나게 마련이고, 내 아이디어에 남들이 나만큼 열광적이지 않다고 생각하면 고통스럽다. 변화를 받아들여야 한다는 얘기들을 많이 하지만, 사람들은 자신들의 오래되고 편안한 사고방식이나 일 처리 방식을 위협하는 새로운 아이디어에는 본능적으로 경계심을 품는다. 자신의 작품에 대한 부정적인 평가를 감정 없이 그러면서도 인자하게 받아들이는 법을 배우는 것은 중요한 기술이다. 창의적인 아이디어들을 가지고 새로운 길을 개척할 때 비판을 받는 것은 불가피한 일이기 때문에, 그런 기술을 익혀두면 큰 도움이 될 것이다. 남들의 부정적인 평가에 대처하는 데 유용한 법칙들이 있다.

법칙 1: 내가 한 일을 누군가가 비판한다면, 그것은 내가 비평의 대상이 될 만한 무언가를 '했다는' 신호다! 나는 위험을 무릅쓰고 도전적인 과제를 택했다. 따라서 비판을 받는다는 건 무공 훈장이나 마찬가지다. 자축하자! 늘 하던 일을 잘한다고 칭찬받는 것보다는, 서툴더라도 새롭고 도전적인 일을 할 때 훨씬 더 큰 보람을 느낄 수 있다.

법칙 2: 비판을 소중한 의견으로 생각하라. 비판을 인신공격으로 받아들이기보다는 개선하거나 수정해야 할 부분의 지침으로 보면 그 의견을 이용하여 스스로 바로잡을 수 있다. 유도탄의 시스템을 생각해보자. 거기에 장착되어 있는 모니터가 경로 이탈을 감지하면 유도 시스템의 나머지 부분들이 오류를 바로잡아 본궤도로 돌아오게 만든다. 인신공격당하는 듯한 기분을 잠시 제쳐두면, 비판적인 반응을 자기 교정 유도 시스템으로 이용할 수 있다.

법칙 3: 비판받을 경우 자기변호는 하지 마라. 비판을 받으면 수세에 몰린 듯한 기분을 느끼기 쉽다. 그래서 왠지 단호한 태도로 자신의 작품이나 행동을 변호해야 할 것 같은 기분이 든다. 그렇게 하면 남들이 우리에게 주려고 하는 정보로부터 아무것도 배울 수 없다. 비판에 맞서는 입장을 꺾지 않으면 아무것도 얻지 못하고, 비판을 해준 사람은 시간만 낭비한 셈이 된다. 최악의 상황은 반격을 가해서, 의견을 나눠준 사람을 적으로 만들어버리는 것이다. 질투나 원한으로 인한 적대적이거나 불공평한 비판을 받더라도 자신의 입장을 변호해서는 안 된다. 그보다는 의견을 줘서 고맙다고 인사한 다음 그 비판을 무시해버리는 것이 좋다. 적대적인 비판자 때문에 싸움에 휘말려서 좋을 것 하나 없다.

법칙 4: 비판의 핵심 내용을 고쳐 말하라. 대부분의 경우 원한이나 적대감은 비판의 동기가 아니다. 따라서 비판하는 사람의 말에 적극적으로 귀를 기울여야 한다.(즉, 그들이 말하는 동안 어떻게 맞받아칠까 고민하느라 시간을 보내지 말라는 뜻이다.) 그들의 얘기가 끝나면, 그들이 전하고자 하는 핵심을 중립적인(분노나 빈정거림을 뺀) 투로 고쳐 말해본다. 예를 들면 이런 식이다. "알겠어요, 내 소설의 전개가 너무 느리고 에드워드라는 인물을 더 발전시켜야 한다는 얘기 같군요. 또 만찬회의 묘사가 너무 길고요. 맞습니까?" 그러면 비판자는 오해가 있는 부분을 바로잡을 수 있고, 상대가 자신의 말을 경청했다고 느낄 것이다. 이메일, 편지, 혹은 신문 기고란을 통한 비판에도 이 법칙이 똑같이 적용된다. 이 법칙에는 두 가지 이점이 있다. 첫째, 비판이 덜 쓰라리게 다가온다. 자기 자신의 말로 전달되는 비판은 듣기가 훨씬 더 편하다. 둘째, 비판의 대립적인 측면이 줄어들어 비판이 협력의 일부가 된다. 나와 비판자는 더 좋은 작품을 만들기 위해 함께 애쓰는 한 팀이 된다. 창작을 할 때는 적보다는 아군이 훨씬 더 필요하다.

법칙 5: 의견을 준 비판자에게 감사하라. 고맙다는 인사를 한다고 해서 그들의 비판을 받아들이는 것은 아니다. 혼자 내밀하게 비판의 내용을 분석해보고 그것을 이용할지 버릴지 결정해야 한다. 비판을 위한 비판을 하거나 잘난 척하기 위해 무조건 안 좋은 소리만 하는 허풍선이들을 상대하는 좋은 방법이기도 하다.

법칙 6: 비판의 가치를 객관적으로 판단하라. 비판을 받으면, 그 타당성을 뒷받침하는 증거와 부정하는 증거를 찾아본다. 객관적인 관점을 유지하도록 노력하고, 비판의 각 요점을 개별적으로 분석해야 한다. 허풍선이라도 타당한 요점을 제시할 수 있다. 증거에 의거한 분석을 마치고 나면 비판에 근거하여 변화를 줄 것인지 결정하면 된다. 이 법칙을 쓰면 비판에 상처받지 않고 객관적으로 대처할 수 있다.

평가 브레인세트의 신경과학

평가 브레인세트에 들어가면 우리의 뇌는 정확히 어떤 모습일까? 평가 브레인세트의 특징은 적극적인 판단, 초점 주의, 감정 배제라고 했다. 평가 브레인세트에 있는 사람들의 뇌 활성화 패턴은 이러한 특징을 반영한다. 평가 브레인세트의 활성화 패턴은 이성 브레인세트와 비슷하다. 평가와 판단은 실행 중추의 기능들이다. 이는 실행 중추가 이성적인 사고 동안 크게 활성화되기 때문이다. 그 결과, 의사 결정과 억제를 관장하는 전전두엽 영역의 활동이 활발해진다. 분류화 판단을 할 때는 좌뇌가 우선적으로 활성화되고 우뇌는 상대적으로 비활성화된다. 3장에서 판단 중추의 일부로 이름 붙였던 안와 전두 피질과 전측 대상 피질도 활성화된다.[5]

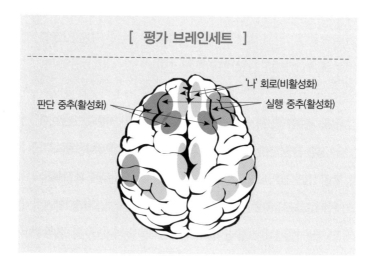

[평가 브레인세트]

'나' 회로(비활성화)
판단 중추(활성화)
실행 중추(활성화)

실행 중추와 좌뇌 전전두엽 피질의 활성화는 이 브레인세트가 주의가 고도로 집중된 상태라는 사실을 암시한다. 전전두엽 피질에서 높은 수준의 노르에피네프린과 도파민이 분비될 것으로 예상되지만, 이를 확증해주는 연구는 아직 없다. 경제학과 신경과학을 결합한 새로운 분야인 신경경제학이 뇌 속의 공포 및 보상 시스템에 판단이 어떤 영향을 미치는지 연구하고 있다. 특정 신경전달물질이 평가를 돕는지 억제하는지, 이 새로운 학문 분야가 곧 밝혀줄 것이다.

언제 평가 브레인세트에 들어가야 할까

평가 브레인세트에 들어갈 때는 타이밍이 중요하다. 창의적인 아이디어를 생각해낼 때 사용하는 브레인세트와 사실상 반대되기 때문에 이 브레인세트는 추가적인 아이디어 발상을 차단해버릴 것이다. 하지만 실행은 전혀 하지 않고 아이디어를 계속 토해내기만 하는 연결 브레인세트에서 빠져나오는 데 유용한 도구가 될 수 있다.

나는 이러한 어려움을 겪고 있는 많은 예술가들과 학생들을 연구했다.(서문에서 얘기했던 영화 제작자인 리처드도 그들 중 한 명이다.) 연결 브레인세트가 정신 안락 지대인 사람이라면, 역시 이런 문제를 겪어봤을 것이다. 지금 나는 아이디어를 발상하는 연결 브레인세트에서 빠져나오지 못해 다음 프로젝트를 진행하지 못하고 있는 한 작가를 대상으로 연구 중이다. 그는 소설의 줄거리를 위한 새로운 아이디어를 계속 내면서, 새로운 아이디어가 떠오를 때마다 작업을 멈추고 조사를 한다. 그러고는 조사를 하는 동안 또 다른 아이디어가 떠올라 새로운 조사에 들어간다. 인터넷 서핑을 할 때 페이지를 계속 열어보다가 원래 검색하려던 내용에서 완전히 벗어나는 것처럼, 세상의 자극들이 연결 브레인세트에 있는 사람을 원래 의도에서 벗어난 저 먼 곳으로 보내버리는 것이다. 잠재성 있는 좋은 아이디어들이 마구 떠오르고 있을 때 브레이크를 거는 건 거의 불경하게까지 느껴진다. 하지만 나중에 더 많은 아이디어들을 발상할 수 있을 거라고 스스로를 믿어야 한다. 아이디어가 전혀 없는 것도 문제지만 아이디어가 너무 많아도 창의적인 작업에 방해가 될 수 있다. 오늘 나왔던 최고의 아이디어를 실행에 옮기는 것이 최선이다. 아이디어가 여러 개라면 지금 바로 평가를 시작하면 된다.

평가 브레인세트는 아이디어 발상 단계에서 벗어날 수 있게 해줄 뿐만 아니라, 어떤 아이디어나 해결책을 실행에 옮길지 말지를 결정하는 데 도움이 된다. 창작 과정의 평가 단계(거시적 평가)에서, 그리고 손질·정교화·실행 단계(미시적 평가)에서 단속적으로 사용하면 좋다.

비판과 평가는 창작 과정의 중요한 부분들이다. 하지만 평가 브레인세트는 새로운 아이디어의 발상이나 복잡한 프로젝트 작업의 유지에는 도움이 되지 않기 때문에 조금씩만 사용해야 한다. 평가 브레인세트가 정신 안락 지대라면, 흡수·상상·연결 브레인세트를 성공적으로 성취할 때마다 2장의 훈련 9에서 작성했던 소소한 즐거움들을 스스로에게 상으로 내려라. 미술·영화·음악 비평가 같은 전문 평론가가 되는 것이 목표라 하더라도, 세상을 다른 관점에서 볼 줄 아는 능력은 평가 기술을 향상시켜줄 것이다.

창의적인 것은 독창적이면서도 유용하다는 사실을 잊으면 안 된다. 평가하지 않는다면 자신의 아이디어나 해결책이 그 기준에 부응하는지 알 수 없다.

마지막으로 한 번 더 짚고 넘어갈 것이 있다. 자기 자신이 아니라 자신의 창작품을 판단하라는 것이다. 비판을 자신의 인간적 가치 측정으로 생각할 것이 아니라, 자신에게 유리하게 이용할 줄 알아야 한다. 자기 자신이나 다른 사람들의 비판이 너무 기분 나쁘게 받아들여진다면, 아마도 평가 브레인세트가 아닌 변형 브레인세트에 있어서일 것이다. 변형 브레인세트에 있으면 모든 것이 개인적으로 느껴지고 (대개는) 기가 꺾인다. 이런 자기 반영적인 뇌 상태를 취하고 그것을 변형하여 창의적으로 이용할 수 있는 방법은 다음 장에서 배울 수 있다.

평가 브레인세트 훈련

평가 훈련 1 **판단 내리기: 강제 선택**

- **훈련의 목적:** 판단을 자꾸 미루고 싶은 마음을 줄이고 평가 기술을 높이기 위한 훈련이다. 이 훈련의 소요 시간은 10~15분이다. 필기도구, 종이 두 장, 타이머 혹은 스톱워치가 필요하다. 자신의 물건에 대해 판단을 내리기가 쉬워질 때까지 일주일에 한 번씩 이 훈련을 한다.

- **순서:** 종이 한 장에 자신이 좋아하는 책 10권의 목록을 작성한다. 자신에게 정말 의미 있는 책들이어야 한다. 목록을 작성하고 나서 책들에 번호를 매긴다.(꼭 어떤 순서를 따를 필요는 없다. 그냥 책마다 번호 하나를 지정한다.)

- 준비가 끝났으면, 다른 종이에 1부터 10까지 한 줄로 쭉 쓰고 각 숫자 옆에 두 단어를 적는다. '간직'과 '폐기'.
- 자, 작은 배를 타고 바다에 떠 있는데 배가 가라앉지 않게 하려면 책의 절반을 배 밖으로 던져야 한다고 상상해보자. 그 책들은 다시는 못 볼 것이다.
- 타이머를 2분에 맞춰놓는다. 각각의 책을 가지고 있을지 버릴지 결정한다. 가질 수 있는 책은 5권뿐이다. 타이머가 울리기 전에 결정을 끝내야 한다.

토큰 경제 시스템을 사용하고 있다면, 타이머가 울리기 전에 성공할 경우 토큰 1개를 스스로에게 상으로 준다.

이 훈련은 자기가 가지고 있는 물건의 가치를 신속하게 판단하는 데 아주 효과적이다. 하지만 이 훈련을 시도하다가 마음의 상처를 입는 사람들도 있다. 한 화가(정신 안락 지대가 상상 브레인세트인)는 영화 「소피의 선택」이 생각난다며, 사랑하는 책들을 잃는 아픔에 정말 울었다고 말했다. 이 훈련 때문에 심란해졌다면(웃을 일이 아니다. 상상력이 강한 사람들은 훈련에 심하게 몰입하기도 한다.), 머릿속으로 배를 몰고 다시 바다로 나간다. 책들을 갈고리로 건져 집으로 가져와서 따뜻한 불에 말린 다음 책장에 다시 꽂는 모습을 상상한다.

신발, 골프 클럽, 보석 장신구, CD 등 자신에게 중요한 물건들로 매주 한 번씩 이 훈련을 반복한다. 나의 내담자들은 전 세계 술집들에서 수집한 티셔츠, 테디 베어, 희귀 동전 등을 사용했다. 상상하는 자들이여, 나중에 물건들을 다시 건질 수 있다는 걸 잊지 말고, 불편하더라도 잠시 진지한 판단을 내려보자.

평가 훈련 2 **판단 내리기: 최선과 최악**

- **훈련의 목적:** 판단을 미루고 싶은 마음을 줄이고 평가 기술을 높이기 위한 훈련이다. 이 훈련의 소요 시간은 10분이다. 필기도구, 종이 한 장, 타이머 혹은 스톱워치가 필요하다. 자신의 물건에 대한 판단을 내리기가 쉬워질 때까지 일주일에 한 번씩 이 훈련을 한다.
- **순서:** 종이 한 장에, 작년에 가장 행복했던 순간들 6가지를 적는다. 자신에게 정말 의미 깊은 순간들이어야 한다. 목록 작성이 끝나면 타이머를 2분에 맞춘다. 이제, 1위부터 6위까지 그 순간들의 순위를 매긴다.

토큰 경제 시스템을 사용하고 있다면, 주어진 시간 안에 마칠 때마다 평가 토큰 1개를 스스로에게 선물한다.

개인적으로 소중한 것들에 순위를 매기기가 편해질 때까지 매주 이 훈련을 한다. 작년에 가장 민망했던, 혹은 가장 화가 났던 순간들을 사용해도 좋다. 이 훈련은 평가 브레인세트에 좀 더 쉽게 들어가는 데 도움이 될 것이다.

평가 훈련 3 **집중력: 시계 보기**

- **훈련의 목적:** 이 훈련은 캐럴 보더먼의 저서 『슈퍼 브레인*Super Brain*』(Vorderman, 2007)의 내용을 조금 수정한 것이다. 집중력을

유지하지 못해 어려움을 겪고 있는 창의적인 화가, 음악가, 작가들에게 효과적이었다. 초침이 있는 아날로그시계가 필요하다. 소요 시간은 1~3분이다. 3분 동안 계속 집중할 수 있을 때까지 하루에 한 번 점점 시간을 늘려가며 훈련한다.

- **순서:** 시계를 바로 앞에 놓는다. 벽에 걸려 있는 시계라면, 서서 시계를 정면으로 바라본다. 초침이 12에 도착할 때까지 기다린다. 이제 초침의 움직임에 온 정신을 집중한다. 어떤 생각이 끼어들면, 훈련을 멈추고 초침이 다시 12에 올 때까지 기다린다. 다른 생각의 방해 없이 10초 동안 초침에 집중하는 것을 목표로 삼는다. 3분 동안 집중할 수 있을 때까지, 훈련을 할 때마다 시간을 서서히 늘린다. 연습을 할수록 초침에만 온전히 집중할 수 있게 된다.

토큰 경제 시스템을 사용하고 있다면, 그날 계획했던 시간 동안 집중하는 데 성공할 경우 평가 토큰 1개를 스스로에게 선물한다.

평가 훈련 4 **집중력: 볼륨 내리기**

- **훈련의 목적:** 집중력을 키우기 위한 훈련이다.(청각 또한 호전될 것이다.) 이 훈련 역시 캐럴 보더먼의 저서 『슈퍼 브레인』의 내용을 조금 수정한 것이다.(고마워요, 캐럴!) 텔레비전이나 라디오, 그리고 타이머 혹은 스톱워치가 필요하다. 훈련의 소요 시간은 2분이다. 2주 동안 하루에 한 번씩 이 훈련을 한다.
- **순서:** 말소리가 거의 들리지 않을 정도로 텔레비전이나 라디오

의 볼륨을 줄인다.(라디오를 사용하고 있다면 전화 토론 프로그램에 채널을 맞춘다.) 이제, 귀를 쫑긋 세우고 집중해야 들릴 정도로 볼륨을 높인다. 볼륨 크기를 기록한다.(대부분의 텔레비전과 라디오는 볼륨 크기 정보가 표시된다.) 2분 동안 들으면서, 모든 말을 판독하려고 노력한다. 들리는 목소리에만 집중한다. 전혀 알아듣지 못하겠다면 볼륨이 너무 낮은 것이다.

토큰 경제 시스템을 사용하고 있다면, 평가 토큰 1개를 스스로에게 상으로 준다.

2주 동안 매일 한 번씩 이 훈련을 하면서, 점점 더 낮은 볼륨으로도 알아들을 수 있도록 노력한다.

평가 훈련 5 ▶ **개인적 비판에 대한 자기 모니터링**
- **훈련의 목적:** 창작에 방해가 될 수 있는 부정적인 자기비판을 감시하는 훈련이다. 종이 한 장과 필기도구를 이용하거나, 아니면 다음 페이지의 표를 베끼면 된다. 소요 시간은 10분 정도다. 창의적 문제에 좌절할 때마다 이 훈련을 한다.
- **순서:** 좌절감이 느껴지면, 다음 페이지에 있는 자기 모니터링 표를 작성한다.

자기 모니터링은 하나의 기술이며, 모든 기술이 그렇듯 발전시키려면 연습이 필요하다. 하지만 요령을 터득하고 나면, 자신에게 영향을 미치고 있는 관점을 발견하여 창의적인 작업의 능률을 올리고,

포기하지 않고 계속해나갈 동기를 부여받을 수 있을 것이다.

토큰 경제 시스템을 사용하고 있다면, 자기비판을 평가하는 자기 모니터링 표를 작성할 때마다 평가 토큰 1개를 스스로에게 상으로 준다.

| 자기 모니터링 표 |

날짜:

1. 좌절감을 느꼈을 때 어떤 일이 벌어지고 있었는가?		
2. 누가 곁에 있었는가?		
3. 스스로에게 어떤 말을 하고 있었는가?(자기 대화) 구체적으로 써라.		
4. 창의적인 아이디어나 작품보다는 자기 자신을 비판했는가?		
5. 그렇다면 비판적인 자기 대화를 뒷받침하는 증거와 부정하는 증거는 무엇인가?	비판적 평가를 뒷받침하는 증거	비판적 평가를 부정하는 증거
6. 그 증거가 자신에 대한 비판적 평가를 뒷받침하는가? 그렇다. 아니다.		
7. 부정적인 자기 대화를 더 긍정적이고 현실적인 자기 다짐으로 바꿔보자.		

10장

변형 브레인세트: 감정을 창의적으로 이용하라

감정과 갈망은 인간의 모든 시도와 창조 뒤에 있는 원동력이다.
– 앨버트 아인슈타인[1]

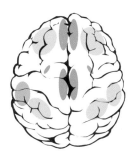

변형 브레인세트는 자기 자신과 자신의 감정(대개는 부정적인 감정)을 생각하는 데 몰두해 있는 의식 상태다. 앞의 장들에서 우리는 창의적인 아이디어를 발상하고(흡수·상상·연결·이성 브레인세트), 아이디어를 평가하고(평가 브레인세트), 아이디어를 발전시키고 실행하는(이성 브레인세트) 것을 가능케 하는 각각의 브레인세트에 들어가는 법을 살펴보았다. 아직 충분히 얘기하지 못한 부분은 바로 우리의 감정이다. 감정은 우리가 주변을 바라보는 방식, 기억을 되살리는 방식 등 인지의 모든 측면들에 영향을 미친다. 감정은 창작에 방해가 될 수도 있고, 혹은 잘만 이용하면 창의성을 높여주기도 한다. 이 장에서는 자의식과 감정의 좋은 측면과 나쁜 측면, 그리고 감정적 경험을 창의적 산물로 변형시킬 수 있는 방법을 알아볼 것이다.

우선, 감정의 분류와 그 감정들이 창작에 영향을 미치는 이유를 살펴보자.

감정의 분류

대개 우리는 느낌을 의식적으로 자각하지 못한다. 그 느낌들은 눈에 띄지 않는 이면에서 흐르기 때문에 우리의 관심을 별로 끌지 않는다. 심리학자 데이비드 왓슨과 리 애나 클라크는 이러한 낮은 수준의 배경 감정 상태를 '정동(情動)의 흐름(stream of affect)'이라고 부른다. 우리는 이러한 정동의 흐름을 인지한다 해도, 약간 긍정적이거나 부정적인 상태로 인지할 뿐이다.("오늘은 기분이 좋은걸." 혹은 "꿈자리가 사나워서 오늘은 컨디션이 별로야.") 하지만 관심을 거의 못 받는 이 정동의 흐름이 우리의 세계관에 영향을 미친다. 긍정적인 정동의 흐름은 새로움을 더 잘 받아들일 수 있게 해주는 반면, 부정적인 정동의 흐름은 새로운 아이디어를 어느 정도 막아버린다.(아빠가 인상을 찌푸리고 있을 때보다 휘파람을 불고 있을 때 용돈을 부탁해야 한다는 걸 모르는 십 대는 없다.)

감정의 강도가 한 단계 높은 것이 '기분(mood)'이다. 기분을 경험할 때 우리는 불안감, 성마름, 만족감, 수줍음, 혹은 우울함을 느낀다. 기분은 비교적 장기간 이어지는데 가끔은 몇 달간 지속되기도 하며, 정동에 비해 잘 인식된다. 불안감이나 우울함 같은 어떤 기분들은 집중을 어렵게 만들기도 한다. 부정적인 기분이 심하게 오랫동안 지속되면, 작업과 인간관계 모두에 차질이 생길 수 있다. 그런 경우에는 정신 건강 전문가들의 도움을 구하는 것이 좋다.(현대의 근거 중심 치료법은 심신을 약화시키고 기능을 마비시키는 부정적인 기분을 완화하는 데 아주 효과적이다.)[2]

가장 강렬한 감정적 상태는 진짜 '감정(emotion)'이 시작될 때 경험할 수 있다. 일상적으로 우리는 모든 느낌을 '감정적' 상태로 부르지만, 진짜 감정은 특유의 성격을 지니고 있다. 감정은 비교적 짧은 기간 지속되며, 대개는 한 시간을 넘지 않는다. 특정한 계기(주변 혹은 상처 깊은 기억이나 고통스런 경험 같은 내적 사건)에 대한 반응으로 나타나고 극도로 강렬하다. 특징적인 표정, 생각, 생리적 변화, 주관적 느낌 등을 동반한다. 또한 '행동 경향(action tendency)'이라 불리는 특정 방식으로 행동하게 만든다.(예를 들어, 두려움과 연관된 행동 경향은 '싸움 혹은 도주' 반응이며, 분노에 대한 행동 경향은 공격이다.)[3] 감정은 우리의 관심을 요구하기 때문에, 우리는 다른 생각을 배제하고 감정적 내용에 집중하게 된다. 감정이 아주 강렬하면 그것에 완전히 휘둘리는 느낌이 든다.

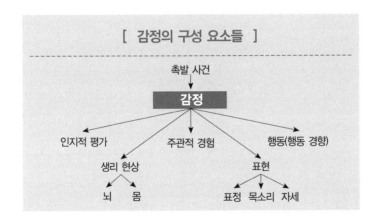

[감정의 구성 요소들]

촉발 사건
감정
인지적 평가 　 주관적 경험 　 행동(행동 경향)
생리 현상 　 표현
뇌　몸 　 표정 목소리 자세

이를 '감정적 압도(emotional hijacking)'라고 한다. 감정적 압도는 발작적인 격분(극단적인 분노), 자살 시도(극단적인 절망), 공황 발작(극단적인 공포) 등의 형태를 띤다. 감정에 압도되면, 행동 경향이 행동 '명령'으로 변해 자신의 행동을 의식적으로 통제할 수 없게 된다.[4] 이는 법정에서 '일시적 광기'를 무죄 변론으로 사용하는 근거가 되기도 한다.

감정의 기능 중 하나는 행동의 필요성을 알리는 것이다.(그래서 '행동 경향' 반응이라고 불린다.) 감정·기분·정동의 흐름은 긍정적 유의성(positive valence)보다는 부정적 유의성(negative valence)을 가질 때 우리의 관심을 더 많이 빼앗는다. 따라서 긍정적인 느낌은 우리가 아무런 문제 없이 생존에 도움이 되는 방식으로 환경과 상호 작용하고 있음을 암시한다. 어떤 행동도 취할 필요 없이 박차를 가해 계속 나아가면 된다. 하지만 부정적인 기분과 감정은 뭔가가 잘못됐으니 행동을 취해야 할지도 모른다는 표시이기 때문에 우리는 주의를 기울일 수밖에 없다. 부정적인 기분은 우리의 관심을 창작 과정에서 멀어지게 해서 작업에 영향을 미치기도 한다. 부정적인 감정을 많이 느낄수록, 새롭고 독창적인 아이디어의 발상에 집중하기가 점점 더 힘들어진다.

앞선 장들이 얘기하는 한 가지 분명한 주제는 창의성이 기발함에의 욕구, 보상 중추의 활성화, 긍정적 감정의 상승과 연관되어 있다는 것이다. 두려움, 불안감, 혹은 우울증은 전혀 언급되지 않는다. 두렵거나 우울한 상태에 있으면 새로움을 피하게 된다. 두려움과 우울증은 아이디어 발상 브레인세트를 정지시켜버린다. 그렇다면 부정적인 느낌에 도취되어 있으면(즉, 변형 브레인세트에 있다면) 창의적일 수 없다는 뜻일까?

절대 그렇지 않다! 사실, 현재든 과거든 아주 창의적인 인물들은 신경증 환자들이다. 그들은 불안감, 성마름, 혹은 우울증을 장기간 겪었다. 하지만 부정적인 정동 상태를 이용하여 창의성을 높이는 방법을 찾아냈다. 다음과 같은 두 가지 방법으로.

- 첫째, 창작을 이용하여 부정적인 느낌을 달랜다. 이런 방법을 쓰면, 부정적인 느낌은 창의성을 자극하고, 창작은 일종의 자기 투약 치료 역할을 한다.
- 둘째, 부정적인 느낌을 창작의 제재로 삼는다. 실제로 많은 그림들과 시들, 소설들, 음악들이 창작자의 부정적인 감정에 초점을 맞추고 있다.

그렇다고 일부러 부정적인 느낌에 빠질 필요는 없다.(연극을 위해 메소드 연기를 해야 하는 게 아니라면.) 하지만 이미 변형 브레인세트에 들어와 있는 상태라면, 자신에게 유리하게 이용할 수 있지 않을까? 이 장의 후반부에서 부정적인 감정을 이용하여 더 나은 창작 과정으로 나아가는 방법과 부정적인 기분을 창작에 이용한 사례들을 살펴볼 것이다.

변형 브레인세트의 정의

변형 브레인세트에서 우리의 감정은 약간 부정적이고 생각은 자기 반영적이다. 우리가 의식적으로 이런 생각을 유도하는 경우는 별로 없다. 잡념이 떠오르거나 의식이 그렇게 흘러가는 것이다. 상상 브레인세트에서와 마찬가지로, '만약 이러면 어떨까?' 하는 식의 생각에 몰두하게 된다. 하지만 고의적으로 심상을 떠올리는 상상 브레인세트와 달리, 변형 브레인세트의 진행형 상상은 고의적으로 유도된 것이 아니며, 걱정, 불안, 분노, 자기 연민, 후회 등의 주제를 포함하는 경우가 많다. 또는 자기 권력의 지나친 과장, 이상화된 로맨스, 권력, 복수 같은 환상으로 흐르기도 한다. 건전하게 들리지는 않지만, 신경과학 연구는 우리 모두 이런 유형의 자기 반영적 환상에 가끔 빠져든다는 사실을 암시한다. 잡념(생각을 의식적으로 유도하고 있지 않을 때)은 현재 기분 상태, 불만, 갈망을 반영한다. 변형 브레인세트는 자의식적인 사고, 부정적인 감정, 불만족의 세 가지 요인으로 확인할 수 있다. 각각의 요인들을 살펴보고 그것들을 창의적으로 이용할 수 있는 방법을 알아보자.

자의식적인 사고

자의식적인 사고는 자기 자신, 그리고 주변과 자신의 관계로 향하는 사고다. 자기 자신과 자신의 처지를 다른 사람과 비교하는 경우도 많다. 그래서 자기보다 나아 보이는 사람들에 대한 분개, 자기 연민, 그리고 세상이 불공평하다는 느낌으로 이어질 수 있다. 또는, 과거사나 실패에 대한 과도한 죄책감과 회한을 느끼기도 한다. 이런 생각들이 의식 속으로 흘러 들어오기 시작하면 많은 사람들은 끊어버리지 못한다. 오히려 부정적인 자기비판의 소용돌이에 휘말려 끝도 없는 나락으로 떨어진다.

이런 특유의 생각들은 심리학적으로 불건전하고 대개는 자아의 진정한 가치를 반영하지 못하지만, 나름대로 좋은 점도 있다. 내적 반성을 할 수 있다는 것이다. 우리의 내면세계는 모든 창의적인 아이디어들이 생성되고 모든 심적 치유가 일어나는 곳이다. 거기 있을 때 약간의 탐구와 연구를 해보면 어떨까? 자기 자신과 전반적인 인간 조건에 대한 엄청난 지식이 나올지도 모른다.(자아 탐구를 연습하고 싶다면 변형 훈련 1과 2가 도움이 될 것이다. 하지만 자아 탐구는 가벼운 정도의 불쾌감 혹은 부정적인 기분 속에서 해야 한다. 절망감이나 무절제감 속에 빠져 있다면 변형 훈련을 할 것이 아니라, 정신 건강 전문가들의 도움을 구해야 한다.) 자기반성을 충분히 했으니 이제 다른 것들을 생각해보고 싶다면, 9장의 자기 모니터링 훈련이나 8장의 사고 중단 훈련을 이용하여 자의식적인 상태에서 빠져나갈 수 있다.(자기반성을 위해 꼭 불쾌한 상태에 있을 필요는 없다. 하지만 자기반성은 종종 그런 상태에서 비롯된다.)

자신의 인간적인 복잡성을 이해하려고 노력할 때, 자신의 결점뿐만 아니라 어마어마하게 많은 강점들도 인식해야 한다. 자기 성격의 부정적인 측면에만 집중하는 것은 자기 본질의 반은 무시해버리는 행위다. 이것은 현실적이지 못하다. 우리는 위대한 창의적 잠재력을 지니고 있다. 자신의 문제와 강점에 대한 자각을 창의적 표현의 지침으로 삼아야 한다.(자신의 강점들을 탐구하려면 변형 훈련 3을 보라.)

부정적인 감정

부정적인 감정은 인간의 감정이 이루는 정상적인 기복의 일부다. 즐겁고 행복한 경험의 대척점에 있는 그런 감정들은 우리의 경험을 더욱 풍요롭게 수놓는다. 하지만 20세기 중반부터 우리는 부정적인 기분에 대한 두려움을 키워온 것 같다. 부정적인 감정과 마주치면, 이런 기분이 우리에게 말해주려고 하는 바를 이해하기 위해 노력하기보다는 약물, 술, 섹스 혹은 짜릿한 자극제를 사용하여 이런 상태로부터 떨어지려고 애쓴다. 변형 브레인세트에 들어가게 되면, 얼른 도망쳐 나오기보다는 왜 그곳에 있는지 진지하게 생각해보는 것이 좋다.

부정적인 감정의 탐구는 아리스토텔레스가 시인들과 극작가들을 우울증과 처음 연관시킨 고대 그리스 시대부터 창작의 테마가 되어왔다. 이런 부정적인 감정을 테마로 사용하여 남들과 소통하고 인간 조건의 중요한 측면들에 대한 공통적인 경험을 남들과 공유한 창조자들의 작품을 알아보자.

- 에밀리 디킨슨의 유명한 시 「한 줄기 빛이 비스듬히There's a Certain Slant of Light」는 어느 겨울 오후의 우울한 기분을 묘사한다.(계절정 동장애의 첫 묘사가 아닐까.)
- 에드바르트 뭉크의 유명한 표현주의 그림 「절규」는 고도의 불안 상태를 표현한다.
- 블루스 음악은 장르 자체가 부정적인 감정에 근거해 있다. 그 이름은 아프리카계 미국 흑인 사회에서 우울증과 슬픔을 의미

하는 말로 몇 세기 전부터 사용해온 블루 데블스(blue devils)에서 비롯되었다.

- 극작가 유진 오닐의 걸작 『밤으로의 긴 여로*Long Day's Journey into Night*』는 한 가족의 역기능과 우울함을 그린다. 오닐은 사후에 이 작품으로 퓰리처상을 수상했다.

- 2005년 〈우울증: 서구의 천재성과 광기〉라는 미술 전시회가 파리의 그랑 팔레 미술관에서 열렸다. 2,000년에 걸쳐 침울함과 우울증에서 영감을 받았거나 그것을 주제로 한 작품들을 전시했다.(부정적인 감정은 그렇게 오랜 세월 우리 곁에 있었다!)

- 차이코프스키의 교향곡 6번 나단조 「비창*Pathétique*」은 종종 자살의 음악으로 불린다.(차이코프스키는 이 곡의 초연을 지휘한 후 9일 만에 죽었다.) 작가이자 음악학자인 조지프 호로비츠는 "별 생각 없이 쉽게 들을 수 있는 곡이 아니다……. 극단의 개인적 위기가 영혼을 가로막고 있는 한 남자가 여기 있다."라고 했다.(부정적인 기분이 심각하다면 음악을 쓸 것이 아니라 정신 건강 전문가의 도움을 구해야 한다.) 창의성과 정신 질병 간의 관계에 대한 정보를 더 얻으려면 뒤에 나올 '정신장애, 변형, 그리고 창의성' 부분을 읽어보면 된다.

- J. D. 샐린저의 고전인 1951년 작 『호밀밭의 파수꾼』은 십 대의 고뇌를 완벽하게 묘사하고 있다.

부정적인 기분에서 영감을 얻어, 다른 사람들도 느끼지만 표현할 방법을 모르는 감정들을 예술적 형태로 표현하는 일은 누구든

할 수 있다. 음악, 저술(시와 산문), 미술(회화와 조각), 극예술 등 분야도 다양하다. 플로리스트는 꽃 장식을 통해 기분을 표현할 줄 알고, 요리사는 향신료의 사용을 통해 여러 가지 기분들을 암시한다. 어느 영역에서든 부정적인 기분을 창의적으로 표현하여 남들의 공감을 끌어낼 수 있다. 훈련이나 타고난 재능이 있어야 하는 것은 아니다. 훈련받지 못한 창작자라도 개인적인 감정의 표현은 큰 힘을 발휘한다.(자신의 감정을 설명하는 연습을 하고 싶다면 변형 훈련 4와 5를 보라.)

불만족

변형 브레인세트의 부정적인 감정은 불만족 상태와 밀접하게 연관되어 있다. 이 두 요인은 상호 작용하며 서로의 연료원이 되어준다. 자신에 대한 불만족은 부정적인 기분을 낳을 수 있고, 이 부정적인 기분은 또다시 불만족을 낳는다. 그러나 창작에 도움이 되는 긍정적인 면은 불만족이 창의성을 낳을 수도 있다는 것이다. 사실, 만족감은 창작의 적이 되는 경우가 많다.[5](창의성이 긍정적인 기분 상승과 연관되어 있긴 하지만, 확산적 사고를 불러일으키는 긍정적인 기분은 만족감보다는 기분 좋은 놀라움, 약간의 희열, 우쭐함, 긍정적인 기대감, 환희 등의 형태를 띤다.)

창의성은 현재 상황에 대한 불만족에 근거한다. 불만이 없으면 창작의 원동력을 얻을 수가 없다. 창의적인 사람은 더 나아질 여지가 있는 생활 환경을 찾아다닌다. 하지만 환경을 개선하려면, 불만족의 원인이 무엇인지 명확히 알고 있어야 한다. 문제를 파악하기만 하면 확산적 사고나, 8장에서 얘기했던 문제 해결 단계를 이용하여 해결책을 찾고 실행할 수 있다.(부정적인 경험에 대한 글쓰기 작업을 통해 육체적·정신적 건강 모두 향상시키고 싶다면 변형 훈련 7을 보라.)

음악, 미술, 글쓰기, 연극, 새로운 비디오 게임 등등 어떤 매체를 통해서든, 괴로움을 견디고 극복해내는 영감으로서 자신의 불만족을 사용하는 것이 최고의 방법이다. 괴로움은 인간 조건의 일부다. 하지만 전 세계적으로 우울증 환자의 수가 증가하고 있는 한 가지 이유는 부정적인 감정을 빨리 없애주겠다고 장담하는 즉효약들을 사용하게 되면서 괴로움을 견뎌내는 능력이 줄어들었기 때문일 것이다. 부정적인 감정을 견뎌내고 오히려 더 강해질 수 있다는 사실을 모르면, 언제나 그렇듯 인생에서 어려운 시기가 찾아올 때마다 우울증에 걸리고 말 것이다. 부정적인 감정을 출발점으로 삼아, 현대 사회의 시련을 힘차게 극복하는 인간들의 이야기를 예술적으로 표현해도 좋다.(변형 훈련 8을 보라.)

대처 기제로서의 창의성

부정적인 기분과 불만족에 대처하는 가장 유력한 방법은 창작으로 그것들을 표현하는 것이다. 앞서 부정적인 기분을 표현한 많은 작품들을 보았듯이, 많은 창의적인 인물들이 부정적인 기분을 예술적 성취의 테마로 삼았다. 마찬가지로, 부정적인 기분의 쓰라린 고통을 누그러뜨리기 위한 수단으로 창작을 이용하는 사람들도 많았다. 예를 들어, 영국의 소설가 그레이엄 그린은 이렇게 썼다. "예술은 치료의 한 형태다. 글이나 음악, 그림을 창작하지 않는 사람들은 인간 상황에 내재해 있는 광기, 우울증, 공포에서 어떻게 벗어나는지 의아

한 생각이 들 때가 있다."[6]

정신분석학적인 관점에서 얘기하자면, 너무 위험하거나 받아들여지기 어려워 정면으로 표현할 수 없는 부정적인 감정들의 에너지는 사회적으로 좀 더 수용 가능한 창작으로 돌릴 수 있다. 이는 승화(sublimation)라고 불리는 이로운 방어 기제의 한 유형이다. 부정적인 에너지를 창작으로 풀어놓으면, 부정적인 감정의 힘이 약해진다.

창작에 깊이 몰두하는 것은 부정적인 기분에 대처하는 효과적인 방법이다. 따라서 우울증, 섭식장애, 정신병에 시달리는 사람들을 돕기 위한 창의적인 치료 요법들이 갑자기 많이 생겨났다. 여기에는 그림, 연극, 글쓰기, 음악, 춤 치료법 등이 포함된다. 정신 질환에 대한 보조 치료로서 이런 치료법들의 효과를 보고하는 과학 서적들이 점점 더 늘어나고 있다는 사실은 창의적 활동의 치유력을 증명해준다.[7]

창의적 치료 요법을 받으면, 집단 치료를 받을 수 있어서 좋고(동병상련이라고 했다.) 용기를 북돋아주고 작업을 해석할 수 있게 도와줄 훈련된 치료사가 있어서 좋다. 하지만 창작의 치료적 이익을 얻기 위해 꼭 집단 치료나 훈련된 치료사가 필요한 건 아니다. 펜 하나, 기타 하나, 컴퓨터 자판 하나, 색연필 한 통만으로도 충분하다. 그리고 꼭 '예술'로 제한할 필요도 없다. 아이작 뉴턴 같은 유명한 과학자들도 며칠씩 연달아 창의적인 작업에 몰두하며 자신을 잊을 수 있었다. 자신을 잊을 정도로 창작에 몰두하는 경험에 대해서는 흐름 브레인세트에서 좀 더 자세히 얘기해볼 것이다. 지금 머릿속에 새겨야 할 요점은, 부정적인 기분, 자기 반영적인 두려움, 그리고 불만족이 창의력을 강력하게 자극할 수 있다는 것이다!

정신장애, 변형 그리고 창의성

부정적인 기분과 창의적인 치료 요법들에 대해 검토해봤으니, 이쯤에서 정신 질환과 창의성의 연관성에 대해서 얘기해보는 게 좋겠다. 이는 최근에, 아니, 역사 시대를 통틀어 큰 관심을 받아온 주제이다. 고대 그리스 시대부터 사람들은 창의적인 천재를 기벽이나 광기와 연관 지었다. 플라톤은 시와 연관된 창의성을 '신성한 광기'라고 칭했고, 아리스토텔레스는 "광기가 조금이라도 없는 위대한 천재는 없다."라고 했다.[8] 1889년, 이탈리아의 물리학자이자 선구적 범죄학자 체사레 롬브로소는 『천재』라는 책에서 수많은 창의적 인물들의 괴짜 같고 가끔은 기괴한 행동들을 전했다. 예를 들어, 새뮤얼 존슨은 가로등을 지날 때마다 그 기둥을 꼭 만졌고, 작곡가 로베르트 슈만은 베토벤과 멘델스존이 '자신들의 무덤에서' 그에게 작곡을 지시한다고 믿었다. 롬브로소는 천재들과 폭력범들이 공통적인 유전 형질을 지니고 있다고 믿었다. 그래서 다음과 같은 결론을 내렸다. "안타깝게도 선함과 명예는 천재들을 비롯한 비범한 인물들 사이에서는 오히려 이례적인 것 같다."

좀 더 최근에 창의성은 조울증, 알코올 중독, 정신병 경향성과 연관 지어졌다. 심리학자 케이 레드필드 제이미슨은 새뮤얼 테일러 콜리지, 에밀리 디킨슨, T. S. 엘리엇, 빅토르 위고, 에드거 앨런 포, 차이코프스키, 헨델, 라흐마니노프, 콜 포터, 어빙 벌린, 빈센트 반 고흐, 고갱, 조지아 오키프 등 과거의 많은 창의적 인물들이 조울증이나 다른 정신장애를 앓았다고 믿는다. 작가인 톰 다디스는 노벨 문학상을 수상한 여덟 명의 미국 소설가들 중 다섯 명이 알코올 중독자였다는 사실을 지적한다. 그리고 많은 창의적 인물들이 정신병적인 행동을 보여주었다. 윌리엄 블레이크는 자신의 시와 그림 모두 성령들이 찾아와 환영으로 보여준 것이며, 가끔은 성령들이 서로 그의 관심을 끌기 위해 그를 찔러댄다고 주장했다. 교류 전류를 개발한 과학자 테슬라는 비둘기와 3이라는 숫자에 지나치게 집착했고, 환청과 환각에 시달렸다. 찰스 디킨스는 런던 거리를 걸어 다닐 때 자신의 소설 속에 나오는 가상의 부랑아들을 우산으로 내쫓았다고 한다. 그리고 베토벤은 청결을 너무 소홀히 해서 그가 자는 동안 친구들이 그의 옷을 벗겨 빨아줘야 했다.

이렇듯 정신장애를 가졌던 것으로 보이는 창의적인 인물들이 과거에 참 많았다. 마찬가지로, 창의적인 사람들이 조울증 같은 정신병에 걸릴 위험이 더 높다는 사실을 보여주는 현대의 연구들도 있다. 수상 경력이 있는 영국의 화가들과 시인들을 조사한 케이 제이미슨은 화가/시인 집단이 일반인보다 조울증 치료를 받은 확률이 6배 더 높다는 사실을 밝혀냈다. 하지만 이 극단적인 연구 결과를 사용한다 해도, 조울증을 앓는 화가 및 시인들은 9퍼센트에 불과하고 90퍼센트 이상은 그런 병이 없었다. 하워드 휴즈, 파블로 피카소, 마이클 잭슨처럼 눈에 띄는 인물들이야 괴짜 같은 행동을 하면 언론과 출판계의 큰 관심을 받기 마련이지만, 창의적 공헌을 하는 대다수의 사람들은 그렇지 않다.

그렇다면 창의성을 인정받은 사람들 중에서 적어도 일부는 왜 특정 유형의 정신장애가 더 높게 나타날까? 이 문제에 대한 답은 간단하지 않다. 하지만 특정 유형의 정신장애를 앓으면, CREATES 모델의 즉흥적 사고와 연관된 브레인세트들과 유사한 의식 변성 상태로 더 쉽게 들어갈 수 있음을 암시하는 증거가 있다.

예를 들어, 알코올이나 약물에 약간 취하면 아이디어나 행동의 적절함을 평가하는 뇌 영역의 활동이 줄어든다. 이러한 '탈억제' 상태에 들어가면, 의식으로 흘러 들어오는 아이디어들이 더 많아진다. 그렇지 않은 상태에서는 아이디어들이 의식의 문턱에 닿기도 전에 뇌에 의해 제거되어버린다.

이와 마찬가지로, 주기적으로 조증 상태(좀 더 정확히 말하면, '경조증'이라는 조증 전 상태)에 빠지는 양극성장애를 가진 사람은 목표 지향적인 활동에 대한 욕구가 높다. 이러한 활동은 그림, 글쓰기, 작곡, 발명 혹은 모험적인 사업 같은 원형적인 창조 행위의 형태를 띠기도 한다.(물론, 제트기나 섬들을 마구잡이로 사들이는 요란한 쇼핑벽, 무분별한 치정 관계, 세상을 뒤집어엎으려는 성전 등의 해로운 결과를 낳기도 한다.)[9]

정신병 경향이 있는 사람들은 서로 관계가 먼 정보들을 연결 짓는 특이한 정신 연상을 구사한다.(서로 다른 개념들을 결합시키는 능력이 창의적 사고의 특정이라고 했다.) 이는 초연결성(hyperconnectivity)이라는 정신병적 뇌의 한 특징에 일부 기인한다. 평소에 기능적으로 잘 연결되지 않는 뇌 영역들이 동시에 활발하게 활동하는 것이다. 특이한 연상을 하는 이러한 경향은 참신하고 독창적인 아이디어로 이어지기도 하지만, 기괴한 생각을 낳기도 한다. 화성인들이 우리의 생각을 훔치려고 애쓰고 있다거나, 뉴스 앵커가 텔레비전 화면을 통해 비밀스런 사랑 메시지를 보내고 있다고 믿는 것처럼 말이다.[10]

정신장애를 가진 창의적 인물들을 연구함으로써, 우리는 창의적 사고 및 생산성과 관련된 뇌 상태에 대해 더 많은 사실들을 이해할 수 있었다. 사실, 자기 안의 고통과 싸워 우리의 삶에 아름다움과 편안함을 가져다준 창의적인 선구자들에게 우리는 큰 빚을 진 셈이다. 그들은 정신적 고통을 창작으로 변형시켜 우리 모두를 이롭게 했다. 그들에게 고마운 것은 창의적 행위뿐만이 아니다. 그들은 고통을 무릅쓰고 창작 과정에 대한 교훈을 우리에게 남겨주었다. 그들 덕분에 우리는 창의적 아이디어의 원천을 얻을 수 있는 브레인세트들에 들어가는 방법에 대해 더 많은 것을 배우고 있다. 뇌에 대한 새로운 지식을 갖추었으니, 이제 그 브레인세트들을 조절하고 이용하여 혁신성과 생산성을 높일 수 있다.

창의성과 정신장애에 대해 내가 강조하고 싶은 점은 약간의 기분장애나 정신병 경향은 창작에 이로울 수 있다는 것이다. 흡수·상상·연결·변형 브레인세트로 들어가기가 더 쉬워져, 평상시에는 뇌 여과기로 삭제되는 정보들이 더 많이 의식으로 흘러 들어와 창의적인 조합을 만들어낼 수 있기 때문이다. 그러나 대부분의 창의적인 사람들은 정신 질환을 앓지 않으며, 정신 훈련을 통해 적절한 뇌 상태로 들어간다. 우리 역시 이 책에 실린 훈련을 통해서 그런 뇌 상태로 들어갈 수 있다.

변형 브레인세트의 신경과학

2001년, 세인트루이스에 있는 워싱턴대학교의 신경과학자 마커스 라이클리는 사람들이 의도적인 문제 해결에 몰두하지 않을 때 오히려 활발해지는 뇌 네트워크를 발견했다. 라이클리는 이러한 뇌 회로에 '디폴트 모드(default mode)'라는 이름을 붙였다. 활동하지 않는 뇌의 디폴트 활성화 패턴이 이 네트워크를 포함하는 것처럼 보이기 때문이다. 4장에서 보았듯이, 디폴트 모드는 우리가 공상에 잠기거나 과거를 생각하거나 자기와 관련된 생각에 빠질 때 활발해진다. 적극적으로 문제를 풀려고 하면 활동이 줄어든다.

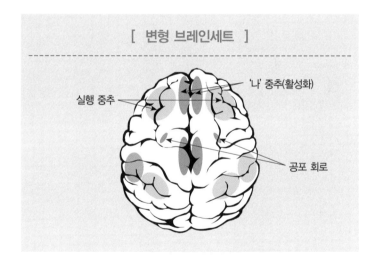

[변형 브레인세트]

디폴트 모드는 변형 브레인세트에서 중요한 의미를 지닌다. 3장에서 설명한 '나' 회로와, 기억 인출에 관련된 측두엽 영역들이 여기에 포함된다. 변형 브레인세트에 있으면, '나' 중추뿐만 아니라 뇌 깊숙한 곳에 있는 변연계 중추의 감정 회로들도 활성화된다. 특히, 우리가 부정적인 기분을 처리할 때 편도체가 활성화되고, 편도체와 전전두엽의 연결(공포 회로)도 활발히 움직인다.

변형 브레인세트는 주변 환경으로부터의 위축도 암시한다. 이는 영국의 심리학자 고(故) 제프리 그레이가 공포 같은 부정적 감정에 대한 반응으로서 처음 설명한 행동 억제 체계(Behavioral Inhibition System)의 활성화 때문이다. 행동 억제 체계와 대응 관계를 이루는 것은 보상 중추가 포함된 행동 활성화 체계(Behavioral Activation System)다. 이 체계는 우리가 의도적으로 주변에 몰두할 때 활성화된다.(이 두 가지 체계는 아주 원시적인 생물체에서도 발견되는 접근-회피 시스템의 인간 버전이다.) 변형 브레인세트와 연관된 자기 반영적이고 잡념과도 같은 불안감을 극복하는 효과적인 방법은 행동 활성화 체계의 활동을 의도적으로 높이는 것이다. 즉, 두렵거나 부정적인 감정 상태를 극복하고 싶다면 주변과 더욱 어울려야 한다는 것이다. 용기가 필요한 일이지만, 창의적인 사람이야말로 용감한 사람이다.(세상에 새로운 아이디어들을 소개할 생각이라면 용감해야 하지 않을까!)

언제 변형 브레인세트에 들어가야 할까

변형 브레인세트는 창의적인 프로젝트에 크나큰 감정적 힘을 불어넣어 준다. 캐릭터 형성, 음악적·예술적 효과, 사실적인 연기 등을 위해 감정을 이용해야 한다면 이 브레인세트에 일시적으로 들어가도 좋다. 하지만 이 브레인세트에 들어가면 부정적인 감정을 느끼고 자신의 능력을 의문시하게 된다. 이 브레인세트에 의도적으로 들어가기 전에 브레인세트를 바꿀 줄 아는 유연성부터 확실히 키워야 한다.(12장 참고.)

이 장에 담긴 훈련들은 부정적이고 자기 반영적인 뇌 상태를 이용하여 부정적인 생각과 감정을 창의적 재료로 변형시키는 방법을 이상적으로 알려준다. 부정적인 기분을 미술, 저술, 음악, 연극 등으로 표현하면, 깊숙한 감정을 표현하는 재능이 없는 타인들과 부정적인 감정의 경험을 함께 나눌 수 있다. 또한 절망에서 벗어나 희망으로 가는 여정을 보여주는 창작을 통해 인류의 타고난 강인함을 묘사할 수도 있다. 마지막으로, 창작에 깊이 몰두함으로써 부정적인 감정을 내쫓을 수 있다.

변형 브레인세트가 부정적인 기분과 지나친 자기 인식의 상태라면, 다음 장에서는 정반대의 브레인세트가 등장한다. 자기 자신을 잊을 정도로 도전적이고 창의적인 작업에 몰두하는 법을 배울 것이다. 창의적인 뇌가 성취할 수 있는 가장 보람 있고 즐거운 뇌 활성화 상태인 흐름 브레인세트로 곧 들어가게 된다.

변형 브레인세트 훈련

변형 훈련 1 **자신에 대해 생각하기: 지갑**

- **훈련의 목적:** 자신에 대한 생각에 집중하고 스스로를 더 잘 이해하기 위한 훈련이다. 백지 한 장, 필기도구, 지갑, 핸드백, 백팩, 혹은 서류 가방이 필요하다. 소요 시간은 15분 정도다.
- **순서:** 지갑, 가방, 서류 가방 안에 들어 있는 물건들을 테이블 위

로 쏟는다. 내용물들을 살펴본다.

- 자신의 성격, 자질, 특징을 대변해주는 물건을 3개 고른다.(지갑, 핸드백, 가방에 없는 물건이 떠오른다면, 지금은 없는 그 물건을 골라도 좋다.)
- 3개의 물건 각각에 대해 쓰고 그 물건이 어떻게 자신의 성격과 이어지는지 짧게 쓴다. 맞춤법이나 문법은 신경 쓰지 않아도 좋다. 그냥 느낌을 써본다.
- 다 쓰고 나서 쓴 내용을 쭉 훑어본다. 자신에 대해 배운 것이 있는가? 이 글들이 긍정적이거나 부정적인 자아상을 반영하고 있는가? 이 훈련을 계기로, 가지고 다니는 물건이 바뀔까?
- 사무실 책상 서랍, 벽장, 차의 글러브 박스처럼 자신의 물건이 들어 있는 다른 것으로도 이 훈련을 할 수 있다.

토큰 경제 시스템을 사용하고 있다면, 이 훈련을 마칠 때마다 변형 토큰 1개를 스스로에게 상으로 내린다.

변형 훈련 2 **자신에 대해 생각하기: 허구의 인물**

- **훈련의 목적:** 자신에 대한 생각에 집중하고 스스로를 더 잘 이해하기 위한 훈련이다. 백지 한 장과 필기도구가 필요하다. 소요 시간은 15분 정도다.
- **순서:** 현재의 자신을 떠올리게 하는 허구의 인물을 한 명 떠올려본다. 소설, 만화책, 영화, 텔레비전 드라마 등에 나오는 인물

을 고르면 된다.

- 이 인물과 자신의 모든 공통점을 한 문단으로 써본다. 외모, 성격, 가족과 직업, 연애, 미래의 꿈 등등 비교할 수 있는 점들을 고려한다.
- 이번엔 이 인물과 다른 점들을 쓴다. 위의 비교 사항들과 더불어 그 외의 모든 차이점들을 생각해본다.
- 마지막으로, 이 인물을 현실에서 알고 싶은지 쓴다. 그 이유는? 다 쓰고 나서 훑어본다. 자신에 대해 배운 것이 있는가?
- 이 훈련의 후속편으로, 자신이 되고 싶은 허구의 인물을 고른다. 처음에 사용했던 것과 똑같은 사항들로 서로 비교해본다. 공통점과 차이점 모두 쓴 다음 훑어본다. 차이점으로 쓴 내용을 토대로 하여 앞으로 변할 수 있을까?

토큰 경제 시스템을 사용하고 있다면, 이 훈련을 마칠 때마다 변형 토큰 1개를 스스로에게 선물한다.

변형 훈련 3 자신에 대해 생각하기: 핵심 강점들

- **훈련의 목적:** 자신에 대한 생각에 집중하고 자신의 강점을 이해하기 위한 훈련이다.[11] 백지 한 장, 인덱스카드 한 장, 필기도구가 필요하다. 소요 시간은 10~15분이다.
- **순서:** 다음의 강점들을 쭉 훑어본다.

진실성	풍부한 상상력	세상 물정에 밝음
끈기	패기	친절함
정직함	예술성	착한 마음씨
호기심	성숙함	분별력
너그러움	인내심	거시적 관점
창의성	정신적 강인함	분석력
열정	대담함	씩씩함
용감함	자긍심	의욕적
상냥함	책임감	배려
베풂	성실함	영리함
활력	공정함	재치
연민	정숙함	모험심
헌신	겸손함	느긋함
이해심	감사할 줄 아는 마음	눈치 빠름
정중함	영성	포용력
빠른 이해력	유머 감각	튼튼함
좋은 친구	타고난 리더	논리적
관대함	남의 허물 받아들이기	매력적
명랑함	자제력	차분함
낙관적	현명함	합리적
남들에게 귀감이 됨	지성	신뢰감

자신에게 해당되는 강점들을 모두 종이에 적는다. 창의력 훈련을 처음 하는 초보자라도 '창의성'은 꼭 포함시켜야 한다. 그 외에 어떤 강점을 골라야 할지 확신이 안 선다면, 다른 사람들에게서 들었던 말을 생각해본다. 그래도 모르겠다면, 자신을 잘 아는 사람에게 물어본다.

- 목록에 없는 강점이 생각나면 덧붙여 적는다.
- 10개 이상의 강점을 써야 한다. 이보다 적으면 다시 목록을 훑어보고, 선택하지 않았던 강점들에 대해 생각해본다. 그러면 자신의 강점을 더 찾을 수 있을 것이다.
- 자신이 작성한 목록을 보면서, 인생 문제를 처리하는 데 중요한 정

도에 따라 순위를 매긴다. 5위 안에 '창의성'을 포함시켜야 한다.

- 상위 5개가 바로 자신의 핵심 강점들이다. 각각의 강점들을 인덱스카드에 '나는 ~다.'와 같은 문장으로 적는다. 카드 맨 밑에 이렇게 적는다. '이 강점들을 이용해서 역경을 이겨내고 목표를 이룰 것을 맹세한다.' 카드에 서명하고 날짜를 적는다.

- 아침에 일어나서 제일 먼저, 잠들기 전에 마지막으로 볼 수 있는 곳에 카드를 둔다. 지갑이나 주머니 안, 욕실 거울, 혹은 부엌 찬장 문 안쪽 등도 좋다. 카드를 보면서, 어려운 일이 생겨도 기댈 수 있는 핵심 강점들이 자신에게 많다는 사실을 깨닫는다. 창의적인 뇌도 그 강점들 중 하나다.

토큰 경제 시스템을 사용하고 있다면, 핵심 강점 카드 작성과 이 훈련을 마친 상으로 변형 토큰 3개를 자신에게 선물한다.

변형 훈련 4 느낌: 자신의 느낌 설명하기

- **훈련의 목적:** 자신의 느낌을 더 잘 이해하고 설명하기 위한 훈련이다. 백지 한 장과 필기도구가 필요하다. 소요 시간은 12분 정도다.
- **순서:** 조용한 곳에 앉아, 현재의 느낌에서 빠져나가 객관적으로 관찰해본다.

- 지금의 느낌을 쓴다. 바로 지금 어떤 감정, 어떤 기분, 어떤 정동을 경험하고 있는가? 자신의 느낌을 묘사하는 문장을 3개 이상 써본다.

- 바로 지금 몸의 느낌이 어떤지 쓴다. 긴장, 고통 혹은 답답함이 느껴지는 신체 부위를 자세히 살펴본다. 이런 육체적인 느낌을 적는다. 이런 느낌이 감정으로 이어지는 것 같은가? 그렇다면 현재의 육체적 상태와 감정적 상태가 어떻게 연결되는 걸까? 이에 대한 생각을 쓴다.
- 자신의 정신 상태를 생각해본다. 감정 때문에, 집중하는 데 어려움을 겪고 있는가?
- 마지막으로 행동 경향을 생각해본다. 어떤 특정 행동을 하고 싶은 충동을 느끼고 있는가? 도망치거나, 어떤 사람이나 물건에 달려들어 때리거나, 바닥 속으로 사라져버리거나, 누군가를 껴안고 싶은가?
- 이 훈련의 목적은 느낌을 최대한 자세하고 정확하게 묘사하는 것이다. 다 쓰고 나면 쓴 내용을 다시 읽어본다. 자신의 느낌을 적절하게 설명하고 있는가?
- 일주일에 한 번 이상 이 훈련을 한다. 자신의 느낌을 통찰하고 자기표현 기술을 개발하는 계기가 될 것이다. 창작의 질을 높여줄 감정적 지성을 키우는 데도 도움이 된다.

토큰 경제 시스템을 사용하고 있다면, 이 훈련을 마칠 때마다 변형 토큰 1개를 스스로에게 상으로 준다.

변형 훈련 5 **느낌: 자신의 느낌 그리기**

– 훈련의 목적: 자신의 느낌을 더 잘 이해하고 설명하기 위한 훈련

이다. 종이 한 장이나 스케치북, 크레용이나 색연필, 혹은 물감이 필요하다. 타이머나 스톱워치도 필요하다. 소요 시간은 10분 정도다.

- **순서:** 조용한 곳에 앉아, 현재의 느낌에서 빠져나가 객관적으로 관찰한다.

- 타이머를 5분에 맞춰놓고 종이에 느낌을 그린다. 적당한 아무 색깔이나 사용한다. 스스로에게 제약을 걸지 않는다. 그냥 색깔들을 골라서 마음 내키는 대로 그린다. 마음속에 떠오르는 건 무엇이든 그린다. 추상적인 그림이든 사실적인 그림이든 내면에서 나온 그림이라면 상관없다. 5분을 꽉 채우도록 노력한다.
- 타이머가 울리면 그림을 훑어본다. 추가할 것이 있으면 타이머를 다시 5분에 맞춰놓는다.
- 완성된 그림을 훑어본다. 자신의 느낌을 적절히 묘사하고 있는가? 그림을 음미하면서 자신에 대해 배운 것이 있었는가?
- 일주일에 한 번 이상 이 훈련을 한다. 자신의 감정을 통찰하고 자기표현 기술을 개발하는 계기가 될 것이다.

토큰 경제 시스템을 사용하고 있다면, 이 훈련을 마칠 때마다 변형 토큰 1개를 스스로에게 선물한다.

변형 훈련 6 느낌: 음악과 기분

- **훈련의 목적:** 자신의 느낌을 더 잘 이해하고 '기분 유연성'을 키

우기 위한 훈련이다. 음악이 저장되어 있는 CD, MP3, 테이프 등이 필요하다. 소요 시간은 30분 정도다. 훈련을 위한 음악을 고르는 시간도 추가적으로 필요할 것이다.

- **순서:** 지금의 기분이나 느낌과 일치하는 음악 세 곡을 고른다. 클래식부터 재즈, 랩까지 무슨 장르든 상관없고, 연주곡이든 노래든 괜찮다. 세 곡이 모두 같은 장르일 필요는 없다.

- 이제, 지금 느끼고 싶은 감정에 어울리는 음악 세 곡을 선택한다. 부정적인 기분에 있을 때는 긍정적인 것을 생각하기가 어렵기 때문에(이를 기분 일치 기억이라고 한다.) 세 곡을 찾는 데 시간이 조금 걸릴지도 모른다.

- 마지막으로, 들어도 상관은 없지만 어떤 기분이나 감정을 불러일으키지 않는 중립적인 음악을 한 곡 고른다.

- 현재의 기분과 일치하는 세 곡, 중립적인 음악 한 곡, 느끼고 싶은 기분과 어울리는 음악 세 곡의 순서로 재생 목록을 짠다.

- 이제 눈을 감고 일곱 곡을 듣는다. 지금 기분과 일치하는 첫 세 곡을 듣는 동안 그 곡들이 전하는 기분에 젖는다. 기분과 일치하지 않는 마지막 세 곡을 듣는 동안 음악에 기분을 맞추고 정말로 그 기분에 빠지려고 노력한다.

- 음악을 다 듣고 나서 현재 기분을 점검해본다. 원하던 기분에 조금 더 가까워졌나?

- 음악은 강력한 기분 조절 장치다. 이런저런 음악들로 실험해보고 자신에게 가장 효과적인 곡을 찾는다. 요점은 현재의 기분에

맞는 곡으로 시작해서 원하는 상태의 곡으로 진행해야 한다는 것이다. 기분이 울적할 때 즐거운 음악을 들으면 오히려 역효과가 나서 더 부정적인 기분에 빠질 수 있다. 현재 기분에 맞추다가 서서히 변화를 가져와야 한다. 훈련 후에는 기분에 일치하는 곡, 중립적인 곡, 바라는 기분에 일치하는 곡을 각각 하나씩만 써도 기분을 바꿀 수 있게 될 것이다.

토큰 경제 시스템을 사용하고 있다면, 이 훈련을 마칠 때마다 변형 토큰 1개를 스스로에게 선물한다.

변형 훈련 7 ▶ 불만족: 자신의 불만에 대해 쓰기

- **훈련의 목적:** 불만족스런 영역과 관련된 자기표현을 연습하고 이 불만족 상태를 인지적으로 처리하는 기술을 높이기 위한 훈련이다. 이 훈련은 매일 거의 같은 시간에 3일 연속으로 해야 한다. 3일 동안 매일 15분을 투자할 여유가 없다면 이 훈련을 시작할 수 없다. 줄이 쳐진 공책과 필기도구, 혹은 컴퓨터의 워드 프로세서를 써도 좋다. 이 훈련은 '감정 표현 글쓰기(emotive writing)'라고 불린다. 텍사스 대학의 심리학자 제임스 페니베이커가 개발한 훈련으로서, 수천 명의 검사를 거친 결과, 육체적·정신적 건강 모두에 이로운 영향을 미친다는 사실이 증명되었다.[12]
- **순서:** 아무런 방해도 받지 않고 글을 쓸 수 있는 조용한 장소를 찾는다. 타이머를 15분에 맞춰놓고 다음의 지침에 따라 쓰기 시작한다.

- 3일 동안, 자신과 자신의 인생에 영향을 미친 아주 중요한 일에 대한 진심 어린 생각과 느낌을 쓴다. 쓸 때는 자신의 깊숙한 곳에 있는 감정과 생각을 탐구해야 한다. 부모, 애인, 친구, 친척 등을 포함한 타인과의 관계, 자신의 과거, 현재, 미래, 혹은 과거의 자신과 원하는 자신의 모습 혹은 지금의 자신 등이 주제가 될 수 있다. 3일 동안 똑같은 문제나 경험에 대해 써도 좋고, 매일 다른 주제에 대해 써도 상관없다. 이 글을 읽는 사람은 자기 자신밖에 없다. 맞춤법이나 문법은 신경 쓰지 않아도 된다. 유일한 규칙은, 쓰기 시작하면 시간이 끝날 때까지 계속 써야 한다는 것이다.

- 그날의 글쓰기가 끝나면 옆으로 치우고 다시는 보지 않는다. 다음 날 쓰기를 시작할 때는 전날 쓴 것을 읽어보지 않는다. 이 훈련의 가치는 실제 글쓰기에 있다. 이미 쓴 것을 본다고 해서 이로울 건 없다.

토큰 경제 시스템을 사용하고 있다면, 3일간의 글쓰기를 마친 대가로 6개의 변형 토큰을 자신에게 선물한다.

변형 훈련 8 **불만족: 구원의 이야기**

- **훈련의 목적:** 불만족스러운 영역에 대한 자기표현을 연습하고 불만족스러운 상태를 완화시키는 기술을 키우기 위한 훈련이다. 줄이 쳐진 공책과 필기도구, 혹은 컴퓨터의 워드 프로세서가 필요하다. 타이머나 스톱워치도 필요하다. 이 훈련은 한 번에 끝나

지 않을 수도 있다. 하지만 일단 시작했다면 꼭 끝내야 한다. 훈련을 할 때마다 시간을 20분으로 잡는다.

– **순서:** 아무런 방해도 받지 않고 글을 쓸 수 있는 조용한 곳을 찾는다. 타이머를 20분에 맞춘다. 다음의 지침에 따라서, 인물 변화와 줄거리를 갖춘 짧은 이야기를 써본다.

- 자신과 똑같은 불만을 가진 주인공을 설정한다. 주인공과 그의 불만들을 자세히 묘사한다. 이야기의 줄거리는 주인공이 인생역전으로 불만의 근원을 해결한다는 내용이다. 이야기 속의 사건들은 현실적이어야 한다.(백마 탄 왕자님이 와서 구해준다거나 요술 할머니가 마법을 부려준다거나 하는 내용은 안 된다!) 주인공은 비참한 현재에서 벗어나 더 나은 미래를 일구는 방법을 찾아내야 한다. 그리고 그 과정에서 인물의 성장이 있어야 한다. 즉, 주인공이 의미 있는 변화를 경험해야 한다. 1인칭 시점이든 3인칭 시점이든 상관없다.
- 어떻게 해서든 이야기를 완성한다. 주인공이 불만족스러운 상태에 계속 매달려 있게 내버려두는 일은 없어야 한다!
- 이야기가 완성되면 쭉 읽어본다. 주인공의 성장을 통해 유용한 교훈을 얻었는가?

토큰 경제 시스템을 사용하고 있다면, 이야기를 완성한 대가로 변형 토큰 4개를 자신에게 선물한다.

흐름 브레인세트: 창의적으로 수행하라

상상력의 특징은 얼어붙어 있지 않고 흐르는 것이다.

— 랠프 월도 에머슨[1]

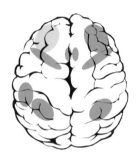

2009년 1월 15일 오후 3시 25분, US 항공 1549편 여객기가 뉴욕의 라가디아 공항에서 노스캐롤라이나 주의 샬럿을 향해 출발했다. 기장은 첼시 설른버거였다. 6분이 채 안 돼 비행은 끝이 나버리고 1549편의 승무원들은 항공 역사에 길이 남을 만한 일을 하게 된다. 착륙 직후 캐나다기러기 떼와 충돌한 에어버스 A320의 엔진이 추력을 잃고 말았다. 비행기는 추락하기 시작했고, 라가디아 공항으로 돌아가거나 가까운 사설 공항으로 들어갈 수 있는 여유가 없었다. 설른버거는 커다란 비행기를 조지워싱턴 다리 위로 아슬아슬하게 넘긴 뒤 허드슨 강에 능숙하게 착륙시켜 155명의 목숨을 구했다. 그는 이 어려운 과제에 딱 들어맞는 경험과 기술을 갖고 있었다. 그날 설른버거 기장과 승무원들은 벌어지고 있는 사건들에 대한 즉흥적인 대응을 술술 이어나갔다. 1549편의 착륙은 영웅적이고도 창의적인 업적이었다.

창의적인 수행은 인간의 거의 모든 활동 영역에서 가능하다. 지식과 기술을 현재 진행 중인 과제에 참신하고 독창적인 방식으로 적용할 때마다 우리는 흐름 브레인세트 안에서 창의적인 수행을 하고 있는 것이다.

흐름 브레인세트는 심리학자 미하이 칙센트미하이가 '플로(flow)'라고 부르는 뇌 활성화 상태다.[2] 이 상태에 있으면 도전적인 상황의 미묘한 차이에도 완전히 몰입하게 된다. 이 브레인세트에서 우리는 자기 자신도, 시간도 잊어버리고, 과제를 즉흥적이고 능숙하게 수행한다. 1549편의 조종실 음성 녹음을 들어보면, 곧 죽을지도 모른다는 생각 때문에 공포에 떠는 남자의 목소리가 아니라 자신의 일에 완전히 몰입한 잘 훈련된 전문가의 목소리가 들린다.

흐름 브레인세트는 한 과제에 대한 일련의 반응들을 이어 맞추도록(즉 흐름으로 이어지도록) 해준다. 각각의 반응들은 창의적이지 않을 수도 있지만, 그것들이 한데 모이면 연구자들이 '생태학적으로 적절한 창의적 행동'이라고 부르는 즉흥적인 수행이 된다. 즉, 현재 정황과의 관계가 창의적 행동을 일부 형성한다는 것이다. 이는 재즈 음악가들, 즉흥 배우, 신경외과 의사, 무의식적으로 글을 쓰는 소설가들, 경기에 완전히 몰두한 테니스 선수들이 보여주는 창의성의 유형이다.

'플로', '절정 체험' 혹은 흐름 브레인세트 진입의 최종 결과는 거의 종교적인(혹은 설른버거의 말대로 '초현실적인') 체험만큼 강렬한, 자아와 행동의 독특한 뒤섞임이다.

다행히도, 흐름 브레인세트가 불러일으키는 플로 상태를 경험하기 위해 꼭 1549편 같은 죽음 직전의 체험을 할 필요는 없다. 이러한 상태의 심리학적 특징을 30년간 연구한 칙센트미하이에 따르면, 어떤 육체적 혹은 정신적 활동도 플로를 발생시킬 수 있다. 단, 그런 상태에 빠질 수 있는 과제의 조건들이 있다. 완전한 집중과 헌신을 필요로 하고, 즉각적인 피드백을 받을 수 있으며, 자신의 기술 수준에 걸맞은 도전적인 과제라야 한다. 칙센트미하이가 자신의 저서 『창의성의 즐거움Creativity: Flow and the Psychology of Discovery and Invention』에서 설명한 플로 상태의 조건들을 살펴보자.

- 뚜렷한 목표가 있다. 플로 상태에 들어가려면, 활동의 마지막 목표와 중간 목표들이 확립되어 있어야 한다. 비행기를 안전하게 착륙시키는 일이든 음악을 연주하는 일이든 마찬가지다. 비행기 조종사는 지켜야 할 절차들의 점검표가 있고 음악가는 연주해야 할 음들이 있다. 즉, 활동의 종착점까지 가는 길에는 '구간별 이정표'들이 있다.
- 행동에 대한 즉각적인 피드백이 있다. 우리는 각각의 이정표에 성공적으로 도착했는지를 알 수 있다. 음악가는 적절한 음이 연주되었는지 들을 수 있고, 비행기 조종사는 비행기 몸체의 반응으로부터 피드백을 얻는다.
- 과제의 수준과 자신의 기술 수준이 잘 맞아야 한다. 과제의 수준이 너무 높으면, 초조함과 좌절감을 느끼게 된다. 과제의 수준이 너무 낮으면, 지루해진다. 자신의 기술과 과제의 난이도가 딱

맞아야 플로 상태로 들어갈 수 있다.

플로의 이런 조건들이 충족되고 나면 그 후의 정신 상태는 다음과 같은 특징을 띤다.

- 행동과 의식이 융합된다. 다른 자극은 처리할 수 없을 정도로 온 집중력을 쏟아부어야 하는 과제를 수행할 때 이런 융합이 일어난다. 칙센트미하이에 따르면, 우리는 1초당 약 110조각의 정보를 처리할 수 있다. 그 정도의 집중력을 필요로 하는 과제라면, 자기 자신을 생각할 여유 같은 건 없을 것이다.
- 주위의 산만함은 알아채지 못한다. 당면 과제에만 모든 주의가 쏠려 있다.
- 실패를 걱정하지 않는다. 바로 지금 눈앞에 닥친 일에 집중하기 때문에 걱정 같은 것이 비집고 들어올 공간이 없다. 예를 들어, 설른버거는 CBS와의 인터뷰에서, 새 떼와 충돌한 후 잠시 동안은 비행기를 성공적으로 착륙시키지 못할까 봐 걱정하지 않았느냐는 질문을 받았다. 그는 그런 생각은 전혀 하지 않았다고 힘주어 말했다. 그 일을 해낼 수 있는 자신의 능력을 확신하고 있었던 것이다.
- 자의식이 사라진다. 자아의 경계선이 점점 흐릿해지면서 자신보다 더 큰 무언가의 일부가 되어 우주와 조화를 이룬다. 예를 들어, 설른버거는 CBS와의 인터뷰에서, 처음에는 곤경에 처한 상황에 순간 긴장했다고 말했다. 그걸 무시한 다음, 비행

기 착륙에 집중해야 했다. 그 반응을 막고 나자 오로지 당면 과제에만 집중할 수 있었고, 그의 자의식적인 반응은 쏙 들어가 버렸다.

- 시간이 뒤틀린다. 시간의 속도가 빨라져서 몇 시간이 마치 몇 분처럼 느껴진다. 혹은 더 느려지기도 한다. 예를 들어, 테니스 경기에서 상대 선수의 서브를 되받아치기 위해 자세를 잡을 때는 세상의 모든 시간을 다 가진 듯한 기분이 든다.

- 활동 자체가 목적이 된다. 즉, 활동이 어떤 목적을 위한 수단이 아니라 본질적으로 가치를 지니게 된다. 설른버거는 잠깐의 유명세를 타기 위해서가 아니라 비행기 착륙이라는 목표를 달성하기 위해 노력했다.

우리는 참신하고 유용하여 창의적이라 부를 수 있는 넓은 범위의 행위에서 플로를 경험할 수 있다. 이 장에서는 플로와 흐름 브레인세트를 자세히 살펴보고, 이 상태를 이용하여 창의적 생산과 수행을 높이는 방법을 찾아보자.

흐름 브레인세트의 정의

나는 흐름 브레인세트를, 시간이 사라지고 자기 자신을 잊어버린 채 당면 과제에만 집중하는 뇌 상태라고 정의했다. 지금 하고 있는 일과 하나가 되는 것이다. 이런 정도의 몰입은 흡수 브레인세트를 생각나게 한다. 하지만 흐름 브레인세트에서는 스스로 시작한 외부 지향적 활동에 몰두하지만, 흡수 브레인세트에서는 오감이나 기억 혹은 시각적 이미지를 통해 의식으로 들어오는 정보에 몰두한다. 이 두 브레인세트에서 정보와 활동은 정반대 방향으로 움직인다.

당면한 난제를 흠 없이 수행할 수 있게 해주는 이 상태를 설명해주는 요인들은 무엇일까? 첫째, 성공적으로 과제를 수행하려면 적절한 전문 기술을 갖추고 있어야 한다. 둘째, 활동에 전념하기 위한 내재적 동기가 있어야 한다. 마지막으로, 도전적인 활동에 능숙하게 대응할 때 어느 정도 조직적인 일련의 단계를 거치며 '훈련된 충동'에 따라(즉, 자신의 행위를 의식적으로 평가하지 않고) 행동해야 한다. 즉, 즉흥적으로 움직여야 한다. 각각의 요소들을 개별적으로 살펴보자.

적절한 전문 기술

흐름 브레인세트에 들어가기 위해서는 적절한 전문 기술을 갖추고 있어야 한다. 물론, 당면 과제에 적절한 것이어야 한다.(비행기를 착륙시키는 일에 바이올린 연주 실력은 별 도움이 되지 않을 것이다.) 그러나 적절한 것만으로는 부족하다. 그 전문 기술이 뇌의 암묵 기억(implicit memory) 네트워크에 저장되어 있어야 한다.

암묵 기억은 무의식적으로 나올 수 있을 정도까지 학습된 정보를 담고 있다. 이는 가끔 '과잉 학습' 혹은 '근육 기억'이라고도 불린다. 대개는 암묵 기억의 내용을 말로 설명할 수 없지만, 의식적인 사고 없이 그 기억에 접근할 수 있다.(자전거 타기나 악기 연주가 그 예들이다.) 이와 반대로, 외현 기억(explicit memory)은 의식적으로 접근할 수 있는 정보를 포함한다. 학교에서 배운 대부분의 내용(바다의 이름이나 원소 주기표의 원소들)이 외현 기억에 저장된다. 개인의 자전적 기억들도 마찬가지다.[3] 그 차이점을 설명해보자면, 예를 들어, 모국어로 말하는 여섯 살짜리 아이를 생각해보자. 아이는 언어의 규칙이라는 외현 지식이 없지만, 그래도 적절한 문법과 구문법을 쉽게 사용할 줄 안다. 암묵 기억에 들어가 문장을 만들어내는 것이다. 그럼, 외국어를 배우는 어른은 어떨까? 새로운 언어의 어형 변화, 문법, 문장 구조를 배운 뒤, 이런 규칙들에 외현적으로 접근하여 문장을 만든다. 이런 외국어를 말할 때는 좀 더 노력을 들여야 하고, 암묵적으로 접근하는 말처럼 매끄럽게 나오지 않는다.

암묵 기억과 외현 기억을 끄집어낼 때 뇌의 서로 다른 영역이 사용된다. 이는 중요한 점이다. 도전적인 과제에 몰두해 있을 때는, 실행 중추의 메시지를 해마를 통해 전달하고 외현 기억에 저장되어 있는 정보를 올바른 순서로 하나하나 불러낼 시간이 없다. 그보다는 암묵 기억에 저장되어 있는 전문 지식이 뇌의 전(前) 운동 피질(지식을 행동으로 전환하는 일을 담당한다.)로 자동적으로 흘러가야 한다.

한 예로, 재즈 음악가가 악기 연주를 처음 배울 때는 각 음을 내는 방법에 대한 정보가 외현 기억에 저장된다. 하지만 점점 더 능숙해짐에 따라 어떤 화음을 내는 데 어떤 키를 눌러야 하는지 굳이 생각하지 않아도 된다. 이와 마찬가지로, 설른버거 같은 비행기 조종사는 비행기 조종법을 외현적으로 배운다. 하지만 몇 년 동안 연습과 훈련을 거친 후에는 비행 기술에 대한 지식이 점차 암묵 기억 시스템으로 옮겨진다. 숙련된 조종사는 비행기가 받는 공기 저항력에 반사적으로 반응하여, 의식적인 계산 없이도 올바른 비행경로를 유지할 줄 안다.

암묵적인 전문 기술을 갖추려면 시간과 연습과 헌신이 필요하다. 대부분의 분야에서 전문 기술을 갖추는 데 10년 정도 걸린다는 과학적 연구 결과가 있다. 윌리엄 체이스와 노벨상 수상자인 허버트 사이먼은 체스 선수들에 대한 유명한 연구에서 '10년 법칙'의 첫 증거를 제시했다. 그들은 초보 체스 선수가 전문가가 되려면 10년 동안 강도 높은 훈련을 해야 한다는 사실을 발견했다. 이는 16세에 그랜드 마스터가 된 바비 피셔에게도 적용되었다. 그가 어린 나이에 전문 기술을 습득할 수 있었던 것은 6세 때부터 일찌감치 체스에 큰 흥미를 느꼈기 때문이다.(그리고 정확히 10년 후 그랜드 마스터 자리에 올랐다.)[4]

체이스와 사이먼의 연구 이후, 또 다른 분야의 비범한 성과들을 조사해본 연구자들은 10년 법칙이 과학에서부터 작곡, 문학, 춤에 이르기까지 거의 모든 영역에 걸쳐 적용된다는 사실을 밝혀냈다. 제프 콜빈은 베스트셀러 『재능은 어떻게 단련되는가 *Talent is Overrated*』에서 비틀스조차도 존 레논과 폴 매카트니가 10년 동안 함께 연습한 뒤에야 로큰롤을 변형한 음악을 만들기 시작했다고 지적했다. 불더에 있는 콜로라도 대학의 연구자 K. 앤더스 에릭슨과 그의 동료들은 10년 법칙의 증거들을 아주 많이 발견했고, 에릭슨은 전문가와 풋내기의 차이는 타고난 능력보다는 고된 연습 시간에 있다고 주장했다. 마지막으로, 하워드 가드너는 『열정과 기질 *Creating Minds*』에서 앨버트 아인슈타인, T. S. 엘리엇, 파블로 피카소 등등 아주 다양한 창의적 인물들에게서 놀랍게도 10년 법칙의 증거를 발견했다고 말한다.

물론 10년 법칙의 몇몇 예외가 있긴 하지만(작시보다는 심장 수술의 전문 기술을 습득하는 데 더 많은 시간이 걸릴 것이다.), 특정 영역의 기술들을 내재화하여 암묵적 지식으로 만들려면 수년의 훈련이 필요하다. 복잡한 전문 기술을 자신의 것으로 만들기만 하면, 자신만의 스타일을 개발하여 분야 전체를 뒤흔들 혁신을 일으킬 수 있다.

자기 분야의 뛰어난 전문가가 되는 데 필요한 기나긴 시간을 생각하고 지레 주눅이 들지도 모르겠지만, 매일의 창의적 행위들(자신의 삶을 풍요롭게 하고 가족과 지역 사회의 안녕에 기여해줄 행위들)은 세계 일류의 수준이 아닌 암묵적 기술들로도 성취할 수 있다. 초보자라도 창의적인 활동에 참여하는 동안 확실히 흐름 브레인세트에 들어갈 수 있다. 어떤 분야의 복잡한 측면들을 습득하지 못했다 해도 기본에 숙달하면 가능한 얘기다.

예를 들어, 몇 년 전 수채화 수업을 처음 들은 나는 어느 날 오후, 앞 포치에 있는 제라늄 화분을 그리며 아주 즐거운 시간을 보낼 수 있었다. 얼마나 몰두했는지 나 자신을 완전히 잊어버렸다. 시간과 주위 소음이 점점 사라지고, 정신을 차려보니 어느새 날이 어두워지고 있었다. 여섯 시간이나 흐른 뒤였다! 나는 그 그림을 액자에 넣었다. 걸작이라서가 아니라, 그 그림을 그리면서 놀라운 경험을 했기 때문이다. 풋내기 수채화가인 내가 어떻게 흐름 브레인세트에 들어갈 수 있었을까? 내게 암묵적 기술이 전혀 없는 건 아니었다. 오랜 세월 펜, 연필, 크레용으로 그림을 그렸다. 직선과 원을 그릴 줄 알았고, 수년 동안 표면에 색을 칠한 경험이 있었다.(적어도 두 번 내 집의 모든 방에 페인트칠을 했고, 매일 화장을 한다.) 결론은 이렇다. 암묵 기억에 부분적으로나마 저장된 기술이 있고 그 기술을 사용할 과제가 있다면, 흐름 브레인세트에 들어갈 수 있다.

암묵 기억에 저장된 정보를 즉각적으로 꺼내기 위한 목적 말고도, 당면 과제에 대한 전문 기술을 갖춰야 하는 또 다른 이유가 있다. 전문 기술을 자신의 것으로 만들면, 자기 분야에서 훌륭한 수행이란 어떤 것인지도 제대로 이해하게 된다. 즉, 자신이 제대로 하고 있는지 무의식적으로 아는 것이다. 왜 이것이 중요할까? 과제를 수행할 때 끊임없는 피드백을 받을 수 있다. 주변에서 끊임없는 피드백이 오는 경우도 있다. 예를 들어, 테니스를 치고 있다면, 발리의 성공 확률과 합산된 점수로부터 피드백이 온다. 재즈 앙상블을 연주하고 있다면, 자신의 연주가 다른 음악가들의 연주와 어우러지는 방식에서 피드백이 올 것이다.

그러나 소설을 쓰고 있다면, 펜이나 키보드에서 흘러나가는 문장들의 '적절함'에 대한 자신의 평가만이 피드백이 된다. 그리고 그것은 좋은 글쓰기에 대한 지식에서 비롯된다. 실제로, 과학, 발명, 예술의 많은 영역에서 창작자가 받는 유일한 피드백은 자기 자신의 내재화된 지식뿐이다.

칙센트미하이는 이 꾸준한 피드백이 플로 경험에 꼭 필요하다고 주장한다. 그것은 도전적인 과제를 계속해나갈 수 있는 동기를 부여해준다. 일이 잘되어가고 있다는 걸 알면, 계속해나갈 내재적 동기를 얻게 된다.

내재적 동기

흐름 브레인세트에 들어가려면 암묵적 기술뿐만 아니라 내재적 동기도 필요하다. 내재적 동기란, 외적 보상(명예, 부, 혹은 감방 신세를 면하는 것)보다는 내적 보상 때문에 과제에 몰두한다는 의미다. 칙센트미하이에 따르면 흐름 브레인세트, 즉 플로 상태에 있으면, '자동적으로' 활동에 임하게 된다. 즉, 활동 자체가 목적이 되는 것이다.

하버드 경영 대학원의 교수이자, E 잉크(전자책의 혁명에 일조한 기업 그룹) 같은 기업들의 컨설턴트를 맡고 있는 심리학자 터리사 애머빌은 내재적 동기가 창의적 작업에 미치는 영향에 대해 광범위한 연구를 실시했다. 그녀의 연구는 내재적 동기를 가지고 있는 사람들이, 상품이나 돈 같은 외적 보상만을 위해 일하는 같은 기술 수준의 다른 사람들보다 더 창의적으로 작업을 수행한다는 사실을 거듭 증명해 보였다. 예를 들어 1980년대에 그녀가 실시한 일련의 연구에서, 콜라주 같은 창의적인 과제를 허락받은 초등학생들이, 작업의 대가로 상을 받은 아이들보다 더 창의적인 결과물(훈련받은 예술 평가자들의 평가로 판단)을 냈다. 애머빌은 화가들과 작가들, 그리고 소비재 및 첨단 기술 기업들의 창의적 직원들도 연구했다. 이 연구 결과 역시 내재적 동기와 창의적 몰입의 상관관계를 암시한다. 『패스트 컴퍼니』의 빌 브린과의 인터뷰에서 애머빌은 "창의적인 사고를 하는 사람들은 하루하루의 일당은 생각하지 않는다. 자기 보너스를 궁금해하며 많은 시간을 보내는 소수의 사람들은 창의적인 사고를 거의 하지 않았다."고 전했다.[5]

일상생활의 활동에서 내재적 동기를 높일 수 있는 방법이 있을까? 두 가지 기본적인 방법이 있다. 첫째, 자신이 정말 좋아하는 활동에 더 많은 시간을 투자하는 것이다. 둘째, 이미 하고 있는 활동의 동기 부여적인 측면을 부각시킨다.(이 두 가지 방법을 연습하려면 변형 훈련 2와 3을 보라.)

내재적 동기를 얻으려면 최적의 각성 수준을 찾아야 한다. 과제의 난이도가 너무 높으면, 초조함과 좌절감을 느낄 것이다.(과도한 각성.) 난이도가 너무 낮으면, 따분해진다.(너무 약한 각성.) 수행 과정을 통제할 수 있는 한도 내에서, 과제의 난이도와 자신의 전문성 수준을 잘 맞춰야 한다. 과제가 너무 단순해 보이면, 온전히 집중할 수 있도록 수준을 한 단계 높이면 되는데, 그 방법이 몇 가지 있다.

• 과제에 시간제한을 두거나 최종 기한을 정해둔다.

예: 비행기의 조류 충돌을 막기 위한 조류 통제의 환경적 영향에 대한 보고서 50부를 회의 발표 자료로 정리해야 한다. 1분에 한 부씩 페이지 순서를 맞춰 노란색 폴더에 넣을 수 있는지 시간을 재본다. 스스로 정한 마감 시간 50분을 단축할 수 있을까? 시간 목표를 정해서 그 일을 따분한 잡일보다는 도전적인 과제로 만들면 시간은 훨씬 더 빨리 갈 것이다.

• 과제에 대한 고마움을 느낀다.

예: 집 안의 먼지를 터는 일이 과제라면, 먼지를 털면서 각각의 가구들을 찬찬히 감상한다. 그 가구를 어떻게 구했는지 회상하고 그때의 추억에 푹 빠져본다. 또, 밑을 치우기 위해 가구를 옮기면서 그 가구를 갖고 있는 것이 얼마나 행운인지 생각한다. 자신이 가진 모

든 것에 느끼는 고마움은 과제에 대한 내재적 동기를 높여줄 것이고, 그러면 그 일에 푹 빠지기 시작할 것이다.

• 과제 수행의 기준을 높인다.

예: 결혼 선물을 해준 사람들에게 감사 카드 120장을 쓰는 것이 과제라면, 모든 카드에 똑같은 진부한 말만 되풀이하기보다는 카드마다 재미있는 반전이나 독창적인 메시지를 담으려고 노력해본다. 자신의 작업에 자긍심을 느낄수록 내재적 동기가 올라가고 과제에 몰두하게 된다.

반면, 자신의 기술 수준에 비해 과제의 난이도가 너무 높은 것 같은 생각이 든다면, 난이도를 내릴 수 있는 방법을 찾아서 초조함을 느끼거나 주눅 들지 않도록 해야 한다.

• 과제를 작은 부분들로 나눈다.

예: 7만 단어의 논픽션 원고를 6개월 안에 완성하는 것이 과제라면, 내용을 장(章)들로 나누고, 각 장을 더 작은 부분들로 나눈다. 물론 각각의 부분들과 전체의 관계를 계속 염두에 두어야겠지만, 한번에 한 부분씩 작업하면 훨씬 덜 위축된 기분으로 의욕적으로 진행해나갈 수 있다.

• 기술을 보강한다.

어떤 중대한 과제를 처리할 암묵적 기술이 부족하다고 생각되면 미루는 것도 현명한 방법이 될 수 있다. 하지만 자신이 현재 가지고 있는 실력을 되새길 필요도 있다. 한 가지 방법은 흐름 훈련 4에서 작성할 '성공한 과제들' 목록을 읽어보는 것이다.

즉흥성

지금까지는 적절한 전문 기술과 내재적 동기를 통해 흐름 브레인 세트에 들어가는 방법들을 알아보았다. '흐름'의 상태에 있으면 활동에 몰두하여 자기 자신을 잊고, 시시각각 반사적이고 적절한 반응을 하게 된다. 이를 가능케 하는 정신적 수단이 있다. 바로 '즉흥성(improvisation)'이다.

즉흥성이란, 내적인 혹은 외적인 자극에 대해 즉석으로 행해지는 일련의 연속적인 반응들이다. 흥미로운 점은, 그 각각의 반응들은 꼭 창의적이지 않아도 일련의 반응들이 축적되어 창의적인 하나의 작품을 만들어낸다는 것이다. 예를 들어, 재즈 음악가의 즉흥 연주를 생각해보자. 즉흥 연주의 각 단계는 12개의 음계들과 정해진 박자, 그리고 앞서 연주된 음에 의해 제약을 받는다.(재즈의 화성 진행은 일정한 규칙을 따른다.) 각각의 음이나 각각의 화성 진행은 창의적이지 못하다. 하지만 그런 진행들이 집합되는 방식은 창의적이다!

흔히 예술과 연관되긴 하지만, 즉흥적 수행은 거의 모든 영역에서 가능하다. 그것은 창의적인 행동의 원형이다. 자유롭게 생성된 선택들이 현재 상황에 적용되고, 특정 목표를 달성하는 방향으로 나아간다. 한번 시작된 즉흥적 반응은 '지체, 반성, 고의적인 방향 설정 혹은 명백한 통제가 없는 일련의 행위들'로 암묵 기억 체계에서 흘러나오는 것처럼 보인다. 이것이 바로 '충동성(impulsivity)'의 정의[6]이며, 즉흥성이란 '훈련된 충동성'으로 반응하는 것이다.

주의력결핍과다활동장애(ADHD) 같은 장애들에서 뚜렷이 나타나는 충동적 행동과 달리, 즉흥성이나 흐름 브레인세트와 연관된 충동적 행동은 임의적이지 않다. 암묵 기억 속의 전문 기술 훈련 '프로그램'에 저장되어 있는 한정된 일련의 반응들에 기초해 있다. 좀 더 간결하게 설명하자면, 전문 기술을 연마해놓은 분야의 도전적인 과제를 만나면 우리는 암묵 기억 속에 저장되어 있는 전문 기술 훈련 프로그램을 통해 충동적이고 반사적으로 반응하게 된다는 것이다. 이 프로그램들은 시시각각 변하는 과제의 난이도에 대응하여 신속하게 활성화된다.

물론, '훈련'이라는 단어를 옆에 붙인다 해도 '충동'이라는 말이 불쾌하게 느껴지는 사람도 있을 것이다.(평가 브레인세트나 이성 브레인세트가 정신 안락 지대인 사람에게는 더더욱 그럴 것이다.) 그렇다 해도 걱정할 필요 없다. 그런 사람들이 한둘이 아니니까 말이다. 예를 들어, 잘못된 말을 충동적으로 뱉을까 봐 사람들 앞에서 말하는 걸 두려워하는 성인들이 아주 많다. 계획적이고 의식적인 행동을 포기하기가 힘들다면, 긴장을 풀고 자기 안의 전문 지식을 믿는 연습을 해야 한다.

흐름 브레인세트와 플로 상태로 더 쉽게 들어가기 위해서는 즉흥성에 편해져야 한다. 비디오 게임을 할 때의 자신의 반응을 생각해보는 것부터 시작해도 좋다. 대중적인 게임인 테트리스를 예로 들어보자. 우리가 할 수 있는 대응은 몇 가지로 제한되어 있지만, 신속한 대응으로 게임에 숙달하는 것은 엄연한 능력이다. 의식적인 계획과 결정에 대한 욕구를 버리지 않으면 높은 단계까지 올라갈 수 없다. 게임은 너무나 빨리 진행된다. 하지만 무의식적인 대응 기술을 기르기만 하면, 기술 수준과 게임의 난이도가 딱 들어맞아 플로 상태에 들어가게 된다.(이것은 우연의 일치가 아니다. 비디오 게임 개발자들은 의도적으로 게임 프로그램에 플로의 요건들을 끼워 넣는다.) 그렇다면 흐름 브레인세트에 들어가는 비결이 비디오 게임을 많이 하는 것일까?

절대 아니다! 하지만 비디오 게임을 조금 하면 '계속 흐르는' 반응들을 느낄 수 있을 것이다. 즉흥극 단체에 가입하거나 재즈 같은 즉흥 연주를 배우면 즉흥성에 익숙해질 수 있다.(즉흥성을 연습하려면 흐름 훈련 5를 보라.)

암묵적으로 저장된 전문 기술, 내재적 동기와 최적의 각성 수준에 들어맞는 도전적 과제, 엄격한 인지적 통제에서 벗어나고자 하는 의지가 결합되면 플로 경험으로 이어질 수 있다. 내재적 동기와 최적의 각성 수준을 통제하여 의도적으로 흐름 브레인세트에 들어가면 더 많은 플로 상태를 경험할 수 있다.

흐름 브레인세트의 신경과학

무아지경의 상태로 상대 선수의 공을 받아치는 테니스 챔피언이나 고장 난 비행기를 안전하게 착륙시키는 조종사의 뇌를 정밀 촬영해볼 수는 없지만, 다른 그룹의 창의적인 사람들이 흐름 브레인세트와 연관된 즉흥적인 활동을 할 때의 뇌 상태를 조사한 연구들이 있다. 즉흥 연주 중인 전문 피아니스트들을 대상으로 한 연구에서 다음과 같은 흥미로운 결과가 나왔다.

- 좌뇌 실행 중추(의식적인 행동을 담당하는 우두머리)의 비활성화
- 전(前) 운동 영역(운동 반응 프로그램 선택)의 활성화
- 측두엽 연합 중추(음악과 그 외 형태의 즉흥적 수행을 도움)의 활성화
- 보상 중추의 약하지만 꾸준한 활성화

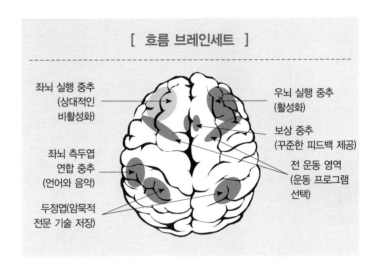

[흐름 브레인세트]

좌뇌 실행 중추
(상대적인
비활성화)

좌뇌 측두엽
연합 중추
(언어와 음악)

두정엽(암묵적
전문 기술 저장)

우뇌 실행 중추
(활성화)

보상 중추
(꾸준한 피드백 제공)

전 운동 영역
(운동 프로그램
선택)

2007년, 스톡홀름에 있는 카롤린스카 연구소의 스웨덴 연구자 사라 벵트손과 페테릭 울렌은 칙센트미하이와 팀을 이루어 fMRI 스캐너 안에서 특별 제작된 피아노 건반을 연주하는 클래식 피아니스트들을 연구했다. 2008년에는 미국국립보건원의 찰스 림과 앨런 브론이 구체적으로 전문 재즈 피아니스트들을 관찰했다. 두 연구 모두, 음악가들이 즉흥 연주를 할 때와 외워서 연주할 때의 뇌 활성화 패턴을 서로 비교했다. 이 연구들을 통해 즉흥 연주에만 반응하여 활성화되는 뇌 영역들을 분리시킬 수 있었다.

두 연구의 결과, 즉흥 연주에 좌뇌 실행 중추는 관여하지 않는다는 사실이 밝혀졌다. 비활성화 패턴을 조사한 한 연구는 좌뇌 배외측 전전두엽 피질의 활동이 줄어든다는 사실을 증명했다. 이런 상태를 신경과학자 아르네 디트리히는 '일시적인 전두엽 기능 저하'라고 부른다.(5장에서 흡수 브레인세트와 관련하여 '일시적인 전두엽 기능 저하 가설'을 검토한 바 있다.) 이런 상태는 인지적 탈억제(5장 참기)로 이어진다. 그래서 뇌의 다른 영역들에 모인 정보가 실행 중추와 판단 중추의 검열을 받지 않고 앞으로 흘러나갈 수 있게 된다.

정교하고 복잡한 행동이 가장 필요할 때, 왜 가장 현대적이고 정교한 뇌 영역인 실행 중추의 활동을 줄여야 할까? 실행 중추는 한 번에 처리할 수 있는 정보의 수가 한정되어 있기 때문이다.(이는 한 번에 4조각의 정보만 저장할 수 있는 작업 기억의 제한된 용량 때문이다.) 그러나 암묵 기억 체계는 용량의 한계가 없어서 많은 정보들을 동시에 처리할 수 있다. 이 정보들 각각을 암묵 기억에 저장되어 있는 반응 프로그램으로 생각한다면, 동시에 많은 대응을 해야 하는 어려운 과제에서 이 정보들을 신속하게 앞으로 흘려보내는 일이 왜 중요한지 알 수 있다. 용량이 제한된 실행 중추의 간섭은 방해만 될 뿐이다.

플로 상태 동안 활발해지는 또 다른 뇌 영역은 보상 중추다. 주변이나 혹은 자기 자신의 전문 지식으로부터 긍정적인 피드백을 받으면, 보상 중추가 약하지만 꾸준히 활동한다. 활성화 정도는 의식하지 못할 정도로 약할 수 있다. 하지만 행동에 영향을 미치고 현재의 노력에 동기를 부여해주기에는 충분하다.[7] 칙센트미하이가 지적하듯이, 플로를 한창 경험하고 있는 사람은 강력한 쾌감을 의식하지 못한다. 하지만 플로 활동을 마치고 나면, 아마도 다시는 만나지 못할 대단히 긍정적인 경험으로 되돌아보게 된다. 이런 식으로 흐름 브레인세트는 더 많은 전문 지식을 얻고 좀 더 도전적인 활동을 찾도록, 그래서 개인적으로든 사회적으로든 앞으로 나아가도록 우리에게 동기를 부여해준다.

언제 흐름 브레인세트에 들어가야 할까

직장에서든 개인 생활에서든 도전적인 과제를 수행해야 할 때마다 흐름 브레인세트에 대해 배운 것들을 떠올리면 도움이 된다. 이 장에 설명된 전략대로 과제와 자신의 기술 수준을 잘 맞추고 내재적 동기를 끌어올리는 것이다. 몰입하면 할수록 과제는 더욱 즐거워지고 수행 수준도 더욱 높아진다.

창작 과정의 정교화 단계에서 아이디어에 살을 붙일 때도 이 브레인세트를 사용할 수 있다. 흡수·상상·연결·이성 브레인세트에서 떠오른 창의적인 아이디어를 평가까지 마치고 나면 그 아이디어를 실행하는 과정에 몰두해야 한다. 자신의 모든 암묵적 자원을 이용하고 그 일과 하나가 됨으로써, 소설의 인물을 구축하고, 새로운 선율에 어울리는 감동적인 편곡을 완성하고, 더 매력적이고 사용하기 쉬운 '신제품'을 만들 수 있다. 어떤 아이디어든 정교화 작업을 할 때는 플로 상태에 빠져야 한다.

마지막으로, 창의적 아이디어의 실행 단계에서도 흐름 브레인세트에 들어가야 한다. 아이디어를 제시할 때 완전히 몰두한 모습을 보여주면 그 열정이 다른 사람들에게도 전염될 것이다. 그러면 흥분을 불러일으키고 진가를 인정받으며 작업을 완성할 수 있다.

이 장에서 우리는 암묵적으로 학습된 전문 기술과 내재적 동기, 그리고 즉흥적인 수행 능력이 있으면 흐름 브레인세트에 들어갈 수 있다는 걸 배웠다. 그러기 위해서는 훈련이 필요하다. 또한 전문 기술을 습득하고 즉흥적인 수행을 연습하면 내재적 동기도 상승한다. 흐름 브레인세트에 들어가는 것이 쉬워질수록 창작에 몰두하는 행위 자체가 보상이 된다.

지금까지 각각의 CREATES 브레인세트들이 우리의 창의성, 혁신성, 생산성을 어떻게 좌지우지하고 어떻게 높여주는지 살펴보았다. 하지만 이 브레인세트들은 독자적으로 움직이지는 않는다. 3부에서는 적절한 시간에 브레인세트를 전환하여 실생활의 일과 여가에 적용하는 전략들을 배울 것이다. 이제 이 모든 브레인세트들을 한데 모아 우리의 창의적인 뇌를 제대로 활용해보자!

흐름 브레인세트 훈련

창의성 워크숍의 일환으로 개발된 다음의 훈련들은 순서대로 익혔을 때 흐름 브레인세트를 촉진시키는 효과가 가장 높았다. 흐름 자체와 마찬가지로, 각각의 훈련은 바로 전 훈련을 기반으로 하고 다음 훈련의 준비 단계가 된다.

- **훈련의 목적:** 흐름 브레인세트의 플로 상태를 경험하는 데 활용할 수 있는 전문 기술을 갖추고 있는 영역을 발견하기 위한 훈련이다. 종이 한 장과 필기도구가 필요하다. 소요 시간은 10분이다.
- **순서:** 종이 한가운데에 세로줄을 그어 두 부분으로 나눈다. 왼편에는 '습득한 전문 기술 영역', 오른편에는 '습득 중인 전문 기술 영역'이라는 제목을 붙인다.

- 왼편에는 습득한 암묵적인 전문 기술들을 모두 적는다. 일반적인 외현 지식 영역보다는 '수행' 혹은 실행적인 요소를 가진 영역이어야 한다. 우리가 이미 암묵 기억을 사용하여 수행할 수 있는 활동들이 포함된다. 예를 들면, 걷기, 읽기, 모국어로 말하기, 운전, 자전거 타기, 식사 도구를 사용해서 먹기, 기본적인 기호 그리기 등이다. 그리고 비행술, 드라이클리닝 기술, 심장 수술 기술, 용접술처럼 직업 덕분에 가지고 있는 전문 기술들도 더한다. 그다음엔, 취미나 관심 때문에 습득한 전문 기술들을 쭉 적는다. 악기 연주, 스케이트보드, 스키, 외국어로 능숙하게 말하기, 농담, 벨리 댄스 등이 여기에 속할 것이다.
- 오른편에는 현재 습득 중인 전문 기술 영역을 모두 적는다. 아직 초보지만 암묵적인 전문 기술을 얻기 위해 노력 중인 영역이다. 현재 수업을 받고 있거나, 혹은 관심은 있지만 그 기술을 암묵적 기억으로 완전히 익히지는 못한 모든 분야가 여기에 포함된다.

- 목록을 다 작성하고 나면 '습득한 전문 기술' 목록을 쭉 훑어본다. 자신이 현재 가지고 있는 기술이 얼마나 다양한지에 주목한다. 그다음엔 '습득 중인 전문 기술' 목록을 훑어본다. 익히고 싶은 기술을 한 가지 더 덧붙인다.

토큰 경제 시스템을 사용하고 있다면, 이 훈련을 마친 대가로 흐름 토큰 1개를, 그리고 새로 선택한 기술 습득에 첫걸음을 내디뎠다면 흐름 토큰 1개를 스스로에게 선물한다.

흐름 훈련 2 내재적 동기: 내재적 동기를 유발하는 활동 찾기

- **훈련의 목적:** 내재적 동기를 유발하는 활동을 확실하게 판단하기 위한 훈련이다. 종이 한 장과 필기도구가 필요하다. 소요 시간은 10~15분이다.
- **순서:** 종이 맨 위에 '내재적 동기를 유발하는 활동'이라는 제목을 붙인다. 이제, 하고 싶은 일을 파악할 시간이다.

- 다음 질문을 생각해보자. 매일 기대되는 일은 무엇인가? 자신이 수동적이기보다는 적극적으로 참여하는 활동들을 적는다.(수동적인 참여 활동에는 텔레비전 앞에 앉아 졸기, 술에 취하기, 수면 등이 포함된다. 적극적인 참여 활동에는 근육을 움직이거나 정신을 활동시키는 모든 활동이 포함된다.) 한가한 시간과 주말뿐만 아니라 일터에서 하고 싶은 활동도 꼭 포함시켜야 한다. '암묵적 전문 기술' 훈련에서 적었던 목록을 점검하여 자신에게 동기를 부여해주는 활

동을 더 찾아본다.

- 종이 뒷면으로 넘겨 '잠재적 동기를 유발하는 활동'이라는 제목을 붙인다. 시도해보면 재미있을 것 같은 활동들을 적는다. 창작과 연관된 활동도 여러 개 포함되어야 한다. 글쓰기, 그림 그리기, 음악 연주, 요리, 조각, 도예, 퀼트, 목공예, 춤 등등 흥미로울 것 같은 모든 창작 활동을 적는다. 잘할 자신이 없는 분야라도 상관없다. 실패에 대한 두려움을 버리고 자유롭게 쓴다.

- 내적으로 끌리는 모든 활동을 적고 나면 며칠 동안은 옆으로 치워놓는다. 흥미로워 보이는 활동과 우연히 마주치면 목록에 더한다. 한 주 동안 매일 목록에 대해 생각해보고 적절한 활동들을 더한다.

토큰 경제 시스템을 사용하고 있다면, 이 훈련을 마친 대가로 흐름 토큰 1개를 스스로에게 선물한다.

흐름 훈련 3 ┃ 내재적 동기: 하고 싶은 일 하기

- **훈련의 목적**: 일상적인 활동에서 내재적 동기를 높이기 위한 훈련이다.[8] 창의성이 높은 사람들에 대한 연구에서 가장 많이 확인된 사실 중 하나는 그들이 일을 할 때 내재적 동기를 부여받는다는 것이다. 또한, 내적 보상이 따르는 일을 더 많이 할 수 있도록 삶을 계획한다. 이 훈련에는 형광펜과 부록 Ⅲ의 '하루 일과표' 두 장이 필요하다.(http://ShelleyCarson.com에서 일과표를 출력해도 된다.)

- **순서**: 이 훈련은 두 부분으로 이루어져 있다. 1부를 마치고 나서 20분 동안 2부를 연습한다.

- 1부: 일주일 동안 매일 '하루 일과표'를 작성한다. 2시간씩 나눈 각 구간에 하루 동안 했던 주요(시간을 가장 많이 쓴) 활동을 적어 넣는다. 매일 대강 같은 시간에 작성하려고 노력한다.(잠들기 직전이나 아침에 일어나자마자.) 7일 일과표를 다 작성하고 나면, 일주일간의 활동들을 몇 분 동안 검토하고 즐거웠던 활동에 형광펜을 칠한다. 즉, 내재적 동기를 유발하는 활동을 표시한다. 그러면 자기가 좋아하는 활동에 얼마의 시간을 쓰는지 알 수 있다. 형광펜을 칠한 시간이 반을 넘기지 못했다면 이 훈련의 2부로 넘어간다.

- 2부: 이 훈련의 목표는 그다음 주에 좋아하는 활동의 시간을 늘리는 것이다. 지난주에 형광펜으로 칠하지 못한 칸을 그다음 주에는 내적 보상을 받는 활동으로 채워야 한다. 텅 빈 하루 일과표에 내재적 동기를 유발하는 활동의 일정을 짠다. 흐름 훈련 2에서 작성한 활동 목록을 사용해도 좋다.

- 그다음 주에도 매일 하루 일과표를 작성하면서 자신이 좋아하는 일을 하는 시간을 늘리는 훈련을 한다.(의미 있고 보람 있는 활동에 점점 더 많은 시간을 쓰는 것이 목표다.)

토큰 경제 시스템을 사용하고 있다면, 일주일 동안 일과표를 완성한 대가로 흐름 토큰 2개를 스스로에게 선물한다. 내재적 동기를 유발하는 추가적인 활동을 작성한 대가로 흐름 토큰 1개를 상으로 내린다. 마지막으로, 그다음 주 동안 내재적 동기를 유발하는 활동을 실행한 대가로 토큰 2개를 상으로 내린다.

흐름 훈련 4 **내재적 동기: 성공한 과제들**

- **훈련의 목적:** 자신이 가진 암묵적 자원에 대한 자신감을 키움으로써 도전적인 활동을 위한 내재적 동기를 키우는 훈련이다. 종이 한 장과 필기도구, 혹은 컴퓨터의 워드 프로세서가 필요하다. 소요 시간은 약 30분이다.
- **순서:** 지금 작성할 목록은 앞으로 계속 꺼내 보게 될 것이다. 종이 맨 위에 '성공한 과제들'이라는 제목을 쓴다. 자신의 내적 자원을 이용하여 심각한 문제를 처리했던 5가지의 상황을 적는다.

- 각각의 상황에 부제를 만들고, 당시 어려웠던 상황을 설명한다.
- 자신의 대응과 그때 사용했던 암묵적 기술들(육체적 기술, 정신적 기술 혹은 대인 기술)을 설명한다.
- 이 과제 해결의 긍정적인 결과를 상세히 설명한다.
- 현재의 상황이 너무 까다로워서 감당하기 힘들다는 생각이 들 때마다 이 목록을 꺼내서 자신이 가진 수많은 자원을 되새긴다.

토큰 경제 시스템을 사용하고 있다면, 이 훈련을 마친 대가로 흐름 토큰 1개를 스스로에게 선물한다.

흐름 훈련 5 즉흥 훈련하기: 텔레비전 내레이터

- **훈련의 목적:** 계속 변화하는 일련의 자극에 대해 즉흥적으로 반응하는 능력을 높이기 위한 훈련이다. 스톱워치나 타이머, 텔레비전이 필요하다. 소요 시간은 5~10분이다.

- **순서:** 텔레비전 드라마나 코미디 쇼를 튼다. 영화, 시트콤, 연속극 등이 될 수 있다. 단, 처음 보는 영화나 에피소드여야 한다. 타이머를 5분에 맞추고 텔레비전 볼륨을 줄여서 소리가 들리지 않게 한다.

- 이제 그 프로그램의 내레이터가 되어 큰 소리로 이야기한다. 화면에 나오는 모든 행동, 인물들의 감정, 줄거리 진행을 설명한다. 타이머가 울릴 때까지 계속한다.

- 일주일에 한 번 이 훈련을 하고 시간을 10분까지 늘리면서 방송 내용에 즉흥적으로 반응하는 능력을 키운다.

토큰 경제 시스템을 사용하고 있다면, 이 훈련을 마친 대가로 흐름 토큰 1개를 스스로에게 선물한다.

Your
Creative
Brain

제**3**부

CREATES 전략을
실천하라

12장

뇌의 유연성을 키우라

1925년의 멕시코시티. 의학도의 꿈을 가진 18세의 한 여자가 남자친구와 함께 버스에 타고 있었다. 버스와 시내 전차의 충돌 사고가 터졌고, 척추, 다리, 갈비뼈, 쇄골, 복부를 다친 여자의 인생은 한 순간에 바뀌어버렸다. 그녀는 몇 달 동안 고통스런 전신 깁스를 한 채 몸져누워 있었다. 그녀가 잠시나마 고통을 잊을 수 있도록, 그녀의 어머니가 딸의 침대에 특별 제작된 화가(畵架)를 설치해주었다. 그리고 딸에게 소일거리를 주기 위해 물감과 캔버스를 가져왔다. 퇴원 후 프리다 칼로는 의학 공부의 꿈은 잊고 화가가 되었다. 남은 일생 동안 화폭에 자신의 고통과 기쁨을 담은 초상화를 그렸다. 끊임없는 육체적·감정적 고통에도 굴하지 않고 꾸준히 예술 활동에 매진했다. 작품에 고국과 종교의 의미를 담은 상징을 불어넣었다. 하지만 사는 동안에는 유명한 멕시코 벽화가의 아내 디에고 리베라 부인으로 알려졌다. 사후 몇십 년 뒤에야 프리다 칼로라는 자신의 이름으로 예술계의 인정을 받게 되었다.

20년 후로 가보자. 스위스 공학자인 조르주 드 메스트랄은 개와 함께 사냥 여행에서 돌아오던 중에 재킷과 개의 털에 붙은 엉겅퀴 가시를 떼어내려다가 털과 직물에 꼭 붙어 떨어지지 않는 가시의 끈기에 매료되었다. 그래서 현미경으로 검사해보고 그 비밀을 발견했다. 가시마다 수백 개의 작은 갈고리가 달려 있어 그것이 거친 표면에 달라붙어 있었다. 드 메스트랄은 옷 잠금장치에 대한 아이디어를 즉각 떠올렸다. 수백 개의 작은 갈고리가 달린 천 조각과 걸림 고리가 달린 천 조각을 서로 붙이면 지퍼 안 달린 지퍼가 된다! 물론 아무도 그의 아이디어를 진지하게 받아들이지 않았지만, 드 메스트랄은 포기하지 않았다. 처음엔 이 아이디어를 면으로 시험해보았지만 실패로 돌아갔다. 시행착오를 거친 후 마침내 그의 아이디어를 실현시켜줄 신개발 인조 섬유 나일론을 발견했다. 그러고 나서는 갈고리 달린 천을 기계적으로 제조하는 방법을 알아내는 데 또 8년이 걸렸다. 1955년, 14년간의 노력 끝에 드 메스트랄은 마침내 최신 잠금장치에 대한 특허를 얻었고, 이렇게 해서 벨크로가 탄생했다.

30년 더 후로 가보자. 1984년의 가을. 남부의 한 평범한 변호사가 미시시피 법정에서 어린 흑인이 증언하는 끔찍한 집단 강간 이야기를 어쩌다 듣게 되었다. 그 후로 그 사건에 대한 생각이 머리에서 떠나질 않았다. 내가 만일 피해자의 아버지였다면 어떻게 했을까, 상상해봤다. 그리고 자신의 상상을 글로 쓰기 시작했다. 매일 아침 5시에 일어나 몇 시간 동안 글을 쓴 다음 소도시 변호사의 일과를 시작했다. 틈틈이 짬이 날 때마다 몇 단어라도 더 썼다. 이야기를 쓰는 데 3년이 넘게 걸렸다. 작품이 완성되자 타이프로 쳐서 출판사들에 보냈다. 거절이 계속 이어졌다. 마침내 한 작은 출판사가 5천 부 인쇄에 합의했지만, 원고를 3분의 1로 줄이라는 조건을 달았다. 그리고 책의 홍보를 하지 않겠다고 했다. 그래서 존 그리샴은 『타임 투 킬』의 많은 부수를 자신이 직접 사서 다과회나 독서회를 일일이 찾아다니며 팔 수밖에 없었다. 아무 문제 없었다. 그는 작가였고, 첫 소설의 계약서에 서명하기 오래전부터 이미 두 번째 소설 『그래서 그들은 바다로 갔다』를 열심히 작업 중이었다.

칼로, 드 메스트랄, 그리샴 등 수많은 사례들이 흡수·상상·연결 브레인세트 같은 뇌 상태가 창의적인 아이디어의 발상에 얼마나 중요한지 보여준다. 계획 수립, 동기 유지, 창의적인 아이디어의 실행에는 변형·이성·평가·흐름 브레인세트가 중요하다는 사실 또한 알 수 있다.

예를 들어, 드 메스트랄은 재킷과 개에 묻은 엉겅퀴 가시를 털 때 흡수 브레인세트에 있었던 것 같다. 그 일을 지루한 잡일로 여기기보다는 그 일에서 뭔가 새로운 것을 알아챘다. 엉겅퀴 가시에 짜증을 내기는커녕 그것들에 매료되어 현미경으로 관찰하기까지 했다.(이 이야기는 페니실린을 발견한 알렉산더 플레밍이 실험실의 세균 배양 접시에서 자라는 곰팡이를 알아챈 일화를 떠올리게 한다. 드 메스트랄과 플레밍 모두 이런 성가신 문제들을 그냥 처리해버리는 대신 관심을 기울였고, 그 결과 최고 수준의 창작을 이루어냈다.) 엉겅퀴 가시에 관심을 갖자 연결 브레인세트가 발동되어, 가시의 접착성과 옷 잠금장치 간의 연결성이 바로 보이게 된 것이다. 하지만 이렇게 혁신적인 아이디어를 얻은 후, 벨크로를 세상에 선보이기까지 이성 브레인세트와 평가 브레인세트에서 수년간 시행착오를 거쳐야 했다.

이와 대조적으로 그리샴은 상상 브레인세트로 시작했다. 귓결에 들은 법정 증언을 기반으로 시나리오를 상상했다. 이렇게 창의적인 아이디어를 얻은 그는 매일 아침 일찍 일어나 생업을 시작하기 전에 글을 썼다. 언제 어디서든 시간만 나면 썼다. "30분에서 1시간 정도 시간이 나면 오래된 법 도서관에 몰래 들어가 법률 서적들 뒤에 숨어서 『타임 투 킬』을 쓰곤 했습니다."라고 그는 전한다.(이렇게 해서 흐름 브레인세트에 들어가기 위한 조건들인 도전적인 과제, 기술, 강박적인 동기 부여가 갖춰졌다.) 그 후엔 책의 운명을 손에 거머쥔 출판사의 요구에 응하기 위해, 평가 브레인세트를 이용하여 3분의 2를 잘라내 버렸다. 마지막으로, 이성 브레인세트를 이용해 책의 홍보를 계획하고 실행했다.

칼로의 경우엔, 변형 브레인세트로 예술적 동기를 얻었지만, 작품을 시각화하는 데는 상상 브레인세트를 사용했다. 그녀는 끊임없이 기술을 향상시키고, 예술을 고통으로부터 해방되는 출구로 삼아 흐름 브레인세트로 들어갔다.

칼로, 드 메스트랄, 그리샴 모두 세계에 커다란 창의적 기여를 했다. '창의적'이라는 평가를 받는 사람과 그렇지 않은 사람의 차이점은 뭘까?

창의적인 사람들은 그렇지 않은 사람들과 달리 의식 상태를 전환할 줄 안다. 우리의 뇌는 이미 뇌에 저장되어 있는 정보들과 주변 자극들의 조합 가능성을 끊임없이 계산하여 가장 그럴듯한 시나리오를 예측하려 한다. 그런 조합들 대부분은 부적절한 것으로 간주되어 의식에 닿기도 전에 제거되어버린다.(우리의 여과기는 옳고 그름에 대한 내재화된 규칙에 근거하고 있으며, 감각과는 무관하게 작동한다.)[1] 우리가 볼 겨를도 없이 여과되어버리는 '가능한 조합들'을 더 많이 볼 수 있다면 어떨까? 그런 다음, 정신적 유연함을 발휘하여 집중 상태로 다시 돌아가 그 가능성들을 숙고할 수 있다면?

이것이 바로 신경과학자들이 생각하는, 창의적인 사람들과 그렇지 않은 사람들의 차이점이다. 창의적인 사람들은 평소 인지적 여과 장치를 통해 제거되어버리는 소중한(가끔은 그렇지 않은) 정보가 정신적 작업 공간으로 들어갈 수 있도록 실행 중추의 활동을 의도적으로 줄일 줄 아는 것 같다.

물론, 이것만으로 창의적 성취를 전부 다 설명할 수는 없다. 보다 중요한 창의적 성취를 이루기 위해서는 여러 요인들이 융합되어야 한다. 이 요인들에는 창의적 영역의 조기 경험, 훈련에 쏟을 충분한 여가 시간, 교육, 적절한 온도와 타이밍, 그리고 약간의 행운 등이 포함된다.[2] 물론 이 요인들은 창의력 발휘를 더 쉽게 만들지만, 그 자체가 '창의적인' 사람을 만드는 것은 아니다. 참신하고 독창적인 발상을 한 다음 그것을 구체화하고 실행하여 사회에 도움을 줄 줄 아는 사람이 창의적인 사람이다. 이렇듯 생산적인 창의성을 키우려면, 발상에 도움이 되는 뇌 상태로 쉽게 들어가고 아이디어의 효율적인 활용을 돕는 뇌 상태들 사이를 유연하게 오갈 줄 알아야 한다. 창의적인 성취의 핵심에는 창의적인 사고가 있다.

대개 창의적 사고의 개인차는 신경 구조의 차이로 인한 것이 아니다.(아주 창의적인 사람들과 덜 창의적인 사람들은 거의 똑같은 뇌 구조를 가지고 있다.) 그보다는 뇌 안에 있는 여러 뉴런망들의 활성화 패턴이 다르기 때문이다. 그런 뇌 활성화는 (1) 뉴런들을 서로 연결시키는 학습과 (2) 뇌에서 분비되는 신경전달물질의 변동에서 비롯된다.

신경전달물질의 변동에 관해 먼저 얘기해보자. 뇌 연구들에 따르면, 우리는 원래 알려져 있던 것보다 더 많이 신경화학물질을 조종할 수 있다. 예를 들어, 인지 행동 요법이라 불리는 특정 유형의 심리 치료는 약물만큼이나 효과적으로 신경전달물질과 그 수용 수준을 변화시킬 수 있다.(우리가 지금껏 사용해온 토큰 경제 시스템 역시 효과가 증명된 인지 행동 기법이다. 토큰을 사용하여 스스로에게 상을 주면 우리의 뇌를 정말로 바꿀 수 있다!) 결론적으로 말하면, 우리는 뇌 상태를 통제할 수 있고, 그래서 창의성 수준도 조절할 수 있다!

물론 이것이 쉬운 사람들도 있고 어려운 사람들도 있다. 신경화학물질을 제어하여 브레인세트를 조종하는 능력을 타고난 사람들이 있다. 플로리다 대학의 케니스 하일먼 박사는 그의 저서 『창의성과 뇌Creativity and the Brain』에서 노르에피네프린의 변동이 창의적인 뇌 상태의 한 요인일 수 있다고 주장한다. 노르에피네프린은 집중력과 연관된 신경화학물질이다.(이성 브레인세트와 평가 브레인세트는 집중력을 특징으로 하는 반면, 흡수 브레인세트에서는 집중의 초점이 흐려진다.) 하일먼에 따르면, 창의적인 사람은 뇌간에서 분비되는 노르에피네프린의 양을 조절함으로써 집중력의 수준을 조종하는 능력을 선천적으로 지니고 있다. 예를 들어, 노르에피네프린의 분출을 일시적으로 줄일 수 있다면, 흡수·상상·연결·흐름 브레인세트에 들어가기가 더 쉬울 것이다.

하지만 하일먼은 그런 능력을 타고나지 않았더라도 학습을 통해 노르에피네프린의 분비량을 조절할 수 있다고 말한다. 노르에피네프린은 스트레스가 높은 상태에서 더 많이 분비된다. 그러면 방해가 되는 자극을 배제하고 스트레스가 많은 상황에 집중할 수 있기 때문이다.(예를 들어, 원시인 2는 호랑이와 싸우고 있을 때 예쁜 여자에게 정신이 팔리면 곤란할 것이다.) 스트레스 수준을 조절하면 전전두엽에서 분비되는 노르에피네프린의 양을 조절할 수 있을 것이다.(5장에 스트레스를 줄이는 여러 훈련들이 소개되어 있다.)

다른 신경화학물질을 통제하는 유전자들 또한 우리가 일정한 브레인세트들에 더 쉽게 들어갈 수 있도록 도와준다. 창의성에 대한 분자생물학 연구는 아직 초기 단계에 있지만, 몇몇 흥미로운 사실들이 밝혀졌다. 예를 들어, 도파민과 세로토닌 같은 신경전달물질을 통제하는 유전자의 차이는 창의성에 영향을 미치는 다양한 요인들과 연관되어 있다. 그 요인들에는 참신함에의 이끌림과 새로운 아이디어에 대한 개방성(흡수 브레인세트), 작업 기억과 추론(이성 브레인세트), 부정적인 기분을 느끼는 성향(변형 브레인세트), 한 아이디어에서 다른 아이디어로 옮겨가는 능력 등이 포함된다. 그러나 이러한 유전적 차이가 환경과 행동에 의해 조절 가능하다는 사실도 증명되었다. 즉, 우리의 창의성은 유전자에 의존하는 것이 아니라 유전자의 영향을 받을 뿐이다.[3] 어떤 집안에서 태어났든 우리는 창의적일 수 있다. 더 열심히 노력하기만 하면 된다.

그렇게 고생할 만한 가치가 있을까? 앞서 조르주 드 메스트랄, 프리다 칼로, 존 그리샴의 노력을 보았다. 그들은 창의적인 아이디어의 결실을 맺기 위해 오랜 세월 고생했고, 그것은 명예나 부 때문이 아니라 창의적인 아이디어가 그들에게 본질적인 가치를 지니고 있었기 때문이다. 고달픈 창작에서 느끼는 보람이 있을까? 두말할 것 없이 그들 모두 "네!"라고 답할 것이다. 또, 원래 직업과 관계없는 분야에서 창의성을 발휘한 그들의 사례를 보면, 창작 욕구를 풀기 위해 꼭 직업을 그만둘 필요는 없다.

브레인세트에 대해 많이 알수록, 유전적으로 타고나지 못한 부분을 보충하는 데 도움이 된다. 무엇보다 중요한 것은 유연성을 기르는 것이다. CREATES 브레인세트들과 연관된 주요점들을 간략하게 살펴보자.

CREATES 브레인세트의 측면들

CREATES 브레인세트 모델은 7가지 뇌 활성화 상태들로 이루어져 있으며, 각각의 상태는 창작 과정에 상당한 공헌을 한다. 이들 의식 변용 상태들은 꿈, 도취, 명상적인 황홀경 같은 다른 변용 상태들과 마찬가지로 세계와 당면 문제를 보는 우리의 시각을 바꿀 수 있다. 브레인세트들은 여러 가지 면에서 서로 다르다.

- 인지적 혹은 정신적 탈억제: 감각 기관을 통해 들어오는 주변 자극과 우리의 내적 사고 과정(기억, 연상, 심상)에서 발생하는 자극들은 인지적 억제 과정을 통해 끊임없이 여과되기 때문에 우리는 의식적인 작업 공간에서 자극에 짓눌리지 않는다. 인지적 탈억제 상태에서는 이 여과 메커니즘이 비교적 느슨해져서, 현재 목표와 무관하더라도 더 많은 자극들이 의식으로 흘러 들어온다.

- 반구 활성화: 좌뇌와 우뇌는 각각 담당하는 전문 분야가 있다. 오른손잡이든 왼손잡이든 상관없이 대부분의 사람들은 좌뇌가 우세하다. 좌뇌는 언어, 분석, 세부 사항, 순차적 사고를 담당한다. 우뇌는 공간 기술, 유추, 거시적 관점, 비순차적 사고를 담당한다. 보통의 수렴적 사고를 할 때는 좌뇌가 우뇌보다 활성화되기 때문에, 우뇌의 아이디어와 기술들은 의식으로 떠오르지 않는다.
- 긍정적인 혹은 부정적인 기분: 긍정적이거나 부정적인 기분은 다른 인지적 측면들에 영향을 미친다. 기분이 유쾌해지면 주의력이 조금 흩어지기 때문에, 더 많은 정보를 흡수하여 참신한 아이디어를 찾을 수 있는 가능성이 높아진다. 부정적인 기분에 젖으면, 집중력이 높아져서 우리의 행복에 영향을 미치고 있는 스트레스 요인들을 다루는 데 집중할 수 있다. 부정적인 기분은 또한 좀 더 자기 반영적인 인식을 동반하는 경우가 많다.
- 정신적 노력의 감지 정도: 의식적으로 통제되는 사고는 힘들고 능동적인 것으로 감지된다. 의식적인 통제 없이 흐르는 듯한 생각들은 덜 힘든 것으로 감지되며, 우리는 생각을 수동적으로 관찰하고 있는 것 같은 기분을 느낀다.

브레인세트들은 서로 다른 뇌 활성화 패턴을 가지고 있으며 창의적인 뇌에서 서로 다른 역할을 한다. 다음의 차트는 위의 네 가지 측면으로 CREATES 브레인세트를 설명해준다. 보는 바와 같이, 상상 브레인세트와 연결 브레인세트는 능동성과 수동성 모두 가지고 있다. 그래서 이들 브레인세트에서는 사고가 의식적으로 통제되거나 아니면 이리저리 방랑할 수도 있다. 그런데 이성 브레인세트는 왜 긍정적인 기분과 연관되지 않을까? 분명 이성 브레인세트에서 긍정적인 기분을 느낄 가능성은 있지만, 기분이 좋을 때는 상상 혹은 연결 브레인세트로 들어가 연상과 가정을 하는 경향이 더 크다. 기쁨으로 인한 팽창 경향[4]을 물리쳐야 하는 상황에서는 이성에 근거한 의사결정과 계획 수립에 집중하기가 더 힘들어진다.

| 브레인세트의 측면들 |

브레인세트	탈억제			우뇌의 활성화			긍정적 기분			정신적 노력	
	없음-중간-높음			없음-중간-높음			없음-중간-높음			능동성-수동성	
연결	○	●	○	○	○	●	○	○	●	●	●
이성	●	○	○	●	○	○	●	○	○	●	○
상상	○	●	○	○	○	●	○	●	○	●	●
흡수	○	○	●	○	●	○	○	●	○	○	●
변형	○	●	●	○	●	○	●	○	○	○	●
평가	●	○	○	●	○	○	●	○	○	●	○
흐름	○	●	○	○	●	○	○	○	●	○	●

CREATES 브레인세트에 들어가는 방법에 대해서는 이미 공부했다. 우리는 각각의 브레인세트가 창의적인 뇌에 의미 있는 도움을 준다는 사실을 알고 있다. 이제, 브레인세트들 사이를 유연하게 오가는 능력이 중요한 이유를 알아보자. 독창적인 생각을 고무하는 몇몇 브레인세트들에 계속 머물러 있으면 안 될까? 안 되는 4가지 이유가 있다.

첫째, 창의적인 아이디어의 발상(흡수, 연결, 상상)과 연관된 인지적 탈억제 상태에서는 기억이 다르게 암호화될 수 있다. 우리가 하버드대학교에서 실시하고 있는 검사들의 결과를 보면, 이들 브레인세트 중 하나가 정신 안락 지대인 사람들은 경험을 거시적으로 기억하고 폭넓은 패턴으로 암호화하는 경향이 있다. 어떤 사건의 분위기나 느낌은 기억하지만, 세부 사항은 잘 기억하지 못한다. 세세한 기억력이 떨어지는 이유는 이들 브레인세트에서 세부 사항을 처리하는 좌뇌 실행 중추가 부분적으로 비활성화되기 때문이다. 하일먼의 주장대로, 노르에피네프린의 변동 때문일 수도 있다. 노르에피네프린과 도파민의 분비량이 많으면 세부 사항에 집중하게 되는 반면, 분비량이 적으면 한 사건을 폭넓은 관점으로 암호화하게 된다.[5] 원하는 정보 암호화 방식에 따라, 탈억제 상태의 브레인세트에서 집중 상태의 브레인세트로 넘어가야 한다. 예를 들어, 이름과 날짜를 상기해야 하는 시험을 공부 중이라면 집중 상태가 적절하다. 하지만 역사 속 사건들의 패턴을 찾고 있다면, 주의력의 초점이 흐린 탈억제 상태가 더 도움이 된다.

둘째, 탈억제 상태의 브레인세트에서 빠져나오지 못하면, 창의적인 아이디어는 아무런 진전 없이 그대로 남아 있게 된다. 아이디어의 결실을 맺으려면 계획을 세우고 결정을 내려야 하기 때문이다.

셋째, 인지적 탈억제 상태에 계속 남아 있으면, 무관계한 자극과 아이디어들이 넘쳐흐르는 통에 일상적인 결정을 내리기도 힘들어진다. 사실, 몇몇 정신장애는 바로 이 문제 때문에 발생하기도 한다. 너무 많은 무관한 자극들이 인식으로 흘러 들어오는 것이다. 정신병 경향의 장애들과 주의력결핍장애가 여기에 포함된다.(10장의 '정신장애, 변형 그리고 창의성' 참고.)

마지막으로, 유연한 브레인세트 전환은 전반적인 인지 기능을 높여준다. 현재 진행 중인 한 연구에서 우리는 연결 브레인세트와 이성 브레인세트 사이의 전환 능력(확산적 사고와 수렴적 사고)을 주시하고 있다. 피실험자들은 확산적 과제와 수렴적 과제 사이를 반복해서 오간다. 약 80명의 피실험자들에 대한 예비 데이터에 따르면, 브레인세트 전환을 할 줄 아는 그룹은 확산적 사고에 점점 더 능해지고, 전환을 못 하는 그룹은 시간이 갈수록 확산적 사고 능력이 점점 떨어진다. 두 그룹 모두 수렴적 사고 능력은 원래 수준 그대로 유지하고 있다. 수렴적 사고와 확산적 사고 모두 창작 과정에 중요하기 때문에 이들 사고 상태를 유연하게 전환하는 능력은 창작의 기본 요건이 된다.

브레인세트 간의 유연한 이동을 훈련하는 최선의 방법은 자신이 불편하게 느끼는 브레인세트와 연관된 훈련을 하는 것이다. 자신의 정신 안락 지대 안에서만 훈련한다면, 이 책이 전하고자 하는 기본 가르침을 배우지 못한다. 즉, 창의성을 키우기 위해서는 각각의 브레인세트들에 들어가고 그들 사이를 유연하게 옮겨 다닐 줄 알아야 한다는 것이다.(그래서 토큰 경제 시스템을 사용할 때, 편한 브레인세트보다 불편한 브레인세트 훈련에 더 많은 토큰을 준다.) 자신의 안락 지대에 따른 브레인세트 유연성 훈련에 도움이 될 차트가 있다.

정신 안락 지대	브레인세트 유연성을 키우기 위해 훈련해야 할 브레인세트
연결	이성, 평가
이성	흡수, 연결, 상상, 흐름
상상	이성, 평가
흡수	이성, 평가
변형	흡수, 이성, 흐름
평가	흡수, 연결, 상상, 흐름
흐름	이성, 평가

인지적 유연성을 더 훈련하고 싶다면 유연성 훈련 1~5가 도움이 될 것이다. 이 훈련들을 통해, 정신 안락 지대에 상관없이 브레인세트들을 전환하는 법을 배울 수 있다. 훈련을 많이 할수록, 아이디어 발상과 창의적인 생산성에 적절한 브레인세트들에 드나들기가 더 쉬워질 것이다.

이 장의 끝에 실린 훈련들은 브레인세트의 빠른 전환을 돕기 위해 설계되었다. 이런저런 브레인세트들로 인도해주는 활동을 하다 보면 자동적으로 신경화학물질 흐름이 영향을 받는다. 하지만 브레인세트를 움직이는 또 다른 방법을 앞에서 언급했다. 바로 학습이다. 지식 기반을 넓히고 새로운 스포츠와 예술, 음악을 배우면, 뇌의 유연성을 높이고 만년에 인지 능력이 떨어지는 아픔을 피할 수 있다.

지속적인 학습의 중요성

우리가 할 수 있는 가장 중요한 일은 배움을 멈추지 않는 것이다! 지적 호기심은 창의적인 사람들 거의 모두가 지니고 있는 특징이다. 덤으로, 인지 능력의 감퇴를 막고 알츠하이머병 같은 치매의 진행을 늦출 수 있다. 창의력 향상에 도움이 되는 2가지 유형의 학습이 있다.

첫째, 다양한 분야에 대한 학습이다. 일반 지식을 넓히는 것이다! 8장에 소개되어 있는 '전문가가 되라' 훈련을 꾸준히 하면 두 달마다 새로운 주제에 대해 최대한 많은 것들을 배울 수 있다.(물론 두 달만에 아인슈타인 같은 전문가가 될 수는 없다. 하지만 지식의 폭을 넓혀나가는 것은 창의적인 뇌의 중요한 특성이다!) 그 훈련을 몸에 밴 습관으로 만들어야 한다. 두세 달마다 새로운 주제를 더하고, 각 주제를 위한 컴퓨터 파일을 만든다. 새로운 주제가 생겼다고 해서 옛 주제에 대한 학습을 멈춰서는 안 된다. 이것이 바로 '독학'의 본질이다.

창의성에 도움이 되는 두 번째 학습 유형은 새로운 기술을 배우는 것이다. 기타 연주를 배우거나 프랑스 요리를 배우거나 퀼트를 배우거나 오토바이 수리를 배운다. 새로운 기술을 습득하면 뇌의 여러 다른 영역들이 자극된다. 새로운 기술에 집중하는 일과 이미 가지고 있는 기술을 훈련하는 일을 번갈아 하면 뇌의 유연성을 키우는 데도 도움이 될 것이다. 이들 두 가지 유형의 학습은 창의적인 아이디어로 이어지는 독특한 연상들을 창출하는 능력을 높여준다.

창의적인 인물들은 다방면에 흥미를 느끼기 때문에 박학다식하다. 물리학자인 아인슈타인은 바이올린을 켤 줄 알았다. 벤저민 프랭클린은 작가이자 발명가였다. 레오나르도 다빈치는 발명가이자 화가였다. 마이클 크라이턴은 의사이자 소설가였다.(물리학자들과 의학 연구자들 가운데는 취미로 글을 쓰는 사람들이 많다. 하버드 의과 대학의 줄리 실버 박사는 작가가 되고 싶어 하는 박사들을 위해 매년 3일간의 워크숍을 여는데, 수백 명의 의학계 사람들이 참석한다.)

한 개인의 다양한 관심사는 한 공동체나 국가 내의 다양성과 똑같은 효력을 발휘하여, 여러 분야의 아이디어들이 접목된다. 인류 문화의 황금시대를 연구한 딘 키스 사이먼턴은 문화적인 황금시대의 두 가지 요건을 지적한다. 바로, 새로운 아이디어에 대한 개방성(문화적 차원의 흡수 브레인세트)과 다른 문화들과의 교류(황금시대의 많은 문명들은 육해 교역로에 위치했다.)다. 시대에 상관없이, 새로운 아이디어와 접촉하고 그 아이디어들을 열린 마음으로 받아들이는 자세는 폭발적인 창의성으로 이어졌다!

21세기에 이르러 정보 수집이 더욱 쉬워지면서 일인 황금시대를 이루는 것이 가능해졌다. 새로운 아이디어든 옛 아이디어든 말 그대로 손끝 하나면 바로 알 수 있다. 인터넷을 통해 정보뿐만 아니라 실질적인 지식도 얻을 수 있게 됐다. 구글은 이제까지 나온 모든 책들을 서비스하는 목표를 가지고 있다. 지미 웨일스의 위키피디아 같은 혁신적인 오픈 소스(open source) 소프트웨어들을 통해 우리는 인간 지식의 대부분을 얻을 수 있다.[6] 심지어는 인터넷으로 피아노 레슨이나 미술 수업까지 받을 수 있다. 우리의 삶이 풍요로워질 수 있는 기회가 부쩍 많아졌다. 그만큼 다양해진 영역들의 정보와 기술을 익히면 그것들을 조합하여 창의적이고 혁신적인 아이디어들을 생각해낼 수 있다. 이 기회를 어떻게 해야 할까?

다음 장에서 우리의 창의적인 뇌에 대한 모든 정보를 현실에 적용하는 방법들을 살펴보자. CREATES 브레인세트들이 창작의 각 단계에서 작용하는 원리를 배우고, 일상생활에서 창의성을 높일 수 있는 비결을 얻게 될 것이다.

뇌의 유연성 키우기 훈련

유연성 훈련 1 **낱말 맞히기**

- **훈련의 목적:** 다른 두 브레인세트들 간의 빠른 전환을 통해 인지적 유연성을 키우기 위한 훈련이다. 스톱워치나 타이머, 전에 풀어본 적이 없는 어려운 낱말 맞히기 문제(신문이나 크로스워드

퍼즐책을 사용하면 된다.) 연필이나 펜, 종이가 필요하다. 소요 시간은 30분이다.

- **순서:** 타이머를 5분에 맞춘다.

- 타이머가 울릴 때까지 낱말 맞히기 문제를 푸는 데 집중한다.
- 가로 1번의 답(답을 모르겠다면 2번으로 넘어간다.)과 세로 1번의 답(답을 모르겠다면 2번으로 넘어간다.)을 적는다. 타이머를 다시 5분에 맞춘다.
- 가로 1번 답과 세로 1번 답을 엮어서, FBI나 CIA에 의해 도청당하는 사람이 등장하는 짧은 이야기를 5분 동안 계속 쓴다.
- 타이머가 꺼지면 다시 시간을 맞춘 다음 문제를 푼다. 이야기는 생각하지 않고 문제에만 집중해야 한다.
- 또 타이머가 울리면, 5분에 맞춰놓고 다시 이야기를 써나간다. 가로 2번 답과 세로 2번 답을 포함시킨다.(가로 2번과 세로 2번을 아직 풀지 못했거나, 그 답을 이야기에 이미 썼다면, 3번 문제로 넘어간다.)
- 30분 동안 낱말 맞히기 풀이와 이야기 쓰기를 번갈아 한다.

이 훈련을 하면 이성 브레인세트(낱말 맞히기 풀이)와 연결 브레인세트(낱말 맞히기 답들과 FBI/CIA 사이에 독특한 연상 만들어내기) 사이를 오가게 된다. 또 이야기의 줄거리를 생각할 때는 흡수 혹은 상상 브레인세트에 들어갈 것이다. 일주일에 한 번 이 훈련을 한다. 매번 다른 낱말 맞히기 문제를 사용하고, 문제의 답들을 이용해서 이야기를 쓰되 다음 내용들 중 하나를 더해야 한다. 외계인에게 납치당하거나,

유명 연예인의 코디네이터가 되거나, 벽장에 숨겨진 반 고흐의 진품을 발견하거나, 집에 혼자 있을 때 방 밖에서 발소리가 들린다.

토큰 경제 시스템을 사용하고 있다면, 이 훈련을 마칠 때마다 유연 토큰 1개를 스스로에게 선물한다.

유연성 훈련 2 · 브레인스토밍과 판단

- **훈련의 목적:** 다른 두 브레인세트들 간의 빠른 전환을 통해 인지적 유연성을 키우기 위한 훈련이다. 스톱워치나 타이머, 연필이나 펜, 종이가 필요하다. 소요 시간은 9분이다.
- **순서:** 타이머를 3분에 맞춘다.

- 이 문제에 대한 답들을 브레인스토밍으로 생각해보자. "이번 휴가에 어디를 갈까?"
- 비판적인 평가 없이 이 질문에 대한 답들을 3분 동안 쭉 적어본다. 가능한 한 많은 답들을 생각해낸다. 엉뚱한 답이라도 상관없다. 타이머가 울리면 타이머를 다시 3분에 맞춘다.
- 이제 답들을 평가해본다. 비현실적인 답이 있는가? 위험하거나 불법적이거나 비도덕적인 답은? 답들의 반 이상은 지워버리고 답들의 우선순위를 매긴다. 그중 1위가 첫 선택이 될 것이다. 타이머가 울리면, 한 번 더 3분에 맞춘다.
- 이번에는 첫 번째로 선택한 답이 실제로 일어나는 상상을 한다. 휴가의 한 장면을 최대한 상세하게 머릿속에 그려본다. 시각화에 몰두한다. 상상할 수 있는 내용에는 한계가 없다. 타이머가

울릴 때까지 계속 머릿속에 그린다.

이 훈련을 하면 연결 브레인세트(창의적 문제에 대한 아이디어 발상), 평가 브레인세트(해결책들의 평가 및 순위 매기기), 상상 브레인세트(해결책을 머릿속에 그려보기) 사이를 이동하게 된다. 일주일에 한 번 이상 이 훈련을 하고, 그 주에 갑자기 떠오르는 창의적인 문제들을 사용한다.

토큰 경제 시스템을 사용하고 있다면, 이 훈련을 마칠 때마다 유연 토큰 1개를 스스로에게 상으로 내린다.

유연성 훈련 3 　명사 분류

- **훈련의 목적:** 다른 두 브레인세트들 간의 빠른 전환을 통해 인지적 유연성을 키우기 위한 훈련이다. 스톱워치나 타이머, 연필이나 펜, 종이가 필요하다. 소요 시간은 9분이다.
- **순서:** 타이머를 3분에 맞춘다.

- '다'로 시작하는 명사들을 생각나는 대로 전부 적는다. 타이머가 울릴 때까지 계속 쓴다.
- 타이머를 다시 3분에 맞춘다. 이제 그 명사들을 두 가지로 분류한다. 분류 기준은 마음대로 정할 수 있다.(좋음-나쁨, 생물-무생물, 갈색-갈색이 아님 등등.)
- 끝나면 타이머를 다시 3분에 맞춘다. 이제 단어들을 '다른' 기준으로 다시 분류한다.

이 훈련을 하면 연결 브레인세트(명사들을 쓰기)와 평가 브레인세트(명사들을 분류하기) 간의 전환이 이루어진다. 재분류는 흡수 브레인세트를 필요로 한다. 같은 명사들을 가지고 이런저런 다양한 범주로 나눌 수 있으려면 유연한 사고를 해야 하기 때문이다. 일주일에 한 번이 훈련을 하고, 그때마다 다른 첫 글자와 다른 분류 방법을 쓴다.

토큰 경제 시스템을 사용하고 있다면, 훈련을 마칠 때마다 유연 토큰 1개를 스스로에게 선물한다.

유연성 훈련 4   테트리스와 잡학 상식

– **훈련의 목적:** 다른 두 브레인세트들 간의 빠른 전환을 통해 인지적 유연성을 키우기 위한 훈련이다. 스톱워치나 타이머, 인터넷 접속, 컴퓨터 게임 테트리스(컴퓨터에 깔려 있지 않다면 무료 버전을 다운로드하면 된다.)가 필요하다. 소요 시간은 25분이다.
– **순서:** 타이머를 15분에 맞춘다.

* 테트리스 게임을 15분 동안 하면서, 점점 점수를 올리려고 노력한다. 타이머가 울릴 때까지 한다.
* 타이머가 울리면 10분에 다시 맞춘다. 이제 타이머가 울리기 전에 다음의 세 문제를 풀어본다. 답을 찾기 위해 어떤 수단을 써도 상관없다.

브래드 피트와 안젤리나 졸리의 여섯 아이들의 이름은?
우리나라의 3대 낙조(落照)지는?

전복죽 요리법과 호박죽 요리법을 각각 써라.

이 훈련을 하면 흐름 브레인세트(테트리스는 확실히 흐름 브레인세트를 불러일으킨다.)와 이성 브레인세트(수렴적 문제 풀기) 간의 전환이 이루어진다. 일주일에 한 번 이 훈련을 하고, 그때마다 잡학 상식 문제를 바꾼다. 문제를 스스로 만들거나(답을 모르는 문제여야 한다.) 다른 사람들에게 부탁하면 된다.

토큰 경제 시스템을 사용하고 있다면, 이 훈련을 마칠 때마다 유연 토큰 1개를 스스로에게 선물한다.

유연성 훈련 5   도면 그리기

– **훈련의 목적:** 다른 두 브레인세트들 간의 빠른 전환을 통해 인지적 유연성을 키우기 위한 훈련이다. 스톱워치나 타이머, 연필이나 펜, 백지가 필요하다. 소요 시간은 30분이다.

– **순서:** 타이머를 15분에 맞춘다.

• 당신은 맨해튼의 센트럴 파크가 내다보이는 180평방미터의 근사한 저택을 상속받았다. 저택은 지금 수리 중이고, 당신이 직접 설계할 수 있다. 지금부터 15분 동안, 백지에 도면을 그려본다. 가로 15미터, 세로 12미터의 공간이다.

• 타이머가 울리면, 설계도를 훑어본다. 타이머를 5분에 맞춘다.

• 이제 눈을 감고 저택의 방 하나를 머릿속에 그려본다. 천장의 높이는 얼마나 되는가? 바닥재는 무엇인가? 나무? 타일? 카펫?

벽의 색깔은 무엇인가? 방에 가구를 어떤 식으로 비치할까? 벽에는 무엇을 걸까? 방을 자기 마음대로 꾸밀 수 있다. 5분 동안 새 방의 구석구석을 머릿속에 그린다. 최대한 생생하게 보려고 노력한다.

이 훈련은 이성 브레인세트(정해진 공간을 설계하기)에 상상 브레인세트(방 꾸미기)를 결합시킨 것이다. 일주일에 한 번 이 훈련을 하고, 매번 다른 가상의 집을 사용한다.(시골 별장, 선상 가옥, 통나무집 등등.)

토큰 경제 시스템을 사용하고 있다면, 이 훈련을 마칠 때마다 유연 토큰 1개를 스스로에게 상으로 내린다.

브레인세트를 창작에 응용하라

돈이 행복의 전부는 아니다.
행복은 성취의 환희, 창의적 노력의 전율 속에 있다.
― 프랭클린 델러노 루스벨트[1]

지금까지 우리가 지나온 여정을 잠깐 생각해보자. 단 하나의 브레인세트로 이루어져 있는 정신 안락 지대로 시작해서, 지금은 창작과 혁신의 과정에 선택할 수 있는 브레인세트들을 모두 갖추게 되었다.

원하는 정신 상태로 들어갈 수 있는 기술을 갖추었기에 이젠 아무런 망설임 없이 정신 안락 지대에서 나갈 수 있고, 유연성을 길렀기에 창의적인 뇌를 더욱 강력하고 유용하게 사용할 수 있다는 자신감이 생겼다. 이들 각각의 브레인세트들을 도구 삼아 자신만의 기술과 지식을 발휘하면 21세기의 황금시대에 기여할 수 있다.

세상을 창의적으로 정복하기 위한 걸음을 내딛기 전에 각각의 브레인세트를 간단하게 정리해보자.

흡수 브레인세트: 흡수 브레인세트에 들어가면, 새로운 경험과 아이디어들에 마음을 열게 된다. 감각을 통해 들어오는 주변 정보와 내적인(대개는 무의식적인) 사고 과정에서 생성되는 정보를 더 많이 받아들인다. 세상을 무비판적으로 바라보며, 모든 것에 매료되고 관심이 생긴다. 과거에 수많은 창의적 아이디어를 낳았던 갑작스런 통찰의 순간을 맞을 기회의 문이 열린다.

상상 브레인세트: 상상 브레인세트에 들어가면, 언어적인 사고보다는 감각적이고 시각적인 사고를 하게 된다. 마음의 연극 속에서 사물들을 보고 조종할 수 있다. 현재 상황과 가능한 상황을 머릿속에 그릴 수 있다.

연결 브레인세트: 개방형 문제에 대해 검열되지 않은 다양한 해법들을 생성하는 확산적 사고의 브레인세트다. 이 브레인세트에 있으면, 본질적으로 서로 다른 사물들이나 개념들 간의 연관성이 보이기 시작한다. 관계가 먼 정보들을 결합하고 재결합하여 새롭고 유용한 아이디어를 만들어내는 능력이 창의성의 본질이기 때문에, 이 브레인세트는 창의적인 뇌라는 연장통 속에 들어 있는 도구들 중 가장 유용할지도 모른다. 다양한 해법을 생각해내는 능력에 긍정적인 기분이 결합되면, 창의적 과제에 대한 관심을 잃지 않고 계속 열정적으로 임할 수 있다.

이성 브레인세트: 이성 브레인세트에서 우리는 작업 기억 속의 정보를 의식적으로 조종하여 논리적이고 순차적으로 문제를 해결한다. 아

이디어를 생각해내고 아이디어의 실행 방식을 계획, 결정할 때 이 브레인세트를 사용할 수 있다. 흡수·상상·연결 브레인세트로 아이디어들을 만들어내는 것보다 이 브레인세트의 시행착오 방식이 더 느리고 더 힘들 수 있지만, 이성 브레인세트에서 생성된 아이디어들에는 창의성이 잠재되어 있다. 바로 이 브레인세트에서 토머스 에디슨이 전구를 발명했다. 역사적으로 가장 창의적인 사상가로 여겨지는 찰스 다윈 역시 종의 기원에 대한 개념을 발전시키기 위해 힘겨운 시행착오의 과정을 거쳤다.

평가 브레인세트: 아이디어, 개념, 행동, 혹은 개인의 가치를 의식적으로 판단하는 뇌 상태다. 정신 활동에 대한 이 '비판적인 눈'은 아이디어의 실행 가치를 판단하고 프로젝트의 유용성과 적절성을 계속 감시하는 데 꼭 필요하다.

변형 브레인세트: 이 상태에서는 자의식적이고 불만스러운, 심지어는 괴로운 정신 상태를 경험하게 된다. 창의적인 작가, 화가, 음악가, 과학자는 이 상태에서 생성되는 부정적인 에너지를 위대한 작품과 훌륭한 공연으로 변형시킨다. 이 브레인세트에서는 극도로 연약한 상태를 경험하지만, 우리 모두 공유하는 고통과 불안감과 희망을 창의적인 형태로 표현하고자 하는 동기를 부여받기도 한다.

흐름 브레인세트: 생각과 행동이 마치 외부 힘에 의해 연주되듯이 안정된 조화로움 속에 흐르기 시작하는 플로(flow) 상태다. 이 브레인세트에서 우리는 재즈 연주, 소설, 조각이나 그림, 의외의 과학적

발견 등을 즉흥적으로 창작한다.

이들 브레인세트들을 이해하면 추가적으로 얻을 수 있는 이득들
이 있다.

- 이제 우리는 문제를 다루는 데 사용할 수 있는 하나 이상의 뇌
  상태가 있다는 사실을 알고 있다. 자신의 현재 브레인세트를 인
  지할 수 있을 뿐만 아니라 당면 과제에 유리한 브레인세트를 판
  단할 수 있다. 그리고 그 과제에 더 알맞은 뇌 상태로 들어가는
  방법을 알고 있다.
- 다른 사람들의 뇌 상태도 인지할 수 있다.
- 각각의 브레인세트에서 우리의 뇌가 어떤 활동을 하는지 개념
  적으로 이해하면, 창의적 사고의 내용과 과정 모두 잘 제어하고
  있는 듯한 느낌이 든다.
- 각각의 브레인세트에 동반되는 활성화 도식을 알면, 뇌 상태를 바
  꿔야 할 때 그에 알맞은 뇌 영역의 활동을 머릿속에 그릴 수 있다.

창의적인 환경 만들기

이제, 창작에 도움이 되는 육체적·감정적 환경을 만드는 작업으
로 넘어가자.

창의성 향상을 위한 가장 기본적인 첫걸음은 창의성과 혁신에 도
움이 되는, 적어도 방해는 되지 않는 환경에서 살고 일하는 것이다.

창의적인 환경을 만들기 위해 할 수 있는 일들이 몇 가지 있다.

- 창작품을 자주 접하라. 뛰어난 창작품을 많이 접할수록 자신의 창작력도 올라간다. 콘서트(클래식, 재즈, 대중가요), 미술관과 박물관, 책(대중 소설, 고전, 시, 자기 계발서), 극장(오페라, 영화, 연극), 과학 박물관과 강의 등을 자주 접하는 것이 좋다.

- 창의적 행동을 존중하고 기대하는 환경을 만들어라. 아이들이 있다면, 창작 문화를 경험하는 외출에 꼭 아이들을 데려가야 한다. 책을 읽고, 그림을 그리고, 기계를 만지고, 공부하는 모습을 아이들에게 보여준다. '올바른 방식대로' 안 했다고 가족을 꾸짖기보다는 고정 관념에서 벗어난 생각을 격려한다. 모든 이들이 창의적인 행동(그 결과가 좋지 않더라도)을 존중하고 격려하는 환경을 만들어야 한다. 모두가 자유롭게 실험하고, 실패해도 조롱받지 않는 환경이 중요하다.

- 아이디어를 섣불리 평가하지 마라. "너무 시시하잖아." 혹은 "그게 잘될 리 없어." 같은 말은 창의성에 독이 된다. 부정적이고 섣부른 판단은 피해야 한다. 주변의 누군가 혹은 자신이 그런 뜻을 비친다면, 증거를 요구하며 항의한다. "시시한 아이디어라는 증거가 뭐지?", "잘 안 될 거라는 증거를 대줄래?" 습관적으로 반대하는 사람들은 몇 번 항의를 받고 나면 근거 없고 신랄한 의견을 대개 감추게 된다. 섣부른 판단으로 창의적 환경을 망쳐서는 안 된다.

- 혼자 있는 시간을 가져라. 혼자 명상에 잠겨 있는 순간에 창의적인 아이디어들이 떠오르는 경우가 많다. 고독이 중요한 이유

가 그것만은 아니다. 매일 어느 정도의 시간을 내어 오늘이나 어제 있었던 일들을 다시 생각해보는 자세가 필요하다. 사건들의 밑에 숨어 있는 의미를 심사숙고해본다. 일상의 조각들을 연결시켜 의미 있는 모자이크를 만들어라.

• 아름다운 자연 속에서 시간을 보내라. 아름다운 자연은 창의성을 고취시킨다. 산과 해변에서 별을 바라보고, 숲 속을 걷고, 찬란한 석양을 지켜보면 뇌에서 엔도르핀이 분비되고, 그러면 기분이 좋아져 창작에 도움이 된다. 도시에 살고 있다면, 공원과 정원 같은 곳들에서 자연 경관을 음미할 수 있다. 아름다운 자연 경관은 흡수 브레인세트에 들어가는 문이 된다.

• 창의적인 사람들과 함께 시간을 보내라. 어느 정도의 고독이 창의적인 사고에 도움이 되긴 하지만 우리는 본질적으로 사회적인 존재다. 다른 창의적인 사람과 아이디어를 나눌 수 있는 기회는 연결 브레인세트를 촉진시켜준다. 주변에 창의적으로 생각하는 사람들이 많으면 아이디어들을 접목시키고, 귀중한 보석으로 자랄 생각의 낟알들을 주워 올릴 수 있다. 뇌 연구 분야의 석학인 아이오와대학교의 낸시 앤드리슨은 충분한 수의 창의적 인물들이 황금시대의 원동력이라고 믿는다. 작가 모임이나 예술 단체에 가입하고, 미술관에서 자원봉사를 하고, 아마추어 오케스트라, 연극 단체, 혹은 재즈 밴드에 참여하는 활동을 통해 자신의 역량과 필요한 능력을 확인할 수 있다. 자신에게 맞는 적절한 모임이 없다면 직접 만들어보는 것도 좋다.

창의적인 환경을 만들고 자신의 창의성을 확실히 이해한 지금, 우리가 할 일은 창작 과정을 다시 한 번 검토하며 우리가 배운 모든 내용을 정리하는 것이다. 창작 과정은 준비, 부화, 통찰(깨달음), 평가, 정교화, 실행 단계로 이루어진다. 4장에서 얘기했듯이, 두 가지의 창작 경로가 있다. 의식적이고 순차적으로 작업하는 의도적인 경로와, 인지적 탈억제를 통해 연합 영역의 아이디어들을 의식으로 흘려보내는 즉흥적인 경로다.

준비 단계

창작의 준비 단계에는 네 가지 과정이 포함된다. 일반 지식의 수집, 특정 기술과 정보의 습득, 문제 발견, 몰입이다.

사물, 개념, 패턴에 대한 정보를 수집하고 그 정보를 독창적이고 유용하게 조합하거나 재조합하는 것이 창의성의 본질인데, 창의력을 발휘할 재료가 없다면 아무런 소용도 없다. 그래서 지식의 습득과 새로운 기술의 학습은 아주 중요하다. 거시적인 정보를 수집하고 그것을 다른 개념들과 잇고 싶다면 흡수 브레인세트를 이용하면 된다. 특정 사실과 숫자를 기억하고 싶다면 이성 브레인세트를 이용해야 한다. 사람들은 저마다 자신의 뇌에 고유한 지식, 기억, 기술을 저장하고 있다. 이 고유한 조합을 세상과 공유해야 한다. 그렇지 않으면 영원히 잃어버리고 말 것이다.

'창의적인 문제'는 어떻게 찾아야 할까? 창의적인 사고의 첫걸음인 이 과제를 해결할 수 있는 비결들이 있다.

- 신경 쓰이는 일들의 목록을 작성한다. 끊이지 않는 골칫거리가 있는가? 짜증 나게 하는 일이 있는가? 그것들을 적는다. 흡수 브레인세트에 있을 때 이 목록을 주기적으로 훑어본다. 거기에 어떤 패턴이 있는가? 어떤 변화를 주면 불쾌감의 근원이 제거될까? 드 메스트랄과 알렉산더 플레밍의 경우를 떠올려보자. 그들은 엉겅퀴 가시나 곰팡이 같은 사소한 일들에 짜증을 내기는커녕 매료당했다.

- 뭔가가 잘못되면, 그 원인들을 생각해본다. 유리를 깨트리는 것 같은 사소한 일의 원인들(미끄러운 바닥, 유리의 형태 등등)에도 창의적인 문제가 숨어 있을 수 있다. 뭔가가 잘못되면, 화를 내기보다는 연결 브레인세트로 들어가 이런저런 원인들을 생각해보는 것이 좋다. 잠재적인 원인들의 목록이 완성되면, 창의성을 발휘할 딜레마들을 얻은 셈이다.

- 지체의 원인을 생각한다. 예기치 않은 일이 벌어져서 일의 생산성이나 효율성에 방해가 되는가? 그런 예기치 않은 일들을 창의적인 문제로 보고 해결할 수 있다. 상상 브레인세트로 들어가, 시간 소모적인 일의 속도를 높이기 위해 할 수 있는 일을 상상해본다.[2]

- 자신의 부정적인 감정에 주의를 기울인다. 불안감, 슬픔, 좌절감을 경험하고 있는가? 그림, 음악 혹은 펜으로 그 감정을 창의적으로 표현할 수 있을까? 부정적인 기분에 당하고만 있을 것이 아니라, 변형 브레인세트로 들어가 그 감정들을 창작에 이용해야 한다. 자신의 감정을 표현하여 남들의 동감을 얻어내는 데

꼭 전문 기술이 필요한 건 아니다.

- 정기적으로 주변을 점검하여 변화와 개선이 가능한 부분들을 찾아본다. 대부분의 시간 동안 우리는 일과에 치여서 문제 발견을 잊고 만다. 단 몇 분이라도 투자해서 '문제'를 찾아보면 흥미로운 가능성들이 많이 보일 것이다. 창의적인 사고를 하는 사람에게 '문제'는 기회나 다름없다.

준비 단계의 마지막 과정은 창의적인 문제에 몰두하는 것이다. 상상할 수 있는 모든 각도에서 문제를 바라봐야 한다. 한 가지 해결책이 실패로 돌아가면 다른 방법을 시도해본다. 이성 브레인세트와 관련된 8장에 소개되어 있는 '문제 해결 과정의 9단계'를 지침으로 사용해도 좋다. 이성 브레인세트뿐만 아니라 연결·상상 브레인세트를 통해서도 해결책들을 능동적으로 생각해낼 수 있다.

부화와 통찰 단계

창의적인 문제에 대한 해결책이 더 생각나지 않는다면 그 문제를 그냥 옆으로 제쳐둔다. 흡수 브레인세트에 들어갈 수만 있다면 부화 단계에서 가장 큰 성과를 얻을 수 있다. 흡수 브레인세트에 들어가 아이디어들을 부화시키고 통찰 단계를 준비할 수 있는 묘책들이 있다.

- 영감을 주는 음악들의 목록을 만든다. 피아노 연주곡이나 어쿠스틱 기타 곡을 선택하는 사람들이 많다. 영화 배경 음악으로 사용된 관현악도 도움이 된다. 부정적인 감정을 불러일으키는

음악이나 무의식적인 사고 과정에 방해가 되는 가사가 들어간 노래는 피하는 것이 좋다.

- 아름다운 자연 경관을 찾는다. 앞서 얘기했듯이, 이런 경험은 흡수 브레인세트를 불러일으키는 신경화학물질을 자극한다.
- 산책한다. 가볍고 반복적인 운동을 하면 뇌의 피가 잘 돌아가지만, 과잉 자극이나 스트레스로 이어지지는 않는다. 걷는 동안 창의적인 통찰의 순간이 찾아오는 경우가 많다.
- 햇빛을 쐰다. 햇빛(혹은 햇빛을 닮은 밝은 빛)은 긍정적인 기분을 높여주기 때문에 창의적인 아이디어에도 그런 기분이 반영된다.
- 메모지나 녹음기를 가지고 다닌다. 떠오른 영감은 금세 사라지기도 한다.(콜리지가 「쿠빌라이 칸」을 쓸 때 경험했던 것처럼.) 문득문득 찾아오는 통찰의 순간을 놓치지 않을 방법을 하나씩 가지고 있어야 한다!

통찰의 순간이 찾아오면, 곧장 연결 브레인세트로 뛰어 들어가 최대한 많은 아이디어들을 불러내는 것이 좋다. 통찰을 통해 찾아오는 아이디어들은 거의 종교 체험처럼 느껴진다. 그래서 별로 도움이 되지 않는 통찰에도 매달리는 경향이 있다. 운명적으로 다가온 것처럼 보이는 아이디어라도 평가 브레인세트에서 엄밀히 따져봐야 한다.

평가와 정교화 단계

흡수 브레인세트보다는 평가 브레인세트에서 아이디어를 판단하는 것이 좋지만, 선불리 평가에 달려들어서는 안 된다. 상상 브레인세트에 들어가 창의적인 해결책의 결말을 상상해봐야 한다. 평가하기 전에 각각의 해결책들이 어떤 방향으로 나아갈지 생각해보는 것이 좋다. 몇몇 아이디어들은 섣불리 버리지 말고 나중에 활용할 수 있도록 보관해둔다. 토머스 에디슨은 전구의 필라멘트를 만들기 위해 수백 개의 물질을 시도해봤다고 얘기했다. 그는 초기에 텅스텐을 시도했었지만 너무 섣불리 버리고 말았다. 엄청난 시간과 노력을 쏟아부은 후에야 바로 텅스텐이 해결책이라는 사실을 발견했다.

한 창의적인 아이디어를 평가해서 그 가치를 알았다면, 거기에 살을 붙여 진짜로 만들어야 한다. 이를 위해서는 이성 브레인세트에서 계획을 세워야 한다. 8장의 목표 설정 지침을 사용해도 좋다. 이제 마지막으로 남은 것은 실제적인 창의적 생산이다. 7만 단어와 씨름하며 소설을 쓰고, 3년 동안 비틀거리는 사다리 위에 서서 예배당 천장에 그림을 그리고, 자전거 부품과 낡은 파이프를 조립하여 달리는 유모차를 만들어야 한다. 정교화 단계는 바로 에디슨이 말한 99퍼센트의 노력이다. 흐름 브레인세트에 들어가야 할 시간이 온 것이다. 창의적 생산이라는 과제와 만났을 때 이 브레인세트는 우리를 자극하고 인도해준다.

실행 단계

창의적인 아이디어나 작품은 독창적일 뿐만 아니라 유용하거나 융통성이 있어야 한다. 즉, 그것을 감상하거나 사용할 줄 아는 일부 사람들에게라도 소개되어야 한다는 뜻이다. 창작품을 밖에 내놓기 전까지 창작 과정은 완전히 끝난 것이 아니다. 그림, 음악, 드라마, 기계 등등의 작품을 비디오로 찍어서 유튜브에 올릴 수도 있지만, 창의적인 사람들 대부분은 자신의 작품을 그렇게 노골적인 경로로 홍보하는 걸 꺼린다. 살바도르 달리를 비롯해 많은 창의적 인물들과 함께 일해본 뉴욕의 홍보 담당자 다이앤 터먼은 창작품을 세상에 알리는 다음의 비결들을 제시했다.

- 지역 사회에 모습을 자주 드러내라. 지역 신문에 연락해서 자신이 하고 있는 일을 기자들에게 알린다. 지역 신문들은 인간미 넘치는 새로운 기삿거리들을 찾아다닌다. 자선 파티에 자원봉사자로 참여한다. 음악가라면, 무료로 연주를 해준다. 화가라면, 행사에 관련된 포스터를 기증하거나 후원자들의 초상화를 그려준다. 잘하는 일이 있다면, 무료 강연을 해주겠다고 제안한다. 대부분의 지역 사회에는 시민 문화 회관, YMCA 지부, 요양소가 있으며, 그런 곳들은 무료 강연을 환영한다.(지역 신문에 그 사실을 알리고, 나누어줄 명함을 꼭 가져간다!)
- 핵심 논점을 만들라. 자신이 하는 작업과 그것이 특별한 이유를 세 문장 정도로 설명할 줄 알아야 한다.(홍보 담당자들은 이것을 '엘리베이터 토크'라고 부른다. 엘리베이터가 로비에서 10층까지 올라가는 짧은 시간 안에 작품의 본질을 알려야 하기 때문이다.) 짧은 시간 안에 누군가의 흥미를 끌어야 할 때 적절한 말을 찾느라 헤매고 있으면 곤란하다. 창작품에 대해 사람들이 물어볼 만한 질문을 미리 생각하고 답변을 준비해둬야 한다. 자연스럽고 '즉흥적인' 답처럼 보일 때까지 거울 앞에서 연습한다. 약간의 유머 코드를

넣어도 좋다.

- 자신을 브랜드화하라. 자신의 작품을 연상시키는 독특하고 창의적인 로고를 만든다. 그리고 그 로고를 명함, 문구, 웹사이트 등 어디든 새겨 넣는다. 작품의 정체성을 알리는 이름이나 슬로건을 만든다. 짧으면서도 인상적이어야 한다.
- 인터넷 활동을 적극적으로 하라. 페이스북부터 트위터, 자신의 웹페이지까지 인터넷은 남들의 것을 보고 남들에게 자기 것을 보여줄 수 있는 공간이다.

자, 4장에서 얘기했던 창작 과정을 지금은 더 잘 이해하게 되었는가? 창의적으로 사고할 수 있다는 자신감이 더욱 커졌는가? 그렇다면, 창의적인 뇌를 최대한 활용하여 혁신을 이룰 준비를 갖춘 것이다!

토큰 경제 시스템을 사용하고 있다면, 지금까지 획득한 토큰을 다 더해보자. 토큰 경제 합산 차트는 부록 II에 있다. 보상 목록에 있는 것을 스스로에게 상으로 내리자. 이렇게 우리는 진짜 보상을 얻게 되었다! 토큰 경제 시스템을 사용하지 않더라도 자축하자. 우리는 멋진 뇌의 능력을 배우며 좋은 시간을 보냈고, 그 보상은 앞으로 계속해서 얻게 될 것이다. 이제 우리의 창의적인 뇌는 21세기를 그저 살아가는 것만이 아니라 그 발전을 돕는 데 필요한 연장들을 모두 갖추었다!

개인적인 차원에서, 우리의 창의적인 노력은 우리 자신뿐만 아니라 가까운 이들의 삶까지 향상시켜줄 것이다. 창의적인 눈으로 세상을 보면 만물에서 아름다움과 새로움을 찾을 수 있다. 창의적인 환경은 가정과 일터의 질을 높이고 사랑하는 이들과 동료들에게 영감을 준다. 악기 연주, 그림, 글쓰기, 외국어 같은 창의적인 기술을 익히면 즐거움과 만족을 느낄 수 있다. 창의성을 발휘하면 일상적인 문제를 현명하게 해결할 수 있다. 옛 사물이나 개념을 새로운 방식으로 사용하거나, 새로운 사물이나 개념으로 옛 문제를 푸는 것이다. 참신하고 창의적인 관점으로 바라보면, 세상의 복잡함과 풍요로움을 더 잘 이해할 수 있다.

현재와 미래의 창의성은 자신의 삶뿐만 아니라 공동체, 더 나아가 사회 전반에 큰 도움이 된다. 교향곡에서부터 시, 건축, 의학 발전에 이르기까지 다른 이들의 창의성이 우리에게 미친 영향을 생각해보자. 시스티나 성당의 천장 벽화에서 지역 미술관의 예술 작품까지, 셰익스피어에서 스티븐 킹까지, 모차르트에서 존 레논까지, 다른 이들의 창작에서 우리는 얼마나 큰 기쁨, 순수한 즐거움, 그리고 인간 조건에 대한 직관을 얻었는가? 언젠가는 우리가 알지도 못하는 사람이 우리의 창작에서 그런 즐거움을 느낄지도 모른다.

계속 변화하는 변덕스러운 이 세상에서 살아남으려면 창의성이 필요하다. 우리 인류는 오로지 창의성 덕분에 지금껏 생존해왔다. 앞으로 또 어떤 도전에 맞서야 할지 누가 알겠는가? 우리 자신과 지구 전체의 생존은 우리 세대와 우리의 창의성에 달려 있다.

우리는 이제 7가지 브레인세트를 잘 알고 그것들 사이를 유연하게 옮겨 다닐 줄 안다. 우리의 창의적인 뇌만이 생각해낼 수 있는 독특하고 혁신적인 아이디어들로 세상을 밝히자!

CREATES 브레인세트 평가 채점하기

어떤 CREATES 브레인세트가 자신의 정신 안락 지대인지 판단하는 평가는 두 부분으로 이루어져 있다.

A군 질문 채점하기

각각의 질문에 대한 답과 같은 줄에 있는 숫자에 동그라미를 친다.(어떤 답들은 아무런 숫자도 없다.) 그런 다음, 각 페이지의 표에서 각각의 세로줄에 동그라미가 쳐진 숫자들을 더하고 표의 맨 끝에 각 페이지의 합계를 더한다.

질문	답	연결	이성	상상	흡수	변형	평가	흐름	의도	즉흥
1	가		1						1	
	나									
2	가						1		1	
	나									
3	가	1								1
	나		1						1	
4	가		1						1	
	나			1	1	1		1		1
5	가	1		1	1					1
	나						1		1	
6	가		1				1		1	
	나									
중간 합계										

질문	답	연결	이성	상상	흡수	변형	평가	흐름	의도	즉흥
7	가		1					1	1	
	나			1	1					1
8	가	1		1	1					1
	나		1				1		1	
9	가		1						1	
	나									
10	가	1			1					1
	나									
11	가		1				1		1	
	나				1					1
12	가		1						1	
	나				1					1
13	가		1							
	나			1						
14	가				1					1
	나		1				1		1	
15	가			1						1
	나	1	1							
16	가		1						1	
	나				1					1
17	가						1		1	
	나				1					1
18	가		1						1	
	나									
	다					1				
19	가			1	1	1				1
	나		1						1	
20	가						1		1	
	나									
중간 합계										

질문	답	연결	이성	상상	흡수	변형	평가	흐름	의도	즉흥
21	가						1		1	
	나									
22	가	1								
	나									
23	가		1				1		1	
	나	1		1	1					1
24	가			1						1
	나		1						1	
	다									
	라					1				
25	가					1				
	나									
26	가	1								1
	나		1						1	
27	가	1				1				1
	나		1						1	
28	가	1								
	나									
29	가									
	나	1								1
	다						1		1	
30	가									
	나	1								1
	다		1				1		1	
31	가									
	나					1				
32	가	1								
	나					1				
중간 합계										
총계										

당신의 주요 정신 안락 지대는 첫 7개 세로줄에서 가장 높은 점수를 얻은 줄이다. 두 번째 정신 안락 지대는 두 번째로 높은 점수를 얻은 줄이다.

마지막 두 세로줄의 총득점은 자신이 선호하는 창작 경로를 알려준다. '의도'에서 가장 높은 점수를 얻었다면 의도적인 경로를 선호하는 것이고, '즉흥'에서 더 높은 점수를 얻었다면 즉흥적인 경로를 선호하는 것이다. 의도적인 경로와 즉흥적인 경로에 대해서는 4장에서 배울 것이다. 의도와 즉흥에서 거의 똑같은 점수를 얻었다면 이미 두 경로 사이를 유연하게 오갈 수 있는 사람이다. 좀 더 효율적인 방법에 대해서는 12장에서 배울 것이다.

이 책을 읽을 때, 자신이 선호하는 정신 안락 지대가 아닌 브레인세트들에 특히 주의를 기울여야 한다. 자신에게 불편한 브레인세트에 들어가서 견디는 능력을 키우는 것이 우리의 목표다.

B군 연습 문제 채점하기

B군 연습 문제들을 채점하기 전에, 가장 즐거웠던 연습을 생각해보고 그 번호를 적어둔다. 보통은 자신의 정신 안락 지대를 반영하는 연습을 좋아하기 때문에 채점에 중요하게 작용할 것이다. B군 연습 문제들에 대한 설명 뒤에 채점표가 실려 있다.

연습 문제 1 이 연습은 무관계한 정보를 걸러내고 특정 과제에 집중하는 능력을 시험하는 것이다. 이 기술들은 이성 브레인세트에 들어감으로써 촉진된다. 이성 브레인세트에 대해서는 8장에서 더 배울 것이다.

- 받침 ㄹ이 들어간 글자의 숫자는 54개다. 54개, 혹은 52~53개의 단어를 찾았다면 이성 1점, 평가 1점을 매긴다.(이 부록의 끝에 있는 표에 점수를 기록하라.)
- 읽는 속도는 한눈팔지 않고 과제에만 집중하는 능력에 일부 달려 있다. 할당된 시간 안에 지문을 끝까지 읽었다면 이성 1점을 매긴다.
- 글자에 계속 집중할 수 있었다면 이성 1점과 평가 1점을 매긴다. 정신이 딴 곳에 팔리거나 지문의 내용에 관심이 끌렸다면 흡수 2점을 매긴다. 시간을 잊어버릴 정도로 주변 자극에 관심을 갖고 과제에서 벗어나는 것은 흡수 브레인세트의 특징이다. 주의 산만과 흡수 브레인세트에 대해서는 5장에서 더 배울 것이다.
- 얼굴을 인식하는 뇌 부분이 ㉑ 방추상회라는 사실을 기억했다면 받침 ㄹ을 찾는 것보다 지문의 내용에 주의를 기울였다는 뜻이다. 흡수 1점을 매긴다.

마지막으로, B군 문제 중에 연습 문제 1이 좋았다면 이성 2점을 매긴다.

연습 문제 2 이 연습 문제는 공간 능력을 측정하는 시험이다. 구체적으로는, 정신 공간에 한 사물의 위치를 정해놓고 나중에 재현하는 능력을 측정한다. 이러한 유형의 심상 시각화는 우뇌의 기능인데,

상상 브레인세트에서 가장 활발하게 이루어진다. 시각화에 대해서는 6장에서 더 배울 것이다.

연습 문제 2-2의 지시 사항대로 계산하여 3cm 이내에 점을 다시 그릴 수 있었다면, 상상 1점을 매긴다. 이는 점의 위치를 머릿속으로 시각화하고 담아둘 수 있었다는 뜻이다.

B군 문제 중에 연습 문제 2가 좋았다면 상상 1점을 매긴다.

연습 문제 3 이 연습 문제는 개방형 문제에 대해 여러 해결책을 생각해내는 능력을 시험한다. 이는 연결 브레인세트를 통해 가장 쉽게 접근할 수 있는 능력이다. 개방형 문제에 대해서는 7장에서 더 배울 것이다. 론에게 어떻게 할 것인지에 대한 답을 9개 이상 생각해냈다면 연결 2점을 매긴다.

B군 문제 중에 연습 문제 3이 좋았다면 연결 2점을 매긴다.

연습 문제 4 이 연습 문제는 한 문제를 순차적으로 추론하는 능력을 시험한다. 이 능력은 이성 브레인세트를 통해 가장 쉽게 얻을 수 있다.

- 정답은 BAT다. 정답을 맞혔다면 이성 1점을 매긴다.
- 정답을 맞히는 데 1분도 안 걸렸다면 이성 1점을 한 번 더 매긴다.

B군 문제 중에 연습 문제 4가 좋았다면 이성 2점을 매긴다.

연습 문제 5 이 연습 문제는 3차원 물체를 머릿속으로 조종하는 능력을 시험한다. 심적 회전은 정신 공간에서 한 사물의 위치를 정해놓을 때(연습 문제 2)와는 다른 뇌 영역을 사용한다. 그래도 심적 회전은 상상 브레인세트를 통해 가장 잘 접근할 수 있는 심상 능력의 일부다.

- 첫 번째 문제의 정답은 A, 두 번째는 B다. 두 문제 모두 맞혔다면 상상 1점을 매긴다.
- 1분 내에 두 문제를 풀었다면 상상 1점을 더한다.

B군 문제 중에 연습 문제 5가 좋았다면 상상 1점을 매긴다.

연습 문제 6 이 연습 문제는 과제에 몰두하는 능력과 상상력을 시험한다. 이 과제를 어떻게 수행했는지 생각해보라.

- 쓰는 걸 정기적으로 멈추고 다음에 이어질 이야기를 적극적으로 생각했다면 이성 1점을 매긴다.
- 이야기가 계속 떠올라 의식적인 구상 없이 줄줄 썼다면 흐름 1점, 상상 1점을 매긴다.

B군 문제 중에 연습 문제 6이 좋았다면 상상 2점과 흐름 2점을 매긴다.

연습 문제 7   이 연습 문제는 정신병 진단에 사용되는 유명한 로르샤흐 검사와 비슷한 '투사 검사법'이다. 이 잉크 얼룩에 대한 가장 흔한 반응은 그림을 하나의 얼굴 혹은 서로 마주보고 있는 두 사람으로 보는 것이다.

- 하나의 얼굴 혹은 서로 마주보고 있는 두 사람 외에 또 뭔가를 봤다면 상상 1점을 매긴다.
- 잉크 얼룩에서 움직이고 있는 사람들이나 사물을 봤다면 상상 1점을 매긴다.
- 잉크 얼룩밖에 보이지 않았다면 이성 1점을 매긴다.

B군 문제 중에 연습 문제 7이 좋았다면 상상 2점을 매긴다.

연습 문제 8   이 연습 문제는 착오를 간파해내는 능력을 시험한다. 평가 브레인세트에서 가장 잘 풀 수 있는 문제다. 창의성의 이 측면에 대해서는 9장에서 더 배울 것이다.

- 글을 처음 읽고 10개의 오탈자를 찾아냈다면 평가 2점을 매긴다.
- 글의 내용을 읽느라 오탈자 찾는 걸 잊었다면 흡수 1점을 매긴다.
- 글의 내용에 빠지지 않고 오탈자를 찾을 수 있었다면 평가 1점을 더 매긴다.

B군 문제 중에 연습 문제 8이 좋았다면 평가 2점을 매긴다.

연습 문제 9 이 연습 문제는 제시 주제에 대한 답을 여러 개 생각해내는 능력을 시험한다는 점에서 연습 문제 3과 비슷하다. 연결 브레인세트에서 가장 잘 풀 수 있다. 그러나 연습 문제 3과 달리 여기에서는 개인적인 성격의 답을 해야 한다.

- 즐거움을 주는 소소한 것들을 12가지 이상 생각해냈다면 연결 1점을 매긴다.
- 즐거움을 주는 소소한 것들을 4가지 이하로 생각해냈다면 변형 1점을 매긴다.

B군 문제 중에 연습 문제 9가 좋았다면 연결 2점을 매긴다.

연습 문제 10 이 연습 문제는 다중 연상망에 접근하고, 통찰력을 이용하여 문제를 해결하는 능력을 시험한다. 통찰력에 관해서는 4장에서 더 배우게 될 것이다. 여기에 등장하는 문제들은 원격 연상 문제라고 불린다. 문제를 풀기 위해서는 세 단어와 연관된 연상망을 열어두어야 한다. 집중력이 흐린 흡수 브레인세트에서 가장 잘 풀 수 있는 문제다.

문제에 대한 답은 다음과 같다.

1.	막대	수수	알	사탕
2.	마당	화장	연기	발
3.	꽂이	코	구멍	바늘

4. 연휴   열애   산   <u>설</u>

5. 사람   들이   빵   <u>집</u>

- 제한 시간 내에 4~5개의 문제를 풀었다면 연결 1점을 매긴다.
- 대부분의 답들이 갑자기 떠올랐다면 흡수 1점을 매긴다.
- 제한 시간 내에 4~5개의 문제를 풀었지만 대부분의 답을 의식적으로 생각해냈다면 이성 1점을 매긴다.

B군 문제 중에 연습 문제 10이 좋았다면 흡수 2점을 매긴다.

문제	질문	연결	이성	상상	흡수	변형	평가	흐름	의도	즉흥
1	1. 52, 53 혹은 54개를 답으로 썼다.		1				1		1	
	2. 글을 다 읽었다.		1						1	
	3. ㉮ 글의 내용을 읽었다.				2					2
	㉯ 글자를 찾는 일에만 집중했다.		1				1		1	
	4. '㉰ 방추상회'에 동그라미를 쳤다.				1				1	
	연습 문제 1이 즐거웠다.		2						2	
2	㉮ 가로세로 3센티미터 이내.			1						
	㉯ 점수 없음.									
	연습 문제 2가 즐거웠다.			1					1	
3	9가지 이상의 해결책을 썼다.	2								1
	연습 문제 3이 즐거웠다.	2								1
4	1. 정답은 'BAT'이다.		1						1	
	2. 1분 이내 풀었다.		1						1	
	연습 문제 4가 즐거웠다.		2						2	
5	1. 정답은 A와 B다.			1						
	2. 1분 내에 문제를 풀었다.			1						
	연습 문제 5가 즐거웠다.			2						
	소계 1~5									

문제	질문	연결	이성	상상	흡수	변형	평가	흐름	의도	즉흥
6	이야기를 의식적으로 구상했다.		1							
	이야기가 저절로 떠올랐다.			1				1		1
	연습 문제 6이 즐거웠다.			2				2		2
7	얼굴이나 두 사람 이외에 다른 것이 보였다.			1						
	움직임이 보였다.			1						1
	잉크 얼룩밖에 보이지 않았다.		1						1	
	연습 문제 7이 즐거웠다.			2						1
8	1. 8개 이상의 오탈자를 찾았다.						2		1	
	2. ㉮ 내용에 주의를 기울였다.				1					1
	㉯ 내용에 정신이 팔리지 않았다.							1	1	
	연습 문제 8이 즐거웠다.							2	2	
9	12가지 이상을 썼다.	1								1
	4가지 이하를 썼다.					1				
	연습 문제 9가 즐거웠다.	2								1
10	4~5개 문제의 정답을 맞혔다.	1								
	갑자기 정답이 떠올랐다.				1					2
	답을 추론해냈다.		1						1	
	연습 문제 10이 즐거웠다.				2					
	소계 6~10									
	A군 문제의 총점									
	총계									

점수를 다 기록하고 나서 A군 문제들의 총점을 더하면, 각각의 브레인세트와 의도적인 경로 및 즉흥적인 경로에 대한 총점이 나온다. 여기서도, 최대 점수를 받은 브레인세트가 당신의 주요 정신 안락 지대다. 두 번째 정신 안락 지대는 두 번째로 높은 점수를 얻은 브레인세트다.

토큰 경제 시스템

토큰 경제 시스템은 약물·알코올 중독 치료 센터들과 웨이트 워처스 인터내셔널 같은 다양한 임상적 환경에서 행동 변화 효과를 증명해 보였다. 개념이 지나치게 단순해 보일지도 모르지만, 약물 관련 행동과 식습관을 변화시킬 만큼 효과가 강력하다. 서로 다른 브레인 세트에 들어가는 방법을 배우는 데도 도움이 될 것이다.

보상 목록 만들기

토큰 경제 시스템을 사용하려면 우선 자신의 의욕을 자극하는 보상물들의 목록을 만들어야 한다. 좋아하지만 평상시에 쉽게 누릴 수 없는 활동이나 사치들이어야 한다. 진정으로 얻고 싶은 대상이어야 한다. 자신의 형편에 맞지 않을 만큼 너무 크거나, 하찮게 여겨질 만큼 너무 작은 것은 안 된다. 예를 들면 이런 것들이다. 전문가의 마사지, 새 핸드백이나 구두, 고급 레스토랑에서의 식사, 새 옷, 페디큐어, 값비싼 책, 고급 와인, 좋은 향수, 새 스포츠 장비. 목록에는 4~5가지 항목이 포함되어야 한다.

보상 얻기

아래 차트를 베낀다. 이 책의 대부분의 장들에는 끝에 특정 브레인세트에 들어가는 데 도움이 되는 훈련들이 실려 있다. 각각의 훈련을 마친 대가로 받을 수 있는 토큰의 수도 설명되어 있다. 토큰을 획득할 때마다 해당 브레인세트의 한 칸에 색칠을 한다. 토큰 20개가 모이면, 앞서 작성한 보상 목록의 한 항목과 교환할 수 있다. 보상 획득을 도전 과제로 만들면, 각기 다른 브레인세트에 들어가는 능력이 실제로 올라갈 것이다.

																	합계
연결(C)	C	C	C	C	C	C	C	C	C	C	C	C	C	C	C	C	
이성(R)	R	R	R	R	R	R	R	R	R	R	R	R	R	R	R	R	
상상(E)	E	E	E	E	E	E	E	E	E	E	E	E	E	E	E	E	
흡수(A)	A	A	A	A	A	A	A	A	A	A	A	A	A	A	A	A	
변형(T)	T	T	T	T	T	T	T	T	T	T	T	T	T	T	T	T	
평가(E)	E	E	E	E	E	E	E	E	E	E	E	E	E	E	E	E	
흐름(S)	S	S	S	S	S	S	S	S	S	S	S	S	S	S	S	S	
유연(F)	F	F	F	F	F	F	F	F	F	F	F	F	F	F	F	F	
																합계	

자신의 정신 안락 지대가 아닌 브레인세트들의 훈련을 마치면 보너스 토큰을 얻을 수 있다.

- 정신 안락 지대가 연결 브레인세트라면, 이성 브레인세트와 평가 브레인세트의 훈련에 2배의 토큰을 준다.
- 정신 안락 지대가 이성 브레인세트라면, 흡수 브레인세트와 연결 브레인세트의 훈련에 2배의 토큰을 준다.
- 정신 안락 지대가 상상 브레인세트라면, 이성 브레인세트와 평

가 브레인세트의 훈련에 2배의 토큰을 준다.

- 정신 안락 지대가 흡수 브레인세트라면, 이성 브레인세트와 평가 브레인세트의 훈련에 2배의 토큰을 준다.
- 정신 안락 지대가 변형 브레인세트라면, 흡수 브레인세트와 흐름 브레인세트의 훈련에 2배의 토큰을 준다.
- 정신 안락 지대가 평가 브레인세트라면, 흡수 브레인세트, 연결 브레인세트, 흐름 브레인세트의 훈련에 2배의 토큰을 준다.
- 정신 안락 지대가 흐름 브레인세트라면, 이성 브레인세트와 평가 브레인세트에 2배의 토큰을 준다.

http://ShelleyCarson.com에서 토큰 경제 차트를 출력할 수 있다. 부디 이 시스템이 여러분의 창의성 향상에 도움이 되길!

부록 Ⅲ　하루 일과표

일주일 동안 매일 하루 일과표를 작성한다. 각 구간마다 가장 많은 시간을 보낸 주요 활동을 기록하면 된다. 매일 거의 같은 시간(잠들기 직전이나 아침에 일어나자마자)에 작성하도록 노력한다.

시간	월요일	화요일	수요일	목요일	금요일	토요일	일요일
오전 8~10시							
오전 10시~정오							
정오~오후 2시							
오후 2~4시							
오후 4~6시							
오후 6~8시							
오후 8~10시							
오후 10시~자정							

감사의 글

『우리는 어떻게 창의적이 되는가』는 그야말로 수많은 창의적인 뇌들이 이루어낸 산물이다. 특히 하버드 헬스 퍼블리케이션스(Harvard Health Publications)의 편집자, 줄리 실버라는 경이로운 여성의 공이 컸다. 그녀의 비전과 전문 지식, 열정, 그리고 용기가 없었다면 이 책은 존재하지 못했을 것이다. 그 수많은 일들을 동시에 잘해내는 능력이 얼마나 놀라운지 모른다. 날 이끌어주고 창의성을 나눠줘서 고마워요, 줄리 박사님! 그리고 HHP의 토니를 비롯해서, 아무런 사전 정보 없이 내 원고를 통찰력 있게 검토해준 모든 이들에게 고맙다는 말을 전하고 싶다. 특히, 편집자적 관점으로 큰 도움을 준 멘토이자 동료, 엘런 랭어에게 큰 빚을 졌다.

내게 집필을 권하고 나 자신보다 더 이 책의 완성을 믿어준 출판 에이전트, 린다 코너 또한 이 책의 탄생에 일조했다. 고마워요, 린다. 앞으로도 많은 책들을 함께 낼 수 있기를! 내 원고를 세상에 내보내 준 베티 앤 크로퍼드에게도 고마운 마음을 전한다.

조시베이스 출판사의 편집자인 앨런 린즐러, 이 책을 믿어주고 작업 과정에서 날 배려해줘서 고마워요! 나나 투마시, 수잔 거래티, 도나 콘을 비롯한 조시베이스의 모든 직원들과 이 책의 제작을 도와준 윌리에게도 감사 인사를 하고 싶다. 그리고 리처드 셰퍼드, 이 책에 당신의 예술적인 손길을 더해줘서 고마워요!

비범한 작가인 내 사랑하는 딸 네이시는 학문적인 내용을 읽기 쉽게 표현하는 데 큰 도움을 주었다. 네이시, 이 책의 비전을 세우고 수정하는 일을 도와줘서 고맙다! 넌 내 영감의 원천이란다. 집필 작업을 너와 함께 할 수 있어서 무척 즐거웠어.

내 경력에 큰 힘이 되어준 세 분의 학자에게도 고마운 마음을 전한다. 현재 토론토 대학에 재직 중인 조던 피터슨은 내 멘토였고, 지금은 내 동료이자 친구이며, 창의적인 연구 아이디어를 끊임없이 창출하고 있다. 오갈 데 없는 대학원생이었던 나를 자신의 실험실에 받아주고 지금까지 한결같이 놀라움과 영감을 안겨주고 있는 리처드 맥널리, 그리고 창의성이라는 주제를 연구해보라고 제일 처음 권해준 질 홀리도 있다.

수년 동안 내 창의성 강의를 들은 모든 학생들과, 창의적 활동의 어려움과 성과에 대해 내게 조언을 구했던 수많은 예술가들, 작가들, 음악가들, 영화감독 및 제작자들 덕분에 나 또한 창의적 과정에 대해 많은 지식을 쌓을 수 있었다.(신원 보호를 위해 실명은 밝히지 않았으니, 자신의 이야기가 보이더라도 부디 언짢아하지 마시길!)

시간을 내어 원고를 읽어주고 소중한 조언을 해준 학자들, 작가들, 친구들인 스티븐 코슬린, 하워드 가드너, 탈 벤샤하르, 테레사 아마빌레이, 딘 키스 사이먼턴, 해리슨 포프, 앨리스 플래허티, 댄 색터,

버나드 골든, 다이앤 터먼, 그리고 피터 마크 제이콥슨에게도 신세를 졌다.

가족의 전폭적인 지지 없이 책을 쓰기란 불가능하다. 집필 작업 내내 남편인 데이비드는 식사를 챙겨주고, 내가 밤샘 작업을 할 때 면 포도주 한 잔을 가져다주고, 조언을 아끼지 않고, 힘들어하는 나를 안아주었다. 언제나 사랑해, 여보!

아들인 데이비드 주니어 또한 겨울 방학 동안 집에 있으면서 내 식사를 챙겨주고 의지가 되어주었다. 집에서 만든 요리를 맛볼 수 있게 해줘서 고마워, 아들!

마지막으로, 이 책에 등장하는 원시인 2처럼 역사가 기록되기 전부터 창의적인 뇌를 이용하여, 오늘날 우리가 누리고 있는 예술, 음악, 과학적 진보의 길을 열어준 모든 용감한 이들에게 진심으로 고맙다는 말을 하고 싶다. 그들은 바퀴와 도구를 만들고, 불을 이용했으며, 자신들의 경험을 동굴 벽에 기록했다. 그들은 배도 없이 대륙을 옮겨 다녔다. 어마어마한 시련을 견뎌낸 그들의 탐험 정신과 현명함은 꾸준히 살아남아 오늘의 우리를 있게 했다. 우리는 이름 모를 창의적인 이들의 위대한 업적을 딛고 서 있는 것이다!

주 석

| 1장. 나의 창의적인 뇌를 찾습니다 |

1 메인대학교의 콜린 마틴데일이 실시한 일련의 연구에 따르면, 아주 창의적인 것으로 분류된 사람들은 서로 다른 두 가지 유형의 문제를 풀 때 서로 다른 뇌 활성화 패턴을 보인 반면(확산적 문제 대 수렴적 문제), 덜 창의적인 것으로 평가된 사람들은 두 가지 유형의 문제를 풀 때 똑같은 뇌 활성화 패턴을 보이는 경향이 있었다. 이러한 연구들은 창의적인 사고 기술을 사용하는 사람들이 그렇지 못한 사람들보다 뇌 활성화 패턴이 더 쉽게 변한다는 사실을 암시한다. 이 연구에 대한 개관은 Martindale(1999)에서 볼 수 있다.

2 창의성이 '적응도 지표'이며 따라서 잠재적인 배우자의 관심을 끌 수 있다는 이론에 관한 추가 정보를 얻으려면 Miller(2000)와 Miller(2001)를 보라.

3 버스와 반스의 연구에 관해서는 Buss and Barnes(1986), 짝 선택에 대한 진화이론에 관해서는 데이비드 버스의 저서 Buss(2003)를 보라. 인간의 짝 선택에 대한 성별 차이를 보려면 Buss(1989)를 참고하라. Nettle and Clegg(2006)도 볼 것.

| 2장. 정신 안락 지대 |

1 CREATES 모델의 이 3가지 전제에 대해서는 다음 자료를 참고하라.

(1) 예술과 과학 분야에서 창의적인 생산성이 높은 사람들은 정신적 탈억제 상태

에 쉽게 들어간다.(5장 참고.) 경험적·이론적 증거에 대해서는 Carson et al.(2003), Carson(2010a), Carson(in press), Dietrich(2003)를 보라.

(2) 아주 창의적인 피실험자들은 당면 과제에 맞추어 정신 상태를 바꾸는 능력이 있다.(Martindale, 1999).

(3) 특정 브레인세트로 들어가는 방법을 배우면 인지적 유연성을 키울 수 있다. 탈억제를 통해 특정 신경전달물질의 수치를 끌어내림으로써 인지적 유연성을 키우는 방법에 대해서는 Heilman(2005)을 볼 것. 훈련을 통해 다른 브레인세트로 들어가는 방법을 배울 수 있다. 다수의 연구들이 훈련을 통해 뇌 활성화 패턴을 조절할 수 있음을 증명해주었다. 뉴로피드백(neurofeedback)을 통한 뇌 활성화 조절의 예를 보려면 Kaiser and Othmer(2000)를 참고하라. 인지 행동 치료를 통한 뇌 활성화 수정(이에 대한 원리들이 이 책에 실린 많은 훈련들의 지침이 된다.)을 검토하려면 Porto et al.(2009)을 볼 것. 마지막으로, 대중적인 여섯 색깔 모자 기법(Six Hats program)으로 훈련받은 실업가들이 창의적인 작업 과정 동안 성공적으로 사고방식을 전환한다는 사실에 주목하자(de Bono, 1992).

| 3장. 창의적인 뇌 들여다보기 |

1 뇌의 분산된 영역과 창의적 사고 간의 연관성에 대한 정보를 얻으려면 Fink et al.(2009); Razumnikova(2007)를 보라.

2 기억이 저장되고 상기되는 방식에 대해서 더 읽으려면 Schacter(1996)를 보라.

3 분리 뇌 연구를 검토하고 싶다면 Schiffer(1998)를 보라.

4 뇌 영역들과 '나' 중추에 대한 연구에 대해서는 Craik et al.(1999); Fossati et al.(2003); Northoff et al.(2006)을 보라.

5 탈억제 증후군을 검토하려면 Cummings(1993)를 보라.

6 측중격핵의 역할에 대해서는 Ikemoto and Panksepp(1999)을 보라.

7 연합 중추와 은유에 대한 정보를 얻으려면 Ramachandran and Hubbard(2001); Ramachandran and Hubbard(2003)를 보라.

8 아인슈타인의 뇌에 대한 정보를 보려면 Witelson et al.(1999)을 참고하라.

| 4장. 브레인세트와 창작 과정 |

1 브란덴부르크 협주곡의 의도적인 작곡법에 대해서는 Siddharthan(1999)을 보라.

2 모차르트의 편지는 Ghiselin(1952), p. 34에 인용되어 있다.

3 Jung-Beeman et al.(2004); Kounios et al.(2008).

4 다른 창의적 인물들의 창작 과정 설명에 대해서는 Ghiselin(1952)을 보라.

5 부화 단계에 대한 정보를 더 얻으려면 Smith and Dodds(1999)를 보라.

| 5장. 흡수 브레인세트: 마음을 열라 |

1 James(1890/1905), p. 110.

2 '흡수' 브레인세트를 구성하기 위해, 전념에 대한 연구, 체험에 개방적인 성격에 대한 연구, 참신함과 탈억제에 대한 반응에 대한 뇌 연구를 포함한 여러 연구들을 결합시켰다. 체험에의 개방성에 대한 정보를 더 보려면 McCrae and Costa(1987), McCrae(1994), McCrae and John(1992)을 참고할 것. 전념과 그것이 계발되는 원리에 대한 정보를 보려면 Langer(1989), Carson and Langer(2006)를 참고할 것. 개방성과 탈억제 간의 관계에 대해서는 Carson and Langer(2006)를 참고할 것. 개방성이 훈련에 민감하다는 증거를 보려면 Federman(2010)을 참고할 것. 개방성은 여러 신경심리학적 요인들과 관계있다. DeYoung et al.(2005)을 참고할 것.

3 Blake et al.(1982), p. 35. 1790년과 1793년 사이에 지어진 「천국과 지옥의 결혼」의 한 구절이다.

4 Langer(1989)와 Langer(1997)는 전념에 대한 인지이론과 그것이 학습되는 원리에 대한 훌륭한 입문서다.

5 특정 유형의 인지적 탈억제, 그리고 그것과 창의성의 관련성에 대해서는 Carson(2010a)을 보라.

6 TOP에 대한 완전한 설명에 대해서는 Dietrich(2004a)를 보라.

7 알파 활동과 창의성에 대한 연구들을 재검토하려면 Martindale(1999)을 보라.

8 Styron(1990), p. 40.

9 정보를 장기 기억에 암호화하는 것에 대한 추가 정보를 얻으려면 Schacter(1996)를

보라.

10 명상이 뇌 상태에 영향을 미치는 원리에 대한 정보를 얻으려면 Ivanovski and Malhi(2007)를 보라.

| 6장. 상상 브레인세트: 가능성을 상상하라 |

1 "What Life Means to Einstein: An Interview by George Sylvester Viereck.", The Saturday Evening Post, Vol. 202(26 October 1929), p. 117.

2 자아감 개발에 대한 흥미로운 책을 보려면 Fivush and Haden(2003)을 참고할 것.

3 심상 치료에 관한 연구에 대해서는 Donaldson(2000); Warner and McNeill(1988)을 보라.

4 심상 능력을 높이기 위해 허공에 이미지를 그리는 훈련은 프랜시스 갤턴 경이 설명한 바 있다. Galton(1907)을 참고할 것.

5 영장류와 인간의 시각 정보는 뇌의 두 경로를 통해 처리된다. 등 쪽의 경로('어디' 경로)는 뇌의 후두엽 피질에서부터 후두정엽으로 이어지며 사물의 공간 정보를 처리한다. 배 쪽의 경로('무엇' 경로)는 후두엽에서 측두엽 하부로 이어지며 사물의 묘사(색깔과 형태)를 처리한다. 더 상세한 내용에 대해서는 Kosslyn et al.(2006)을 볼 것.

6 Ghiselin, 1952, p. 32에 인용되어 있다.

7 수면 동안의 뇌에 대한 정보를 얻으려면 Hobson and Pace-Schott(2002)을 보라.

8 실행 중추 활성화의 이러한 변화는 신경화학물질들인 노르에피네프린과 아세틸콜린의 변동 때문이라는 증거가 있다. 좀 더 많은 정보를 얻으려면 Cai et al.(2009)과 Heilman(2005)을 볼 것.

| 7장. 연결 브레인세트: 확산적으로 사고하라 |

1 Ghiselin(1952), p. 25.

2 확산적 사고와 탈억제 간의 관계에 대해서는 Peterson and Carson(2000)을 보라. 창의적 사고와 보상 간의 관계에 대해서는 Ashby et al.(1999)과 Isen et al.(1987)을 보라. 확산적 사고와 무비판적인 사고 간의 관계에 대해서는 McCrae(1987)를 보라. 확산적

사고는 체험에의 개방성과 크게 연관되는데, 이러한 무비판적 성격은 흡수 브레인세트와도 관련된다.

3 수렴적 사고에 대한 설명, 수렴적 사고와 확산적 사고의 차이점을 보려면 Runco(2007)를 참고하라.

4 다음은 '통조림 깡통의 용도'에 대한 확산적 사고의 답들이다. 하지만 연결 훈련 1을 끝낸 다음 보도록 한다. '용기'의 특징을 배제한 통조림 깡통의 용도에는 다음과 같은 것들이 있다. 실 전화기, 문진, 무기, 삽이나 국자, 드럼, 보청기, 쿠키 커터, 날카로운 날, 북엔드, 램프 받침, 망치, 우량계, 새장, 장난감 집짓기 블록, 소리 내는 도구, 휴대용 스토브, 아이스하키 퍽, 잠망경, 염소 먹이, 쥐덫, 볼링 핀, 차 안의 음료수 받침대, 웨딩 카 장식, 밀방망이.

5 Einstein and Infeld(1938), p. 83.

6 신경과학자인 자크 팽크셉은 친사회적 행동 및 보상과 연관된 신경 회로의 개발에 놀이가 중요하다는 사실을 널리 알리는 데 중요한 역할을 했다. 그는 놀이가 혁신적 사고와 창의성의 선구자 역할을 한다고 생각한다. Panksepp(2004)을 볼 것.

픽사를 비롯한 기업들의 창의적이고 재기 넘치는 일터의 사진들을 『스매싱 매거진』에서 볼 수 있다. www.smashingmagazine.com/2007/12/10/monday-inspiration-creative-workplaces/. 대니얼 핑크와 조지프 브라운이 최근 발표한 저서들 또한 성인의 놀이가 지니는 가치에 대한 인식을 높였다. Brown and Vaughan(2009); Pink(2005).

7 기분과 창의성에 대한 메타 분석을 보려면 Baas et al.(2008)을 보라.

8 약의 효과에 관해서는 Farah et al.(2009); Swartwood et al.(2003)을 보라. 복용량에 따른 암페타민의 효과에 관해서는 Gray et al.(1992)을 볼 것. 리탈린과 창의성에 대한 논쟁에 관해서는 Zaslow(2005), p. D1을 보라.

9 예술가들과 통제 집단의 카페인 사용 비교에 대해서는 Kerr et al.(1991)을 보라. 카페인이 복용량에 따라 인지 능력에 미치는 영향에 관해서는 Kaplan et al.(1997)을 볼 것.

10 효과적인 확산적 사고에서 좌뇌에 비해 우뇌가 상대적으로 활성화된다는 증거에 대해서는 Bechtereva et al.(2004); Carlsson et al.(2000); Howard-Jones et al.(2005); Razumnikova(2000)를 보라.

11 확산적 사고 동안 두정엽 연합 피질이 활성화되는 증거에 대해서는 Bechtereva et al.(2004); Razumnikova(2000); Starchenko et al.(2003)을 보라.

12 창의성과 공감각에 대한 정보를 얻으려면 Ramachandran and Hubbard(2001; 2003)를 보라.

| 8장. 이성 브레인세트: 창의적인 아이디어를 구체화하라 |

1 Rand(1943/1993)에서 인용.

2 콜리지가 「쿠빌라이 칸」을 지은 이야기에 대해서는 Skeat(1963-1964)를 보라.

3 Clancy(2005), p. 33에서 인용한 것이다. 망상(외계인 납치 증후군 같은)이 합리적 사고 과정을 통해 형성된다는 이론에 대해서는 Maher(1988)를 보라.

4 직렬 혹은 순차 처리 대 병렬 처리에 대한 정보를 얻으려면 Gazzaniga et al.(1998)을 보라.

5 전전두엽의 기능에 대한 더 많은 정보를 얻으려면 Kolb and Wishaw(2008)를 보라. 목표 설정에 대한 정보를 얻으려면 Moskowitz and Grant(2009)를 보라.

6 언어적 사고로 인한 좌뇌 활성화에 대해서 더 많은 정보를 얻으려면 Logie et al.(2003)을 보라.

7 복잡한 문제를 다룰 때 우뇌의 전전두엽 영역이 동원되는 것에 대해서는 Charron and Koechlin(2010); Howard-Jones et al.(2005); Beeman and Chiarello(1998)를 볼 것.

8 모차르트 효과에 관한 연구에 대해서는 Schellenberg(2003); Roth and Smith(2008)를 보라.

| 9장. 평가 브레인세트: 유용한 아이디어를 알아채라 |

1 평가를 창작 과정의 한 단계보다는 브레인세트로 개념화하는 것의 이점이 있다. 창의적인 전문가들을 연구해본 결과, 그들은 자신의 창작품을 정확하게 평가할 때 고도의 집중 상태에 들어갔다. 흡수·상상·연결 브레인세트의 초점이 흐린 상태에 계속 머물러 있으면 애매하거나 우유부단한 평가를 하게 되는 경우가 많은데, 이는 창작에 효과적이지도 도움이 되지도 않는다. 그리고 '긍정 오류(false positive)'라고도 알려진 제1

종 오류는 진실하거나 적합하지 않은 것을 진실이나 적합한 것으로 판단할 때 발생한다. '부정 오류(false negative)'라고도 하는 제2종 오류는 진실하거나 적합한 것을 그렇지 않다고 판단할 때 발생한다. 가끔은 과도한 회의주의의 오류로 칭해지기도 한다. 브레인세트로 얘기해보자면, 흡수 혹은 상상 브레인세트에서 편안함을 느끼는 사람은 가치가 없는 아이디어와 창의적인 산물을 추구함으로써 제1종 오류를 저지르는 경우가 많다. 반면, 평가 브레인세트를 선호하는 사람은 가치 있는 아이디어나 산물을 열등한 것으로 판단하여 제2종 오류를 저지르는 경향이 높다.

2 Frost and Steketee(1998).

3 Fraser(1991), p. 76.

4 자기 대화를 관찰하고 그것을 가설로 세워 그 가설을 뒷받침하거나 논박하는 증거를 구한 다음, 근거 없는 가설들을 좀 더 긍정적이고 현실적인 자기 대화로 바꾸는 방법은 에어런 벡의 우울증에 대한 혁신적인 인지이론에서 처음 설명되었다. Beck et al.(1979)을 볼 것. 부정적인 자기 대화가 창작에 방해가 되고 있다면, 임상심리학자 버나드 골든이 저술한 『생각을 생각하다*Unlock Your Creative Genius*』를 추천한다.(Golden, 2006). 엘런 랭어의 On Becoming an Artist(Langer, 2005)도 추천한다.

5 평가하는 동안 배외측 전전두엽 피질(DLPFC)과 안와 전두 피질이 활성화되는 사실에 대해 더 보려면 Vogels et al.(2002)을 참고하라.

| **10장. 변형 브레인세트: 감정을 창의적으로 이용하라** |

1 Religion and science, New York Times Magazine, November 9, 1930, pp. SM1~4. p. SM1.

2 기분과 감정의 차이에 대해서는 Plutchik(2003)을 보라. 임상적인 기분 상태와 일상생활에서 흔히 경험하는 기분의 기복은 지속 기간과 빈도 정도에서 차이가 난다. 기분장애는 정신적 고통과 일정 정도의 생활기능장애를 일으킬 수도 있다. American Psychiatric Association(2004)을 볼 것. 우울증에 대한 근거 중심 심리 요법을 검토하려면 Gallagher(2005)를 보라.

3 감정의 구성 요소들에 대한 더 많은 정보를 얻으려면 Scherer(1984)를 보라.

4 감정적 압도에 대해 더 보려면 Goleman(1995)을 참고하라.

5 Ludwig(1995)에 나오는 심리학적 불안에 대한 설명을 보라.

6 Greene(1908)을 보라. "Graham Greene, 86, Dies; Novelist of the Soul,", New York Times(April 4, 1991)에도 인용되어 있다.

7 방어 기제로서의 승화에 대한 정보를 얻으려면 Vaillant(1977)를 보라. 창의적 치료 요법들은 일반적으로 주요 치료법보다는 보조 치료법으로 사용된다. 효과에 대한 증거를 보려면 Gussak(2009); Lyshak-Stelzer et al.(2007); Monti et al.(2006)을 참고하라.

8 플라톤은 『파이드로스』(기원전 370년경)에서 네 가지 유형의 광기를 논했다. 아리스토텔레스의 말은 Aristotle, Problems Ⅱ or ⅩⅥ; Books ⅩⅩⅡ-ⅩⅩⅩⅧ(W. S. Hett 역), pp. 155~157(Cambridge: Harvard University Press)에서 인용한 것이다.

9 경조증이 창의성을 높이는 원리에 대해서는 Jamison(1933)을 보라.

10 정신병 경향과 초연결성이 창의성을 높이는 원리에 대해서는 Carson(in press)을 보라.

11 핵심 강점 훈련은 afterdeployment.org 프로젝트에 대한 내 연구를 조금 수정한 것이다. 자신의 강점을 깨닫는 것은 회복 기술이다. 회복 기술에 대해 더 많은 정보를 얻으려면 afterdeployment.org에 들어가 볼 것.

12 자기표현 글쓰기에 대한 페니베이커의 연구를 검토하려면 Pennebaker and Chung(2007)을 보라. 이 책에 소개한 글쓰기 훈련 지침은 Pennebaker, 1997, 162쪽의 내용을 조금 수정한 것이다.

| 11장. 흐름 브레인세트: 창의적으로 수행하라 |

1 Emerson(1856), p. 7.

2 플로 경험에 대해 더 읽으려면 Csikszentmihalyi(1996)와 Csikszentmihalyi(2008)를 보라. 플로와 흐름 브레인세트의 차이점은, 플로가 최적의 경험 상태인 반면(Csikszentmihalyi, 2008) 흐름 브레인세트는 여러 다양한 영역의 창의적 수행을 돕는 뇌 활성화 패턴이라는 것이다.

3 암묵 기억과 외현 기억에 대해서는 Schacter(1996)를 보라.

4 '10년 법칙'에 대해서는 Chase and Simon(1973); Simon and Chase(1973)를 보라. 바비 피셔의 경우에 대해서는 Ericsson et al.(1993)을 보라.

5 내재적 동기에 대한 애머빌의 연구를 검토하려면 Amabile(1996)과 Amabile(1998)을 보라. 빌 브린과 애머빌의 인터뷰에 대해서는 Breen(2004)을 볼 것.

6 충동성의 이러한 정의는 미국과학진흥협회의 용어 풀이 사전에서 찾을 수 있다. www. aaas.org/spp/bgenes/glossary.

7 (측중격핵에서 도파민에 의해 전달되는) 내적 보상은 아주 미묘해서 우리는 좋은 기분을 의식하지 못하기도 한다. 하지만 도파민이 살짝만 분비돼도 앞으로의 행동에 충분히 영향을 미칠 수 있다.(우리는 보상받는 행동을 반복하는 경향이 있다.) 보상 시스템의 심리학적 요소에 대해서는 Berridge and Robinson(2003)을 보라.

8 '하고 싶은 일 하기' 훈련은 우울증 치료를 위한 인지 행동 요법에 기초한 것이다. 일과표에 작성하는 긍정적인 활동의 수를 점점 늘리는 훈련이다. 인지 행동 요법에 대한 정보를 더 얻으려면 Craske(2010)를 보라.

| **12장. 뇌의 유연성을 키우라** |

1 사회적 규칙의 암묵적 여과에 대한 정보를 얻으려면 Cacioppo et al.(2005)을 보라.

2 창의적 성취에 대한 수많은 융합이론들이 나왔다. Amabile(1996); Eysenck(1995); Ludwig(1995)를 볼 것.

3 분자생물학 분야가 발전하면서, 환경적 요인에 따라 유전자의 활동이 달라진다는 증거가 점점 더 늘어나고 있다. 그 사례와 검토를 위해서는 Munafo et al.(2009)을 보라.

4 긍정적인 정동이 높아지면서 주의력의 초점이 넓어지는 경향이다. Ashby et al.(1999); Isen et al.(1987)을 보라.

5 노르에피네프린의 영향에 대해서는 Heilman(2005)을 보라. 전두엽 영역의 도파민 부족은 주의력 결핍(주의력결핍과다활동장애의 증상)과 연관된다. 최근 연구에 대해서는 Coccaro et al.(2007)을 보라.

6 인터넷은 개인적인 학습의 길뿐만 아니라 사회적 차원의 창의성 실현의 기회도 열어주

었다. Fischer and Giaccardi(2007)를 볼 것.

| 13장. 브레인세트를 창작에 응용하라 |

1 1933년 3월 4일 프랭클린 델러노 루스벨트의 첫 취임 연설 중에서 인용.

2 유모차 '베이비 조거'를 발명한 필 비슐러는 이런 유형의 문제 찾기를 보여주는 좋은 사례다. 필은 자신의 취미인 조깅을 하면서 어린 아들과 함께 시간을 보내고 싶었다. 하지만 보통의 유모차는 풀이나 모래 위를 잘 달리지 못했다. 비슐러는 이것을 창의적인 문제로 인식하고 제품을 발명하여 새로운 사업을 시작했다.

옮긴이_ **이영아**

서강대학교 영어영문학과를 졸업하고 성균관대학교 사회교육원 전문번역가
양성 과정을 이수했다. 현재 전문번역가로 활동하고 있다. 역서로는 『페리 이
야기』,『세상을 바꾼 건축』,『서바이버 클럽』,『한밤의 배회자』,『이 회사에서
나만 제정신이야?』,『풍장』,『비커밍 제인에어』,『소울 비치』,『아일드 플라워』,
『도둑맞은 인생』 등이 있다.

우리는 어떻게 창의적이 되는가

1판 1쇄 발행 2012년 7월 30일
1판 4쇄 발행 2014년 12월 29일

지은이 셸리 카슨
옮긴이 이영아

발행인 양원석
편집장 송명주
책임편집 이지혜
교정교열 이수미
해외저작권 황지현, 지소연
제작 문태일, 김수진
영업마케팅 김경만, 정재만, 곽희은, 임충진, 이영인, 장현기, 김민수,
        임우열, 윤기봉, 송기현, 우지연, 정미진, 이선미, 최경민

펴낸 곳 ㈜알에이치코리아
주소 서울시 금천구 가산디지털2로 53, 20층(가산동, 한라시그마밸리)
편집문의 02-6443-8855   **구입문의** 02-6443-8838
홈페이지 http://rhk.co.kr
등록 2004년 1월 15일 제2-3726호

ISBN 978-89-255-4728-2 (03180)

RHK 는 랜덤하우스코리아의 새 이름입니다.